SUPPLÉMENT

AUX

VOYAGES

IMAGINAIRES,

Contenant un Recueil de Naufrages véritables, *pour faire suite aux* Naufrages apocriphes *qui sont dans la première division*, & *qui forment les Tomes X, XI & XII de la Collection.*

TOME TROISIÈME.

On trouvera dans ce Volume le Naufrage de Madame GODIN, qui est déjà imprimé dans le Tome XII de la Collection. C'est un double emploi qu'il n'est plus tems d'éviter ; mais heureusement il n'est pas considérable, & on peut réparer cette difformité, en supprimant & détachant du Tome XII les 36 dernières pages qui contiennent ce Naufrage.

HISTOIRE DES NAUFRAGES,
OU
RECUEIL

DES Relations les plus intéressantes des Naufrages, Hivernemens, Délaissemens, Incendies, Famines, & autres Evènemens funestes sur Mer ; qui ont été publiées depuis le quinzième siècle jusqu'à présent.

Par M. D. . . . , Avocat.

...... *Dispersi jactamur gurgite vasto.* Æn. III.

TOME TROISIÈME.

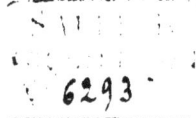

A PARIS,

Chez CUCHET, Libraire, rue & hôtel Serpente.

M. DCC. LXXXIX.
Avec Approbation, & Privilége du Roi.

N.° 1.

RELATION
DU NAUFRAGE

D'Occum Chamnan, Mandarin Siamois, au cap des Aiguilles, à l'extrémité méridionale de l'Afrique, en 1686.

Publiée par le Père TACHARD, Jésuite.

AVANT-PROPOS.

LE Père TACHARD, un des six mathématiciens Jésuites qui passèrent par ordre du roi aux Indes, en 1685, lors de l'ambassade envoyée au roi de Siam, revint en France l'année suivante avec deux ambassadeurs de ce prince. Plusieurs mandarins les accompagnèrent, entr'autres *Occum Chamnan*. Ce seigneur Siamois étoit un homme instruit & parloit plusieurs langues. Il s'attacha au Père Tachard, qui le demanda au roi de Siam pour être du cortege des ambassadeurs.

Dans le cours de la navigation sur les côtes de l'extrémité de l'Afrique, la vue du cap des Aiguilles arracha des soupirs & des larmes à ce mandarin. Il se rappeloit le naufrage qu'il y avoit fait quelques années auparavant dans un vaisseau portugais. La singularité de ses aventures, dont le P. Tachard avoit entendu parler, lui fit desirer de les apprendre d'Occum Chamnan lui-même. Il les écrivit, à mesure qu'il les racontoit. Dans la suite, ayant eu l'occasion de connoître plusieurs Portugais dignes de foi, qui avoient fait le même voyage avec lui, il trouva dans la conformité de leur témoignage, une parfaite confirmation de ce récit intéressant. Le P. Tachard s'est persuadé avec raison qu'il étoit digne de la curiosité du public. Ce motif le lui a fait inférer dans la relation de son second voyage à Siam.

Le roi de Portugal ayant envoyé au roi de Siam une célebre ambassade, pour renouveller leurs anciennes alliances, & aussi pour des vues de commerce, le monarque Siamois se crut obligé de répondre à cette marque extraordinaire de considération, en faisant partir trois grands mandarins revêtus de la qualité de ses ambassadeurs, & six autres d'un ordre inférieur pour se rendre à la cour de Portugal. Ils s'embarquèrent pour Goa, vers la fin du mois de Mars 1684, sur une frégate siamoise commandée par un capitaine Portugais. Quoique Goa ne soit pas fort éloigné de Siam, ils employèrent plus de cinq mois dans cette route; soit défaut d'habileté dans les officiers & les pilotes, soit opiniâtreté des vents, ils ne purent y arriver qu'après le départ de la flotte portugaise. Ainsi leur navigation vers l'Europe fut différée d'une année presqu'entière.

Les ambassadeurs furent nécessités de passer onze mois à Goa, pour attendre la flotte qui devoit revenir de Lisbonne. Cependant ils trouvèrent l'intervalle assez court, parce qu'ils l'employèrent agréablement. La beauté des édifices qu'ils virent dans cette ville, fut pour eux un spectacle nouveau, qui les surprit extraordinairement. Ce grand nombre de palais, de monastères & de somptueuses églises occupa beaucoup leur curiosité. Comme ils n'étoient jamais sortis de leur pays, ils furent étonnés de voir qu'il y eût dans le monde une plus belle ville que Siam (1). Le vice-roi les fit loger

A ij

magnifiquement; il fournit auffi à leur fubfiftance de la part du roi de Portugal.

Les mandarins s'embarquèrent enfin pour l'Europe, dans un vaiffeau portugais de 150 hommes d'équipage, & de 30 pieces de canon. Outre les ambaffadeurs & leur fuite, il s'y trouvoit auffi plufieurs religieux de divers ordres, & un grand nombre de paffagers, Créoles, Indiens & Portugais. On mit à la voile de la rade de Goa le 27 Janvier 1686. La navigation fut heureufe jufquau 27 Avril.

Nous laifferons dans la bouche d'Occum Channan lui-même, l'intéreffante relation de fon naufrage, à l'exemple du P. Tachard, qui affure qu'il la rapporte exactement jufques dans les moindres réflexions.

« Depuis notre départ de Goa jufqu'au 27 d'Avril, la traverfée fe fit très-heureufement. Ce jour même, au coucher du foleil, on avoit fait monter fur les mâts & les vergues du navire plufieurs matelots, pour reconnoître la terre qu'on voyoit alors devant nous, un peu à côté fur la droite, & qu'on avoit apperçue depuis trois jours. Sur le rapport des matelots, & fur d'autres indices, le capitaine & le pilote jugèrent, mais à tort, que c'étoit le cap de Bonne-Eſpérance. On continua la route, dans cette ſuppoſition, juſqu'à deux ou trois heures après le ſoleil couché, qu'on ſe crut au-delà des terres qu'on avoit reconnues. Alors changeant de route, on porta un peu plus vers le nord. Comme le tems étoit clair & le vent fort frais, le capitaine, perſuadé qu'on avoit doublé le cap, ne mit perſonne en ſentinelle ſur les antennes. Les matelots de quart veilloient à la vérité, mais c'étoit pour les manœuvres ou pour ſe réjouir enſemble avec tant de confuſion, qu'aucun ne s'apperçut & ne ſe défia même du danger. Je fus le premier qui découvris la terre. Je ne ſais quel preſſentiment du malheur qui nous menaçoit, m'avoit fait paſſer une nuit ſi inquiete, qu'il m'avoit été impoſſible de fermer l'œil pour dormir. Dans cette agitation, j'étois ſorti de ma chambre, & je m'amuſois à conſidérer le navire qui ſembloit voler ſur les eaux. En regardant un peu plus loin, j'apperçus tout d'un coup ſur la droite une ombre épaiſſe & peu éloignée de nous. Cette vue m'épouvanta; j'en avertis le pilote qui veilloit au gouvernail. Au même inſtant on cria de l'avant du vaiſſeau : *Terre, terre devant nous. Nous ſommes perdus, revirez de bord*. Le pilote fit auſſi-tôt pouſſer le gouvernail pour changer de route; mais nous étions ſi près du rivage, qu'en revirant le navire donna trois coups de sa pouppe sur une roche, & perdit aussitôt son mouvement. Ces trois secousses furent très-rudes. On crut le vaisseau crevé. On courut à la pouppe. Cependant, comme il n'étoit pas encore entré une seule goutte d'eau, l'équipage fut un peu ranimé.

» On s'efforça de sortir d'un si grand danger en coupant les mâts & en déchargeant le vaisseau; mais on n'en eut pas le tems. Les flots que le vent poussoit au rivage, y portèrent aussi le bâtiment. Des montagnes d'eau, qui alloient se rompre sur les brisans avancés dans la mer, soulevoient le vaisseau jusqu'aux nues & le laissoient retomber sur les roches, avec tant de vîtesse & d'impétuosité, qu'il n'y put résister long-tems. On l'entendoit craquer de tous côtés. Les membres se détachoient les uns des autres, & l'on voyoit cette grosse masse de bois s'ébranler, plier & se rompre de toutes parts avec un fracas épouvantable. Comme la pouppe avoit touché la première, elle fut aussi la première enfoncée. En vain les mâts furent coupés, & les canons jettés à la mer, avec les coffres & tout ce qui étoit de poids, pour soulager le corps du bâtiment. Il toucha si souvent, que s'étant ouvert enfin sous la sainte-barbe, l'eau qui entroit en en abondance, eut bientôt gagné le premier pont & rempli la sainte-barbe. Elle monta jusqu'à la grande chambre, & peu d'inſtans après, elle étoit à la hauteur de la ceinture ſur le ſecond pont.

» A cette vue il s'éleva de grands cris. Chacun ſe refugia ſur l'étage le plus haut du navire, mais avec une confuſion qui augmenta le danger. L'eau continuant de monter, nous vîmes le vaiſſeau s'enfoncer inſenſiblement dans la mer, juſqu'à ce que la quille ayant atteint le fond, il demeura quelque tems immobile dans cet état.

» Il ſeroit difficile de repréſenter l'effroi & la conſternation qui ſe répandirent dans tous les eſprits, & qui éclatèrent par des cris, des ſanglots & des hurlemens. On ſe croiſoit, on ſe heurtoit à tout moment l'un contre l'autre. Ceux qui avoient été ennemis ſe réconcilioient. Les uns à genoux ou proſternés ſur le tillac, imploroient l'aſſiſtance de Dieu; les autres jettoient à la mer des barriques & des coffres vuides & tout ce qui leur tomboit ſous la main. Les cris & le tumulte étoient ſi grands, qu'on n'entendoit plus le fracas du vaiſſeau qui ſe rompoit en mille pieces, ni le bruit des vagues qui ſe briſoient ſur les rochers avec une furie incroyable. Cependant, après s'être livrés à des gémiſſemens inutiles, ceux qui n'avoient pas encore pris le parti de ſe jetter à la nage, penſèrent à ſe ſauver par d'autres voies. On fit pluſieurs radeaux des planches & des mâts du navire. Les malheureux à qui la frayeur avoit fait négliger ces précautions, furent engloutis dans les flots ou écrasés par la violence des vagues qui les jettoient sur les rochers du rivage.

❤ Mes craintes furent d'abord aussi vives que celles des autres; mais lorsqu'on m'eut assuré qu'il y avoit quelque espérance de se sauver, je m'armai de résolution. J'avois deux habits assez propres que je vêtis l'un sur l'autre; m'étant mis ensuite sur quelques planches liées ensemble, je m'efforçai de gagner à la nage le bord de la mer. Notre second ambassadeur, le plus robuste & le plus habile des trois à nager, étoit déja dans l'eau. Il s'étoit chargé de la lettre du roi, qu'il portoit attachée à la poignée d'un sabre dont sa majesté lui avoit fait présent. Ainsi nous arrivâmes tous deux à terre presqu'en même tems. Plusieurs Portugais s'y étoient déja rendus; mais ils n'avoient fait que changer de péril. Si ceux qui étoient encore dans le vaisseau pouvoient être noyés, il n'y avoit pas plus de ressource à terre contre la faim. Nous étions sans eau, sans vin & sans biscuit. Le froid d'ailleurs étoit très-piquant; & j'y étois d'autant plus sensible, que la nature ne m'y avoit point accoutumé. Je compris qu'il me seroit impossible d'y résister long-tems. Cette idée me fit prendre la résolution de retourner le lendemain au vaisseau pour y prendre des habits plus épais que les miens, &

des rafraîchiffemens. Les Portugais de quelque rang avoient été logés fur le premier pont ; je m'imaginai que je trouverois dans leurs cabanes des chofes précieufes, fur-tout de bonnes provifions de bouche qui étoient le plus néceffaire de nos befoins. Je me remis fur une efpece de claie, & je nageai heureufement jufqu'au vaiffeau.

» Il ne fut pas difficile d'y aborder, parce qu'il paroiffoit encore au-deffus de l'eau. Je m'étois flatté d'y trouver de l'or, des pierreries ou quelques meubles précieux qu'il n'eût pas été difficile de porter ; mais en arrivant je vis toutes les chambres remplies d'eau, de forte que je ne pus emporter que quelques pieces d'étoffe d'or ; j'y joignis une petite cave de fix flacons de vin & un peu de bifcuit, qui fe trouvèrent dans la cabane d'un pilote. J'attachai ce petit butin fur la claie ; & la pouffant devant moi avec beaucoup de peine & de danger, j'arrivai une feconde fois au rivage, quoique bien plus fatigué que la première.

» J'y rencontrai quelques Siamois qui s'étoient fauvés nuds. La compaffion que je reffentis de leur mifère en les voyant trembler de froid, m'obligea de leur faire part des étoffes que j'avois apportées du vaiffeau. Mais craignant que fi je leur confiois la cave elle ne durât pas long-tems entre leurs mains, je la donnai à un Portugais qui m'avoit toujours marqué beaucoup d'amitié, à condition néanmoins que nous en partagerions l'ufage. Dans cette occafion je reconnus combien l'amitié eft foible contre la néceffité. Cet ami me donna un demi-verre de vin à boire pendant les deux ou trois premières journées, dans l'efpérance de trouver une fource ou un ruiffeau. Mais lorfqu'on fe vit preffé de la foif & qu'on craignit de ne pas découvrir d'eau douce pour fe défaltérer, en vain le preffai-je de me communiquer un fecours qu'il tenoit de moi. Il me répondit qu'il ne l'accorderoit pas à fon père. Le bifcuit ne put nous fervir, parce que l'eau de la mer dont il avoit été trempé lui donnoit une amertume infupportable.

Auffi-tôt que tout le monde fe fut rendu à terre, ou du moins que perfonne ne parut plus fortir du vaiffeau, on compta ceux qui avoient gagné le rivage, & nous nous trouvâmes environ deux cens, d'où l'on conclut qu'il ne s'en étoit noyé que fept ou huit, pour avoir eu trop d'empreffement à fe fauver. Quelques Portugais avoient eu la précaution d'emporter des fufils & de la poudre pour fe défendre des Caffres (2), & pour tuer du gibier dans les bois. Ces armes nous furent auffi fort utiles à faire du feu pendant toute la durée de notre voyage jufqu'aux habitations hollandoifes ; mais fur-tout les deux premières nuits que nous paſsâmes ſur le rivage tout dégouttans de l'eau de la mer. Le froid étoit alors ſi rigoureux, que ſi l'on n'eût allumé du feu pour faire ſécher nos habits, peut-être aurions-nous trouvé tous dans une prompte mort le remede de nos peines.

» Le ſecond jour après notre naufrage, qui étoit un dimanche, les Portugais ayant fait leurs prières nous nous mîmes en chemin. Le capitaine & les pilotes nous diſoient que nous n'étions pas à plus de vingt lieues du cap de Bonne-Eſpérance où les Hollandois avoient une nombreuſe habitation, & que nous n'avions beſoin que d'un jour ou deux pour y arriver. Cette aſſurance porta la plupart de ceux qui avoient apporté quelques vivres du vaiſſeau à les abandonner, dans l'eſpoir qu'avec ce fardeau de moins, ils marcheroient plus vîte & plus facilement. Nous entrâmes ainſi dans les bois, ou plutôt dans les broſſailles, car nous vîmes peu de grands arbres dans tout le cours de notre voyage. On marcha tout le jour, & l'on ne s'arrêta que deux fois pour prendre un peu de repos. Comme on n'avoit preſque rien apporté pour manger, on commença bientôt à reſſentir les premières atteintes de la faim & de la ſoif; ſur-tout après avoir marché avec beaucoup de diligence à l'ardeur du ſoleil, dans l'eſpérance d'arriver le même jour chez les Hollandois. Sur les quatre heures après midi nous trouvâmes une grande mare d'eau qui servit beaucoup à nous soulager. Chacun y but à loisir. Les Portugais furent d'avis de passer le reste du jour & la nuit suivante sur le bord de cet étang. On fit du feu. Ceux qui purent trouver dans l'eau quelques cancres, les firent rôtir & les mangèrent. D'autres en plus grand nombre, après avoir bu une seconde fois, prirent le parti de se livrer au sommeil, bien plus abattus par la fatigue d'une si longue marche, que par la faim qui les tourmentoit depuis deux jours qu'ils avoient passés à jeun.

» Le lendemain après avoir bu par précaution pour la soif future, on partit de grand matin. Les Portugais prirent les devans, parce que notre premier ambassadeur étant d'une foiblesse & d'une langueur qui ne lui permettoient pas de faire beaucoup de diligence, nous fûmes obligés de nous arrêter avec lui. Mais comme il ne falloit pas perdre un moment de vue les Portugais, nous prîmes le parti de nous diviser en trois troupes. La première suivoit toujours à vue les derniers Portugais, & les deux autres marchant dans la même distance, prenoient garde aux signaux dont on étoit convenu avec la première bande, pour avertir lorsque les Portugais s'arrêteroient ou changeroient de route. Nous trouvâmes quelques petites montagnes qui nous causèrent beaucoup de peine à traverser. Pendant tout le jour nous ne pûmes découvrir qu'un puits dont l'eau étoit si jaunâtre qu'il fut impossible d'en boire. Un signal de la première troupe ayant fait juger en même tems que les Portugais s'étoient arrêtés, on ne douta pas qu'ils n'eussent rencontré de bonne eau, & cette espérance nous fit doubler le pas. Cependant avec tous nos efforts il nous fut impossible d'y conduire l'ambassadeur avant le soir. Nos gens nous declarèrent que les Portugais n'avoient pas voulu nous attendre, sous prétexte qu'il n'y auroit aucun avantage pour nous à souffrir la faim & la soif avec eux, & qu'ils nous serviroient plus utilement en se hâtant de marcher pour se mettre en état de nous en envoyer des rafraîchissemens.

» A cette triste nouvelle, le premier ambassadeur fit assembler tous les Siamois qui étoient restés près de lui. Il nous dit qu'il se sentoit si foible & si fatigué, qu'il lui étoit impossible de suivre les Portugais; qu'il exhortoit ceux qui se portoient bien à faire assez de diligence pour les rejoindre; & que les maisons hollandoises ne pouvant être éloignées, il leur ordonnoit seulement de lui envoyer un cheval & une charette avec quelques vivres pour le porter au Cap s'il étoit encore en vie. Cette séparation nous affligea beaucoup, mais elle étoit nécessaire. Il n'y eut qu'un jeune homme âgé d'environ quinze ans, fils d'un mandarin, qui ne voulut pas quitter l'ambaffadeur, dont il étoit fort aimé & pour lequel il avoit auffi beaucoup d'affection. La reconnoiffance & l'amitié lui firent prendre la réfolution de mourir ou de fe fauver avec lui, fans autre fuite qu'un vieux domeftique qui ne put fe réfoudre non-plus à quitter fon maître.

» Le fecond ambaffadeur, un autre mandarin & moi, nous prîmes congé de lui, après l'avoir affuré de le fecourir auffi-tôt que nous en aurions le pouvoir, & nous nous remîmes en chemin avec nos gens, dans le deffein de fuivre les Portugais tout éloignés qu'ils étoient de nous. Un fignal que nos Siamois les plus avancés nous firent du haut d'une montagne, augmenta notre courage & nous fit doubler le pas; mais nous ne pûmes les joindre que vers dix heures du foir. Ils nous dirent que les Portugais étoient encore fort loin; nous découvrîmes en effet leur camp à quelques feux qu'ils y avoient allumés. L'efpérance d'y trouver du moins de l'eau, foutint notre courage. Après avoir continué de marcher l'efpace de deux grandes heures au travers des bois & des rochers, nous y arrivâmes avec des peines incroyables. Les Portugais étoient poftés fur la croupe d'une haute montagne, après y avoir fait un grand feu autour duquel ils s'étoient endormis. Chacun demanda d'abord où étoit l'eau. Un Siamois eut l'humanité de m'en apporter, car le ruisseau qu'on avoit découvert étoit assez loin du camp, & je n'aurois pas eu la force de m'y traîner. Je m'étendis auprès du feu. Le sommeil me prit dans cette posture, jusqu'au lendemain que le froid me réveilla.

» Je me sentis si affoibli & pressé d'une faim si cruelle, qu'ayant souhaité mille fois la mort, je résolus de l'attendre dans le lieu où j'étois couché. Pourquoi l'aller chercher plus loin avec de nouveaux tourmens? Mais ce mouvement de désespoir se dissipa bientôt à la vue des Siamois & des Portugais qui n'étant pas moins abattus que moi, ne laissoient pas de se mettre en chemin dans l'espérance de conserver leur vie. Je ne pus résister à leur exemple. L'exercice de mes jambes me rendit un peu de chaleur; je devançai même une fois mes compagnons jusqu'au sommet d'une colline, où je trouvai des herbes extrêmement hautes & fort épaisses. La vîtesse de ma marche avoit achevé d'épuiser mes forces, je fus contraint de me coucher sur cette belle verdure où je m'endormis. A mon réveil je me sentis les cuisses & les jambes si roides, que je désespérai de pouvoir m'en servir; cette extrémité me fit reprendre la résolution à laquelle j'avois renoncé le matin. J'étois si déterminé à mourir, que j'en attendois le moment avec impatience comme la fin de mes infortunes. Le sommeil me prit encore dans ces tristes réflexions. Un mandarin qui étoit mon ami particulier, & mes valets qui me croyoient égaré, me cherchèrent assez long-tems. Ils me trouvèrent enfin, & m'ayant éveillé, le mandarin m'exhorta si vivement à prendre courage, qu'il me fit quitter un lieu où je serois mort infailliblement sans son secours. Nous rejoignîmes ensemble les Portugais qui s'étoient arrêtés près d'une ravine d'eau. La faim qui les pressoit comme moi, leur fit mettre le feu à des herbes demi-seches pour y chercher quelque lézard ou quelque serpent qu'ils pussent dévorer. Un d'entr'eux qui s'étoit un peu éloigné, trouva des feuilles sur le bord de l'eau ; il eut la hardiesse d'en manger, quelque amères qu'elles fussent, & sentit sa faim appaisée. Il vint annoncer aussi-tôt cette bonne nouvelle à toute la troupe, qui y courut avec empressement, & qui en mangea avec avidité. Nous passâmes ainsi la nuit.

» Le lendemain, qui étoit le cinquième jour de notre marche, nous partîmes de grand matin, persuadés que nous ne pouvions manquer ce jour-là de trouver les habitations hollandoises. Cette idée renouvella nos forces. Après avoir marché sans interruption jusqu'à midi, nous apperçûmes assez loin de nous quelques hommes sur une hauteur. Personne ne douta que nous ne fussions au terme de nos

nos souffrances, & nous nous avançâmes avec une joie qui ne peut être exprimée. Mais ce sentiment dura peu, & nous fûmes bientôt détrompés. C'étoient trois ou quatre Hottentots (3), qui nous ayant découvert les premiers, venoient armés de leurs zagaies pour nous reconnoître. Leur crainte parut égale à la nôtre, à la vue de notre troupe nombreuse & de nos fusils. Cependant nous nous persuadâmes que leurs compagnons n'étoient pas éloignés; & nous croyant au moment d'être massacrés par ces barbares, nous prîmes le parti de les laisser approcher, dans l'idée qu'il valoit mieux finir tout d'un coup une malheureuse vie, que de la prolonger de quelques jours pour la perdre enfin par des tourmens plus cruels que la mort même. Mais lorsqu'ils eurent reconnu d'assez loin que nous étions en plus grand nombre qu'ils ne l'avoient jugé d'abord, ils s'arrêtèrent pour nous attendre à leur tour; & nous voyant approcher ils prirent le devant en nous faisant signe de les suivre & nous montrant avec le doigt quelques maisons, c'est-à-dire, trois ou quatre misérables cabanes qui se présentoient sur une colline. Ensuite, lorsque nous fûmes au pied de cette colline, ils prirent un petit chemin par lequel ils nous menèrent vers un autre village, avec les mêmes signes pour nous engager à marcher sur leurs traces, quoiqu'ils tournassent souvent la tête & qu'ils paruffent nous observer d'un air de défiance.

» En arrivant à ce village, qui étoit composé d'une quarantaine de cabanes couvertes de branches d'arbres, dont les habitans montoient au nombre de quatre ou cinq cens perfonnes, leur confiance augmenta jufqu'à s'approcher de nous & nous confidérer à loifir. Ils prirent plaifir à regarder particulièrement les Siamois, comme s'ils euffent été frappés de leur habillement. Cette curiofité nous parut bientôt importune. Chacun voulut entrer dans leurs cafes pour y chercher quelques alimens; car tous les fignes par lefquels nous leur faifions connoître nos befoins ne fervoient qu'à les faire rire de toutes leurs forces, fans qu'ils paruffent nous entendre. Quelques-uns nous répétoient feulement ces deux mots: tabac, pataque. Je leur offris deux gros diamans que le premier ambaffadeur m'avoit donnés au moment de notre féparation; mais cette vue les toucha peu. Enfin le premier pilote qui avoit quelques pataques, feule monnoie qui foit connue de ces barbares, fut réveillé par le nom; il leur en donna quatre, pour lefquels ils amenèrent un bœuf qu'ils ne vendent ordinairement aux Hollandois que fa longueur de tabac. Mais de quel fecours pouvoit être un bœuf entre tant d'hommes à demi-morts de faim, qui n'avoient vécu depuis six jours entiers que de quelques feuilles d'arbres ? Le pilote n'en fit part qu'aux gens de sa nation & à ses meilleurs amis. Aucun Siamois n'en put obtenir un morceau. Ainsi nous eûmes le chagrin de ne recevoir aucun soulagement, à la vue non-seulement de ceux qui satisfaisoient leur faim, mais de quantité de bestiaux qui paissoient dans la campagne. Les Portugais ne nous défendoient pas moins de toucher aux troupeaux des Hottentots, qu'au bœuf qu'ils avoient fait cuire, & nous menaçoient de nous abandonner à la fureur de ces barbares.

» Un mandarin voyant que les Hottentots refusoient l'or monnoyé, prit le parti de se parer la tête de certains ornemens d'or, & parut devant eux dans cet état. Cette nouveauté leur plut. Ils lui donnèrent un quartier de mouton pour ces petits ouvrages qui valoient plus de cent pistoles. Nous mangeâmes cette viande à demi-crue, mais elle ne fit qu'aiguiser notre appétit. J'avois remarqué que les Portugais avoient jetté la peau de leur bœuf après l'avoir écorché ; ce fut un trésor pour moi ; j'en fis confidence au mandarin qui m'avoit sauvé de mon propre désespoir. Nous allâmes chercher cette peau ensemble, & l'ayant heureusement trouvée nous la mîmes sur le feu pour la faire griller. Elle ne nous servit que pour deux repas, parce que les autres Siamois nous ayant découvert, il fallut partager avec eux notre bonne fortune. Un Hottentot s'étant arrêté à considérer les boutons d'or de mon habit, je lui fis entendre que s'il vouloit me donner quelque chose à manger je lui en ferois volontiers présent. Il me témoigna qu'il y consentoit; mais au lieu d'un mouton que j'espérois, pour le moins, il ne m'apporta qu'un peu de lait dont il fallut paroître content.

» Nous passâmes la nuit dans ce lieu, près d'un grand feu qu'on avoit allumé devant les cases des Hottentots. Ces barbares ne firent que danser & pousser des cris jusqu'au jour, ce qui nous obligea de renoncer au sommeil pour nous tenir incessamment sur nos gardes. Nous partîmes le matin, & prenant le chemin de la mer, nous arrivâmes au rivage vers midi. Les moules que nous trouvâmes le long des rochers tinrent lieu du plus appétissant régal. Après nous en être rassasiés, chacun eut soin d'en faire sa provision pour le soir. Mais il falloit rentrer dans les bois pour y chercher de l'eau. Nous n'en pûmes trouver qu'à la fin du jour, encore n'étoit-ce qu'un filet d'eau fort sale; mais personne ne se donna le tems de la laisser reposer pour en boire. On campa sur le bord du ruisseau, avec la précaution de faire la garde toute la nuit, dans la crainte des Caffres dont on soupçonnoit les intentions.

» Le jour suivant nous nous trouvâmes au pied d'une haute montagne qu'il fallut traverser avec une étrange fatigue. La faim nous pressa plus que jamais, & rien ne s'offroit pour l'appaiser. Du sommet de la montagne nous vîmes sur un côteau des herbes assez vertes & quelques fleurs. On y courut, on se mit à manger les moins amères. Mais ce qui appaisoit notre faim augmenta notre soif, jusqu'à nous causer un tourment qu'il faut avoir éprouvé pour le comprendre. Cependant nous ne trouvâmes de l'eau que bien avant dans la nuit, au pied de la même montagne. Lorsque tout le monde y fut rassemblé, on tint conseil, & d'un commun accord on prit la résolution de ne plus s'enfoncer dans les terres comme on avoit fait jusqu'alors pour abréger le chemin. Le capitaine & les pilotes reconnoissoient qu'ils s'étoient trompés. Ne pouvant plus cacher leur erreur, ils avouoient qu'ils étoient incertains du lieu que nous cherchions, du chemin qu'il falloit tenir & du tems dont nous avions besoin pour y arriver. D'ailleurs on étoit sûr, en suivant la côte, de trouver des moules & d'autres coquillages qui étoient du moins une ressource continuelle contre la faim. Enfin, comme la plupart des rivières, des ruisseaux & des fontaines ont leur cours vers la mer, nous pouvions espérer d'avoir moins à souffrir de la soif.

» A la pointe du jour nous reprîmes le chemin du rivage où nous arrivâmes deux heures avant midi. On découvrit d'abord une grande plage terminée par une haute montagne. Cette vue réjouit tout le monde, parce que les pilotes assurèrent que c'étoit le cap de Bonne-Espérance. Une si douce nouvelle ranima tellement nos forces, que sans nous reposer un moment nous continuâmes de marcher jusqu'à la nuit. Mais après avoir fait cinq ou six lieues, on reconnut que ce n'étoit pas le Cap qu'on s'étoit flatté de trouver. De mortels regrets succédèrent à l'espérance. On se consola un peu néanmoins sur le récit d'un matelot, qui ayant été à la découverte une heure avant le coucher du soleil, rapporta qu'il avoit trouvé à peu de distance une petite île presque couverte de moules, avec une fort bonne source d'eau. On se hâta de s'y rendre pour y passer la nuit, & le lendemain on se trouva si bien du rafraîchissement qu'on s'y étoit procuré, qu'on prit le parti d'y demeurer tout le jour & la nuit suivante. Ce jour nous délâssa beaucoup, & l'abondance de la nourriture remit un peu nos forces. Le soir nous étant assemblés suivant notre coutume, un peu à l'écart des Portugais, nous fûmes surpris de voir manquer un de nos mandarins. On le chercha de tous côtés, on l'appela par des cris, mais ces foins furent inutiles ; ses forces l'avoient abandonné en chemin. L'extrême averfion qu'il avoit pour les herbes & pour les fleurs que les autres mangeoient, du moins fans dégoût, ne lui avoit pas permis d'en porter même à fa bouche ; il étoit mort de faim & de foibleffe, fans pouvoir fe faire entendre & fans être apperçu de perfonne. Quatre jours auparavant un autre mandarin avoit eu le même fort. Il faut que la mifère endurciffe beaucoup le cœur. En tout autre tems la mort d'un ami m'eût caufé une vive affliction ; mais dans cette occafion je n'y fus prefque pas fenfible.

» Pendant le jour & les deux nuits que nous paffâmes dans l'île, on remarqua certains arbres fecs & affez gros, qui étoient percés par les deux bouts. La foif qui nous avoit paru jufqu'alors un tourment fi cruel, nous infpira le moyen d'en tirer quelque utilité. Chacun fe pourvut d'un de ces longs tubes, & l'ayant bien fermé par le bas on le remplit d'eau pour la provifion du jour. Dans l'incertitude de la fituation du cap de Bonne-Efpérance, les pilotes propoférent de monter fur celui que nous avions devant nous & qui étoit affez élevé ; du fommet on pouvoit efpérer de découvrir l'objet de nos recherches. Cette idée plut à tout le monde. On eut besoin de beaucoup d'efforts pour grimper sur une hauteur escarpée, & pendant tout le jour on ne vécut que d'herbes & de fleurs qui s'y trouvoient en différens lieux. Vers le soir, en descendant de cette montagne d'où nous avions eu le chagrin de ne pas appercevoir ce que nous cherchions, nous découvrîmes à une demi-lieue de nous une troupe d'éléphans qui paissoient dans une vaste campagne, mais qui n'étoient pas d'une grandeur extraordinaire. On passa la nuit sur le rivage au pied de la montagne. Le soleil n'étant point encore couché, on se répandit de tous côtés, sans rien trouver qui pût servir d'aliment : de tous les Siamois je fus le seul à qui le hasard offrit de quoi souper. J'avois cherché des herbes & des fleurs, & n'en ayant trouvé que de fort amères, je m'en retournois après m'être inutilement fatigué, lorsque j'apperçus un serpent ; il n'étoit pas plus gros que le pouce, mais il étoit aussi long que le bras. Je le poursuivis dans sa fuite & je le tuai d'un coup de poignard. Nous le mîmes au feu, sans autre précaution, & nous le mangeâmes tout entier, sans excepter la peau, la tête & les os. Il nous parut de fort bon goût. Après cet étrange festin nous remarquâmes qu'il nous manquoit un de nos trois interprètes. On décampa le lendemain un peu plus tard qu'à l'ordinaire. Il s'étoit élevé à la pointe du jour un gros brouillard qui avoit obscurci tout l'horizon. A peine eûmes-nous fait un quart de lieue, que nous fûmes incommodés d'un vent très-froid & le plus impétueux que j'eusse éprouvé de ma vie. Peut-être l'affoiblissement de nos forces nous le faisoit-il trouver plus violent qu'il n'étoit en effet ; mais ne pouvant mettre un pied devant l'autre, nous fûmes obligés pour avancer un peu vers notre terme, d'aller successivement à droite & à gauche, comme on louvoie sur mer. Vers deux heures après midi, le vent nous amena une grosse pluie qui dura jusqu'au soir. Elle étoit si épaisse & si roide, que dans l'impossibilité de marcher, les uns se mirent à l'abri sous quelques arbres secs, d'autres allèrent se cacher dans le creux des rochers, & ceux qui ne trouvèrent aucun asyle s'appuyèrent le dos contre la hauteur d'une ravine, en se pressant les uns contre les autres pour s'échauffer un peu & pour résister plus facilement à la violence de l'orage. La peinture de nos peines surpasse ici toute expression. Quoique nous eussions passé le jour sans manger & que nous n'eussions bu que de l'eau de pluie, la faim nous parut le moindre de nos maux, lorsqu'à l'arrivée de la nuit, tremblans de lassitude & de froid, il nous fut impossible de fermer l'œil, & même de nous coucher pour prendre un peu de repos.

» Aussi nous crûmes-nous délivrés de la moitié de notre misère en voyant paroître le jour. L'engourdissement, la foiblesse & les autres maux qui nous restoient d'une si fâcheuse nuit, ne nous empêchèrent pas de tourner nos premiers soins à rejoindre les Portugais. Mais quels furent notre étonnement & notre tristesse de ne les plus appercevoir! En vain nos yeux les cherchèrent de tous côtés; non-seulement nous n'en découvrîmes pas un seul, mais il nous fut impossible de juger quel chemin ils avoient pris. Dans ce cruel moment, tous les maux que nous avions essuyés jusqu'alors, la faim, la soif, la lassitude & la douleur se réunirent devant nous pour nous accabler; la rage & le désespoir se saisirent de notre cœur. Nous nous regardions les uns les autres, étonnés, à demi-morts, dans un profond silence & sans aucun sentiment. Le second ambassadeur fut le premier qui reprit courage. Il nous assembla tous pour délibérer sur notre sort. Après nous avoir représenté que les Portugais ne pouvoient nous avoir abandonnés sans de fortes raisons, & que nous avions été obligés nous-mêmes de laisser notre premier ambassadeur derrière nous dans une affreuse solitude, il nous fit considérer que le secours que nous avions tiré d'eux ne méritoit pas d'être regretté, & que nous pouvions continuer de suivre les côtes, suivant la ré-

solution que nous avions prise de concert. « Il
» n'y a qu'une seule chose, nous dit-il, que nous
» devons préférer à tout le reste, & qui m'empê-
» cheroit de sentir mon malheur si j'avois l'esprit
» tranquille sur ce point. Vous êtes tous témoins
» du profond respect que j'ai toujours eu pour la
» lettre du grand roi dont nous sommes les sujets.
» Mon premier soin dans notre naufrage fut de la
» sauver, je ne puis même attribuer ma conserva-
» tion qu'à la bonne fortune qui accompagne tou-
» jours ce qui appartient à notre maître. Vous avez
» vu avec quelle circonspection je l'ai portée. Quand
» nous avons passé la nuit sur des montagnes, je
» l'ai toujours placée au sommet, ou du moins au-
» dessus de notre troupe, & me mettant un peu
» plus bas je me suis tenu dans une distance con-
» venable pour la garder. Quand nous nous sommes
» arrêtés dans les plaines, je l'ai toujours attachée
» à la cîme de quelque arbre. Pendant le chemin,
» je l'ai portée sur mes épaules, aussi long-tems
» que je l'ai pu, & je ne l'ai confiée à d'autres
» qu'après l'épuisement de mes forces. Dans le
» doute où je suis si je pourrai vous suivre long-
» tems, j'ordonne de la part du grand roi notre
» maître, au troisième ambassadeur, qui en usera
» de même à l'égard du premier mandarin s'il meurt
» avant lui, de prendre après ma mort les mêmes

» soins de cette auguste lettre. Si par le dernier des
» malheurs aucun de nous ne pouvoit arriver au
» Cap de Bonne-Espérance, celui qui en fera chargé
» le dernier ne manquera pas de l'enterrer, avant
» de mourir, sur une montagne ou dans le lieu le
» plus élevé qu'il pourra trouver; afin qu'ayant mis
» ce précieux dépôt à couvert d'insulte, il meure
» prosterné dans le même lieu, avec autant de res-
» pect en mourant, que nous en devons au roi
» pendant notre vie. Voilà ce que j'avois à vous
» recommander. Après cette explication, reprenons
» courage; ne nous séparons jamais, allons à pe-
» tites journées; la fortune du grand roi notre maître
» nous protégera toujours ».

» Ce discours nous remplit de résolution. Cependant, au lieu de nous attacher à suivre les côtes, on convint qu'il falloit tenter de rejoindre les
Portugais, & prendre le chemin qu'on pouvoit juger
qu'ils avoient suivi. Nous avions devant nous une
grande montagne, & sur la droite, un peu à côté,
quelques petites petites collines. Nous nous persuadâmes aisément que fatigués comme ils étoient
ils n'auroient pas choisi les plus rudes passages,
quoiqu'ils fussent les plus droits. On prit par la première colline. Cette journée me causa d'étranges
douleurs; non-seulement la nuit précédente m'avoit
rendu les jambes roides & engourdies, mais elles

commencèrent à s'enfler avec tout mon corps. Quelques jours après, il me sortit de tout le corps, sur-tout des jambes, une eau blanchâtre & pleine d'écume ; cette évacuation dura tout le reste du voyage. Nous marchions fort vîte, ou du moins il nous sembloit que nous faisions beaucoup de diligence, quoiqu'en effet nous fissions peu de chemin. Vers midi, nous arrivâmes fort las au bord d'une rivière qui pouvoit avoir soixante pieds de large & sept ou huit de profondeur. Nous doutâmes si les Portugais l'avoient passée, parce que sans avoir beaucoup de largeur elle étoit extrêmement rapide. Quelques Siamois essayèrent de la traverser, mais le courant étoit si impétueux qu'ils retournèrent sur leurs pas, dans la crainte d'être emportés. Cependant on résolut de tenter encore une fois le passage, & pour le faire avec moins de péril on s'avisa de lier ensemble toutes les écharpes de la troupe, dont un madarin fort robuste entreprit d'attacher un bout au tronc d'un arbre qu'on voyoit de l'autre côté de la rivière, dans l'espérance qu'à la faveur de cette espece de chaîne chacun pourroit passer successivement. Mais à peine le mandarin fut-il au milieu de la rivière, que ne pouvant résister au cours de l'eau il fut obligé de quitter le bout des écharpes pour nager vers l'autre bord, & malgré toute son adresse il fut jetté contre une pointe de terre qui le bleſſa dans pluſieurs endroits du corps. Il prit le parti de remonter à pied le long du rivage, pour crier vis-à-vis de nous qu'il n'étoit pas vraiſemblable que les Portugais euſſent pris cette route. On lui dit de nous rejoindre, ce qu'il ne put exécuter qu'en remontant bien haut pour ſe mettre à la nage.

» Nous conclûmes que les Portugais avoient ſuivi le bord où nous étions, & l'on prit le même chemin. Un bas déchiré qu'on trouva une demi-lieue plus loin, nous confirma dans cette opinion. Après des peines infinies, nous arrivâmes au bas d'une montagne qui étoit creuſée par le pied, comme ſi la nature en eût voulu faire un logement pour les paſſans. Il y avoit aſſez d'eſpace pour nous y loger tous enſemble. Nous y paſſâmes une nuit très-froide & par-conféquent très-douloureuſe. Depuis quelques jours que mes jambes & mes pieds s'étoient enflés, je ne pouvois porter ni ſouliers ni bas; cette incommodité s'accrut tellement, qu'en m'éveillant le matin je remarquai ſous moi la terre couverte d'eau & d'écume, qui étoient ſorties de mes pieds. Cependant je trouvai des forces pour partir.

» Pendant le jour, nous continuâmes de ſuivre les bords de la rivière, impatiens de trouver les Portugais que nous ne pouvions croire éloignés; nous trouvions par intervalles des traces de leur marche. A quelque distance de la caverne où nous avions couché, un de nos gens apperçut un peu à l'écart un fusil avec une boëte à poudre, qu'un Portugais avoit apparemment laissés, dans l'impuissance de les porter plus loin : cette rencontre nous fut d'une extrême utilité. Depuis que nous suivions la rivière, nous n'avions trouvé aucune espece de nourriture, & nous étions à demi-morts de faim. On fit aussi-tôt du feu. Pour moi qui n'avois plus d'usage à faire de mes souliers, & qui étois même embarrassé de cet inutile fardeau, j'en séparai toutes les pieces que je fis griller, & nous le mangeâmes avidement. On essaya de manger le chapeau d'un de nos valets, après l'avoir fait griller long-tems, mais il fut impossible de le mâcher; il falloit en faire cuire les pieces jusqu'à les mettre en cendres, & dans cet état elles étoient si ameres & si dégoûtantes, qu'elles révoltoient l'estomac.

» Après avoir repris notre route, nous trouvâmes encore au pied d'un côteau une preuve bien sensible que les Portugais suivoient comme nous le bord de la rivière; ce fut le corps d'un de nos interprètes qui s'étoit joint à leur troupe, & qui étoit mort en chemin; il avoit les genoux en terre, & les mains, la tête & le reste du corps appuyés sur le revers

d'un petit côteau. Les deux interprètes qui nous reftoient étant métifs, c'eft-à-dire, nés de pères Européens & de mères Siamoifes, n'avoient pas voulu fe féparer des Portugais, & nous avoient abandonnés avec eux. Nous jugeâmes que celui-ci étoit mort de froid. Le côteau étoit couvert d'une fi belle verdure, que chacun y fit une petite provifion d'herbes & de feuilles les moins amères pour le repas du foir. L'idée que les Portugais étoient trop loin devant nous, & que nous nous fatiguions inutilement pour les rejoindre, commençoit à nous faire regretter d'avoir quitté la petite île où nous avions trouvé de l'eau excellente & quantité de moules ; mais le chagrin & les murmures augmentèrent beaucoup dans le lieu où nous devions paffer la nuit. Il n'y avoit que deux chemins à prendre, tous deux fort difficiles, & rien ne pouvoit fervir à nous faire diftinguer lequel des deux les Portugais avoient fuivi. D'un côté, on voyoit une montagne très-rude, & de l'autre un marécage coupé de divers canaux que la rivière formoit naturellement, & qui dans plufieurs endroits inondoient une partie de la campagne. On ne pouvoit fe perfuader que les Portugais euffent traverfé la montagne, il n'y avoit pas plus d'apparence qu'ils fuffent entrés dans le marais, qui nous paroiffoit prefqu'entièrement inondé & qui
n'offroit

n'offroit d'ailleurs aucun vestige d'hommes. Nous délibérâmes une partie de la nuit s'il falloit passer outre ou retourner sur nos pas. La difficulté de choisir entre les deux routes parut si difficile à surmonter, que tout le monde fut d'avis de ne pas aller plus loin. Il paroissoit impossible de traverser le marais sans se mettre en danger d'y périr mille fois, & passer sur la montagne c'étoit s'exposer à mourir de soif, parce qu'il n'y avoit aucune apparence d'y trouver de l'eau, & qu'il ne falloit pas moins de deux jours pour la traverser. On conclut de retourner à la petite île, qu'on regrettoit d'avoir quittée, d'y attendre pendant quelques jours des nouvelles de la troupe Portugaise, & si nous n'en recevions aucune lorsque nous aurions consumé les rafraîchissemens, d'aller trouver volontairement les Hottentots, & de nous offrir à leur servir d'esclaves pour garder leurs troupeaux. Cette condition nous paroissoit plus douce que le malheureux état où nous gémissions depuis si longtems.

» Après la résolution du conseil, il nous tarda que le jour fût venu pour nous remettre en marche. Nous retournâmes sur nos pas avec tant de courage, dans le desir de revoir l'île desirée & d'y soulager la faim qui nous devenoit chaque jour plus insupportable, que nous y arrivâmes le troifiemè jour. Nous fentîmes des tranfports de joie à la vue d'un lieu fi agréable. Chacun s'efforça d'y entrer le premier ; mais la diligence des plus ardens fut inutile, parce que la marée en avoit fermé le paffage. Cette île, à parler proprement, n'étoit qu'un rocher affez élevé, de figure ronde & d'environ cent pas de circuit dans la haute mer, mais qui s'agrandiffoit lorfque la mer commençoit à fe retirer, & qui fe trouvoit environné alors de quantité de petites roches qu'on découvroit fur le fable. Nous attendîmes impatiemment le départ de la marée qui nous rendit enfin la liberté du paffage. Chacun s'empreffa de prendre des moules. Après en avoir amaffé fuffifamment pour toute la journée, nous en mangions une partie, & nous expofions l'autre au foleil ou nous la faifions cuire au feu pour le foir. Toutes les côtes voifines étoient fi défertes & fi arides, qu'il ne s'y trouvoit qu'un petit nombre d'arbres fecs pour allumer du feu. Nous ne pouvions vivre néanmoins fans ce fecours, car à peine étions-nous endormis que le froid & l'humidité nous réveilloient. Le bois nous manquant bientôt fur le rivage, quelques-uns en allèrent chercher plus loin dans les terres ; mais les environs n'étoient que des déferts couverts de fable & pleins de rochers efcarpés, fans arbres, fans aucune verdure. On trouva beaucoup de fiente d'Eléphans, qui servit deux ou trois jours à l'entretien de notre feu. Enfin ce dernier secours nous ayant aussi manqué, la rigueur du froid nous fit abandonner un lieu qui nous avoit fourni pendant six jours des rafraîchissemens si nécessaires à nos besoins. Nous prîmes le parti de chercher les Hottentots, pour nous abandonner à la discrétion des plus barbares de tous les hommes. Mais à quoi ne nous serions-nous pas exposés pour sauver une vie qui nous avoit déja coûté si cher ?

» Nous partîmes, en regrettant amèrement les moules & l'eau douce que nous laissions dans l'île. Ce qui avoit achevé de nous déterminer, c'étoit l'idée que les Portugais ne donnant point de nouvelles, ils devoient être morts en chemin, ou qu'ils nous croyoient morts nous-mêmes, ou que les gens qu'ils avoient envoyés au-devant de nous ne viendroient pas nous déterrer dans cette île écartée. Avant que de nous mettre en marche, chacun se fit, suivant ses forces, une provision d'eau douce & de moules. On alla passer la nuit au bord d'un étang d'eau salée, fort près d'une montagne où nous avions déja campé. Il fut heureux pour nous d'avoir apporté de l'eau & des vivres, car nous ne découvrîmes rien qui fût propre à servir d'aliment. Dès la pointe du jour, chacun se mit à chercher un peu d'herbes ou quelques feuilles d'ar-

C ij

bres. Nous voulions conserver le reste de nos moules pour des occasions plus pressantes. Quelques-uns descendirent dans le lac pour y trouver quelques poissons, mais ce n'étoit qu'un amas d'eau salée & bourbeuse.

» Tandis que nous étions ainsi dispersés, ceux qui n'étoient pas éloignés du lac apperçurent trois Hottentots qui venoient droit vers eux. Un signe dont on étoit convenu nous rassembla aussi-tôt, & nous attendîmes ces trois hommes qui marchoient à grands pas pour nous joindre. Dès qu'ils se furent approchés, nous reconnûmes aux pipes dont ils se servoient, qu'ils avoient quelque commerce avec les Européens. La difficulté de part & d'autre fut d'abord à nous faire entendre. Ils nous faisoient des signes de leurs mains, en élevant six doigts & criant de toutes leurs forces : *Hollanda, Hollanda*. Quelques-uns de nos Siamois les prirent pour des émissaires de ceux que nous avions déja rencontrés, & qui nous cherchoient peut-être pour nous massacrer. D'autres croyoient entendre par leurs signes que le cap de Bonne-Espérance n'étoit éloigné que de six journées. Après un peu de délibération, nous nous déterminâmes à suivre ces guides, dans quelque lieu qu'ils voulussent nous mener, par la seule raison qu'il ne pouvoit nous arriver rien de pire que ce que nous avions déja souffert, & que la mort même étoit le remede de tant de malheurs qui nous rendoient la vie insupportable. Cependant nous cessâmes bientôt de prendre ces Hottentos pour des espions, en reconnoissant qu'ils n'étoient pas si simples que les premiers, & qu'ils avoient quelque liaison avec les Européens. Ils avoient apporté un quartier de mouton que la faim nous obligea de leur demander. Ils nous firent connoître que nous l'obtiendrions pour de l'argent, & jugeant par nos signes que nous n'en avions pas, ils nous témoignèrent qu'ils accepteroient nos boutons qui étoient d'or & d'argent. Je leur en donnai six d'or ; ils m'abandonnèrent aussi-tôt le quartier de mouton, que je fis griller & que je partageai ensuite à mes compagnons.

» Ces guides inconnus nous pressoient fort de les suivre ; ils marchoient quelque tems devant nous, & notre lenteur paroissant leur causer de l'impatience, ils revenoient à nous pour nous exciter. Nous avions quitté l'étang vers midi. Ils nous menèrent camper au pied d'une hauteur. Le chemin avoit été fort rude. De quinze que nous étions encore, sept se trouvèrent si accablés de misère & de fatigue, que le lendemain au moment du départ il leur fut impossible de faire usage de leurs jambes. Nous tînmes conseil sur ce triste incident,

On résolut de laisser dans ce lieu les plus foibles, avec une partie des moules seches qui nous restoient, en les assurant que notre premier soin, si nous avions le bonheur de trouver une habitation hollandoise, seroit de leur envoyer des voitures commodes. Quelque dure que leur parût cette séparation, la nécessité les força d'y consentir. A la vérité nous étions tous dans un misérable état ; il n'y avoit pas un de nous qui n'eût le corps très-enflé, particulièrement les cuisses & les pieds ; les malheureux sur-tout que nous abandonnions, étoient si défigurés qu'ils faisoient peur. Nous emportâmes un regret fort amer de quitter ces chers compagnons, dans l'incertitude de les revoir jamais ; mais ils ne pouvoient recevoir de nous aucune espece de soulagement, quand nous aurions pris le parti de rester & de mourir avec eux. Après nous être dit un triste adieu, nous recommençâmes à marcher, pour suivre nos guides qui nous avoient éveillés de fort grand matin. Comme j'étois toujours un des plus diligens, je fus témoin d'un spectacle fort désagréable, auquel je ne m'arrête ici que pour faire connoître la saleté de cette barbare nation. Après avoir fait du feu pour se chauffer à la fin d'une nuit très-froide, ils prirent des charbons éteints, & les ayant mis dans un trou qu'ils creusèrent exprès, ils urinèrent dessus, ils broyèrent le tout ensemble & s'en frottèrent le visage & tout le corps. Après cette cérémonie ils vinrent se présenter devant nous, fort chagrins de nous voir moins prompts qu'eux. Enfin la patience parut leur manquer ; ils tinrent conseil entr'eux pendant quelques momens. Deux se détachèrent & prirent le devant avec beaucoup de diligence ; le troisième demeura près de nous, sans s'écarter jamais, & s'arrêtoit même à chaque occasion aussi long-tems que nous paroissions le désirer.

» Nous employâmes six jours entiers à le suivre, avec une fatigue & des peines qui nous semblèrent beaucoup plus insupportables que les précédentes. Il falloit incessamment monter & descendre par des lieux dont la seule vue nous effrayoit ; notre guide, accoutumé à grimper sur les hauteurs les plus escarpées, avoit peine lui-même à se soutenir dans plusieurs passages. Quelques Siamois lui voyant prendre le chemin d'une montagne si rude qu'ils la croyoient inaccessible, formèrent la résolution de l'assommer, dans l'idée qu'il ne nous y menoit que pour nous faire périr. Le second ambassadeur leur fit honte de ce cruel dessein ; il leur représenta que ce pauvre Hottentot nous servoit sans y être obligé, & que dans notre situation l'ingratitude seroit le plus horrible de tous les crimes. Comme les difficultés qui étonnent à la première vue s'applanissent lorsqu'on les envisage de près, ces mêmes lieux qui nous sembloient si dangereux dans l'éloignement, prenoient une autre face à mesure que nous avancions, & les pentes devenoient plus faciles. Enfin, malgré tous nos maux, la lassitude, la faim & la soif, il n'y avoit pas d'obstacles que notre courage ne nous fit surmonter.

» Pendant ce tems-là, nous ne vivions que de nos moules séchées au soleil, & nous les ménagions soigneusement. On se croyoit heureux de rencontrer certains petits arbres verds, dont les feuilles avoient une aigreur appétissante & servoient d'assaisonnement à nos moules; les grenouilles vertes nous paroissoient aussi d'un fort bon goût; nous en trouvions souvent, sur-tout dans les lieux couverts de verdure; les sauterelles nous plaisoient moins. Mais l'insecte qui nous parut le plus agréable, étoit une espece de grosse mouche ou de hanneton fort noir qui ne se trouve & qui ne vit que dans l'ordure. Nous en trouvâmes beaucoup sur la fiente des éléphans. L'unique préparation qu'on apportoit pour les manger, c'étoit de les faire griller au feu. Je ne ferai pas difficulté d'avouer que je leur trouvois un goût merveilleux. Ces connoissances peuvent être utiles à ceux qui auront le malheur de se trouver réduits aux mêmes extrêmités.

» Enfin le trente-unième jour de notre marche

DES NAUFRAGES. 41

& le sixième après l'heureuse rencontre des Hottentots, en descendant une colline, vers six heures du matin, nous apperçûmes quatre personnes sur le sommet d'une très-haute montagne qui étoit devant nous & que nous devions traverser. On les prit d'abord pour des Hottentots, parce que l'éloignement ne permettoit pas de les distinguer, & qu'il ne pouvoit pas nous venir à l'esprit que ces déserts eussent d'autres créatures humaines à nous offrir. Comme ils venoient à nous & que nous marchions vers eux, nous fûmes bientôt agréablement détrompés. Il nous fut aisé de reconnoître deux Hollandois avec les deux Hottentots qui nous avoient quittés en chemin. Le transport de notre joie fut proportionné à toutes les peintures qu'on a lues de notre misère. Ce sentiment augmenta lorsque nos libérateurs se furent approchés. Ils commencèrent par nous demander si nous étions Siamois, & où étoient les ambassadeurs du roi notre maître. On les leur montra. Ils leur firent beaucoup de civilités; après quoi, nous ayant invités à nous asseoir, ils firent approcher les Hottentots qui les accompagnoient, chargés de quelques rafraîchissemens qu'ils nous avoient apportés. A la vue du pain frais, de la viande cuite & du vin, nous ne pûmes modérer les mouvemens de notre reconnoissance. Les uns se jettoient aux pieds des Hollandois & leur embraſſoient les genoux ; d'autres les nommoient leurs pères, leurs libérateurs. Pour moi je fus ſi pénétré de cette faveur ineſtimable, que dans le ſentiment qui m'agitoit je voulus leur faire voir ſur le champ le prix que j'attachois à leurs généreux ſoins. Notre premier ambaſſadeur, en nous ordonnant de le laiſſer derrière nous & d'aller lui chercher quelque voiture, s'étoit défait de pluſieurs pierreries que le roi notre maître lui avoit confiées pour en faire divers préſens. Il m'avoit donné cinq gros diamans enchâſſés dans autant de bagues d'or. Je fis préſent d'une de ces bagues à chacun des deux Hollandois, pour les remercier de la vie dont je croyois leur avoir obligation.

» Mais ce qui paroîtra ſurprenant, c'eſt qu'après avoir bu & mangé, nous nous ſentîmes tous ſi foibles & dans une ſi grande impoſſibilité d'aller plus loin, qu'aucun de nous ne put ſe lever qu'avec des douleurs incroyables. En un mot, quoique les Hollandois nous repréſentaſſent qu'il ne reſtoit qu'une heure de chemin juſqu'à leurs habitations, où nous nous repoſerions à loiſir, perſonne n'eut aſſez de force & de courage pour entreprendre une marche ſi courte. Nos généreux guides reconnoiſſant que nous n'étions plus capables de faire un pas, envoyèrent les Hottentots nous chercher des voitures. En moins de deux heures nous les vîmes revenir avec des charettes & quelques chevaux. Le second de ces deux secours nous fut inutile. Personne n'ayant pu s'en servir, nous nous mîmes tous sur les charettes qui nous portèrent à l'habitation hollandoise. Elle n'étoit éloignée que d'une lieue. Nous y passâmes la nuit, couchés sur la paille, avec plus de douceurs qu'on n'en a jamais ressenti dans la meilleure fortune. Mais le lendemain à notre réveil, quelle fut notre joie de nous voir délivrés & désormais à couvert des effroyables souffrances que nous avions essuyées l'espace de trente & un jours !

» Notre premier soin fut de prier les Hollandois d'envoyer une charette avec les rafraîchissemens nécessaires aux sept Siamois que nous avions laissés en chemin. Après avoir vu partir cette voiture, nous nous rendîmes sur deux autres dans une habitation hollandoise à quatre ou cinq lieues de la première. A peine y fûmes nous arrivés, que nous vîmes paroître plusieurs soldats envoyés par le gouverneur pour nous servir d'escorte, & deux chevaux pour les deux ambassadeurs. Mais ils étoient si malades qu'ils n'osèrent s'en servir. Ainsi nous reprîmes nos charettes, & dans cet équipage nous nous rendîmes à la forteresse que les Hollandois ont à la rade du cap de Bonne-Espérance (1). Le commandant averti de notre arrivée, envoya son secrétaire au-devant des ambassadeurs pour leur faire des complimens de sa part. On nous fit entrer dans le fort au travers d'une vingtaine de soldats rangés en haie. Nous fûmes conduits à la maison du commandant qui se trouva au pied de l'escalier, où il reçut avec de grandes marques de respect & d'affection les ambassadeurs & les Mandarins de leur suite. Il nous fit entrer dans une salle, où nous ayant priés de nous asseoir il nous fit apporter des rafraîchissemens, tandis qu'il faisoit tirer onze coups de canon pour honorer le roi de Siam dans la personne de ses ministres. Nous le conjurâmes d'envoyer avec toute la diligence possible quelque secours au premier ambassadeur que nous avions laissé assez après du rivage où notre vaisseau s'étoit brisé. Il nous répondit que dans la saison où l'on étoit encore il étoit impossible de nous satisfaire, mais qu'aussi-tôt qu'elle seroit passée il ne manqueroit pas d'y employer tous ses soins. Il ajouta que nous étions heureux d'avoir suivi les côtes; que si nous eussions un peu pénétré dans les bois, nous serions infailliblement tombés entre les mains de certains Caffres qui nous auroient massacrés sans pitié.

» Lorsqu'en approchant du Cap nous eûmes apperçu plusieurs navires à la rade, nous sentîmes l'espérance de revoir encore une fois nos parens & notre chère patrie. Les offres du commandant nous confirmèrent dans une idée si consolante, & nous firent presqu'entièrement oublier nos peines. Il fut fidele à ses promesses. Son secrétaire reçut ordre de nous conduire au logement qu'il nous avoit fait préparer, & l'on nous y fournit libéralement tous les rafraîchissemens qui nous étoient nécessaires. Il est vrai qu'il fit tenir un compte exact de notre dépense & du loyer même de notre maison, qu'il envoya jusqu'à Siam aux ministres du roi notre maître, & qui lui fut payé avec autant d'exactitude. On lui remboursa jusqu'à la paie de l'officier & des soldats qui étoient venus au devant de nous, & qui firent la garde à notre porte pendant tout le séjour que nous fîmes au Cap.

» Les Portugais y étoient arrivés huit jours avant nous, après avoir encore plus souffert. Un père Portugais de l'ordre de S. Augustin, qui accompagnoit par l'ordre du roi les ambassadeurs destinés à la cour de Portugal, nous fit une peinture de leurs peines, qui nous tira les larmes des yeux. Un tigre, nous dit-il, auroit eu le cœur attendri des cris & des gémissemens de ceux qui tomboient au milieu de leur marche, également accablés de douleur & de faim. Ils invoquoient l'assistance de leurs amis & de leurs proches. Tout le monde paroiſſoit inſenſible à leurs plaintes. La ſeule marque d'humanité qu'on donnoit en les voyant tomber, étoit de recommander leur ame à Dieu. On détournoit les yeux, on ſe bouchoit les oreilles pour n'être pas effrayé par les cris lamentables qu'on entendoit ſans ceſſe, & par la vue des mourans qui tomboient preſqu'à chaque heure du jour. Ils avoient perdu dans ce voyage, depuis qu'ils nous eurent quitté, cinquante ou ſoixante perſonnes d'âges & de conditions différentes, ſans y comprendre ceux qui étoient morts auparavant, parmi leſquels étoit un jeſuite déja vieux & fort caſſé.

» Mais le plus triſte accident qu'on puiſſe s'imaginer, & dont on n'a peut-être jamais vu d'exemple, fut celui qui arriva au capitaine du vaiſſeau. C'étoit un homme de qualité, riche & d'un caractère vertueux. Il avoit rendu des ſervices conſidérables au roi ſon maître, qui eſtimoit ſa valeur & ſa fidélité. Je ne puis me rappeler ſon nom, mais on vantoit ſa naiſſance comme une des plus illuſtres du Portugal. Il avoit amené aux Indes ſon fils unique, âgé d'environ dix ou douze ans, ſoit qu'il eût voulu l'accoutumer de bonne heure aux fatigues de la mer, ou qu'il n'eût oſé confier à perſonne l'éducation d'un enfant ſi cher. En effet, ce jeune gentilhomme avoit toutes les qualités qui concilient l'estime & l'amitié. Il étoit bien fait de sa personne, bien élevé, savant pour son âge, d'un respect pour son père, d'une docilité & d'une tendresse qu'on auroit pu proposer pour modele. Le capitaine en se sauvant à terre, ne s'étoit fié qu'à ses propres mains du soin de l'y conduire en sûreté. Pendant le chemin il le faisoit porter par des esclaves. Mais enfin, tous ses esclaves étant ou morts, ou si languissans qu'ils ne pouvoient se traîner eux-mêmes, ce pauvre enfant devint si foible, qu'un jour après midi, la fatigue l'ayant obligé comme les autres de se reposer sur une colline, il lui fut impossible de se relever. Il demeura couché, les jambes roides & sans les pouvoir plier. Ce spectacle fut un coup de poignard pour son père. Il le fit aider, il l'aida lui-même à marcher. Mais ses jambes n'étant plus capables de mouvement, on ne faisoit que le traîner; & ceux que le père avoit priés de lui rendre ce service, sentant eux-mêmes leur vigueur épuisée, déclarèrent qu'ils ne pouvoient le soutenir plus long-tems sans périr avec lui. Le malheureux capitaine voulut essayer de porter son fils. Il le fit mettre sur ses épaules; mais n'ayant pas la force de faire un pas, il tomba avec son fardeau. Cet enfant paroissoit plus affligé de la douleur de son père que de ses propres maux. Il le conjura souvent de le laisser mourir, en lui représentant que les larmes qu'il lui voyoit verser augmentoient sa douleur sans pouvoir servir à prolonger sa vie. On n'espéroit pas en effet qu'il pût vivre jusqu'au soir. A la fin, voyant que ses discours ne faisoient qu'attendrir son père jusqu'à lui faire prendre la résolution de mourir avec lui, il conjura les Portugais avec des expressions dont le souvenir les attendrissoit encore, de l'éloigner de sa présence & de prendre soin de sa vie. Deux religieux représentèrent au capitaine que la religion l'obligeoit de travailler à la conservation de sa vie. Ensuite tous les Portugais se réunirent pour l'enlever, & le portèrent hors de la vue de son fils qu'on avoit mis un peu à l'écart, & qui expira pendant le cours de la nuit. Cette séparation lui fut si douloureuse, qu'ayant porté jusqu'au Cap l'image de son malheur & le sentiment de sa tristesse, il y mourut deux jours après son arrivée.

» Nous passâmes près de quatre mois au Cap de Bonne-Espérance, pour attendre quelque vaisseau hollandois qui fit voile à Batavia. Mais nous fûmes plus de deux mois à reprendre nos forces. Un habile chirurgien qui se chargea de rétablir notre santé, nous imposa d'abord un régime dont l'observation nous coûta beaucoup. Malgré la peine que nous ressentions de ne pouvoir satisfaire notre

appétit,

appétit, il nous fit craindre de charger notre estomac de viandes qui l'eussent suffoqué. Ainsi nous éprouvâmes encore la faim au milieu de l'abondance.

» Avant notre départ du Cap, nous apprîmes que le second pilote de notre vaisseau s'étoit sauvé dans un navire anglois. Le premier pilote vouloit suivre son exemple, mais il fut gardé si étroitement par le maître du navire & par tout le reste de l'équipage, qui vouloient le mener en Portugal & le faire punir de sa négligence, qu'il ne put échapper à leurs observations. La plupart des Portugais s'embarquèrent sur des vaisseaux hollandois qui devoient les porter à Amsterdam, d'où ils comptoient retourner dans leur patrie. Les autres montèrent avec nous sur un navire de la Compagnie hollandoise, qui étoit arrivé au Cap dans l'arrière-saison, & qui nous porta heureusement à Batavia. Pour nous, après avoir passé six mois dans cette ville, nous fîmes voile pour Siam au mois de Juin, & nous y arrivâmes dans le cours du mois de Septembre. Le roi notre maître nous reçut avec des marques extraordinaires de tendresse & de bonté; il nous fit donner aussi-tôt des habits & de l'argent; il eut même l'attention de nous assurer lui-même qu'il ne nous oublieroit point dans les occasions favorables à notre fortune.

Tome IV.   D

» Il n'y avoit pas plus de six mois que j'étois à Siam, lorsque les envoyés du roi de France arrivèrent à la barre avec leur escadre. Oia-Vichaigen, (M. Constance) premier ministre du roi mon maître, m'ordonna de me rendre de sa part sur leur bord, pour les remercier de l'honneur qu'ils lui avoient fait par leur lettre & par le gentilhomme qu'ils lui avoient député.

» Pendant mon voyage, j'avois appris assez de portugais pour le parler & pour me faire entendre : cette raison décida le choix du ministre en ma faveur, & porta aussi le P. Tachard à me demander au roi pour l'ambassade de France & de Rome. Quoique je fusse à peine remis des maux que j'avois soufferts, le récit des mandarins qui venoient de France me fit bientôt naître une passion extrême de voir un pays dont ils publioient tant de merveilles, & sur-tout d'admirer de près un monarque dont la renommée avoit porté la gloire & les vertus jusqu'aux régions les plus éloignées.

NOTES.

Description de Siam.

Siam ou Juthia, grande & belle ville d'Asie dans les Indes. Elle est la capitale du royaume de Siam & la résidence du roi. Ce royaume est borné au nord par celui de Laos, au sud par un grand golfe de son nom, à l'est par le royaume de Camboye, & à l'ouest par la presqu'île de Malaca. Il a environ deux cent-vingt lieues de longueur du nord au sud, & cent dans sa plus grande largeur. On le divise en haut & bas Siam. Toute cette contrée est très-riche en mines d'or, de cuivre & d'étain. Son sol produit aussi abondamment du riz, du coton & des fruits délicieux, qui diffèrent de ceux qu'on voit en Europe. Les animaux sont de même, presque tous particuliers au pays.

Les naturels ressemblent beaucoup aux Chinois. Ils sont spirituels, sobres, réservés dans leurs paroles & leurs démarches, mais paresseux. Leur religion est l'idolâtrie, & ils admettent la métempsycose.

Le roi de Siam est absolu & despote. Tous ses

sujets sont ses esclaves ; chacun d'eux, dès l'âge de seize ans, lui doit six mois de service personnel dans l'année ; il leur laisse les six autres pour se procurer de quoi vivre. Cet état d'oppression & d'avilissement est porté à un tel excès, que si un Siamois possede un bel arbre fruitier dans son jardin, on en vient retenir les fruits pour le roi ou quelque ministre. Aussi se gardent-ils bien d'en avoir de pareils, & on y mourroit de faim, malgré la fertilité naturelle du sol, si des Chinois ou des Cochinchinois, que leur qualité d'étrangers met un peu à couvert de la tyrannie, n'y cultivoient quelques cantons de terre.

Quoique capables de discipline, les Siamois ne sont pas guerriers. En 1682, le roi de Siam envoya deux ambassadeurs à la cour de France. Louis XIV répondit en 1685 à ces avances du monarque Indien par une ambassade célebre. Les François avoient alors plusieurs établissemens dans ce pays ; mais leurs espérances s'évanouirent bientôt par la révolte du mandarin Opra-Pitraka, qui s'empara du trône en 1688. La garnison françoise qui occupoit la forteresse de Bankok, fut obligée de l'évacuer & même de revenir en France.

Le roi de Camboye & ceux de la presqu'île de Malaca sont tributaires du roi de Siam.

Le Menam est le plus grand fleuve de ce royaume, il l'arrose du nord au midi & se jette dans le golfe de Siam.

C'est dans une île formée par ce fleuve qu'est bâtie la ville de Siam ou Juthia, l'une des plus riches & des plus florissantes villes de l'Asie. Il s'y trouve un grand nombre de pagodes magnifiques. Dans celle du palais, on voit Sommonacodom, la principale idole des Siamois : elle est entièrement dorée ; sa hauteur est de 45 pieds sur 7 de large. Le palais royal est très-riche & vaste ; on y entretient un grand nombre d'éléphans, qui ont chacun plusieurs esclaves pour en avoir soin. L'éléphant blanc ou royal est servi dans de la vaisselle d'or.

La population de Siam est de six cens mille habitans. Dans ses fauxbourgs il y a des maisons de Dominicains & d'Augustins.

Le commerce qui se fait à Siam est très-considérable ; il consiste en porcelaines, en ivoire, en gomme-laque & en coton. Les marchands y abordent de toutes parts ; mais de tous les Européens, ce sont les Hollandois qui y font le plus grand trafic. Leur comptoir est très-beau.

Après Juthia, les villes les plus considérables sont Louvo, Merghuy, Bankok, Talacoan, Metac, Tian-tong, Laconcevan, Schainat, Socotay, Sanquelouk, Cambory & Corazema.

Le royaume de Siam & sa capitale 'sont beaucoup déchus de l'état florissant où ils étoient sur la fin du dernier siecle & au commencement de celui-ci, par l'irruption des Bramas. Ce peuple barbare, venu du nord, s'est jetté depuis quelques années sur ce malheureux royaume, & l'a entièrement dévasté.

(2) LES CAFFRES habitent une partie de l'Afrique méridionale. Ils sont partagés en différentes nations, presque toutes si cruelles & si barbares, que les missionnaires n'ont pu y pénétrer. Les marchands Européens trafiquent rarement avec eux, soit à cause du peu de denrées commerçables qui s'y trouvent, soit par la difficulté des côtes & la crainte de leur naturel pervers. On connoît très-peu l'intérieur des contrées habitées par ces peuples.

DESCRIPTION DU PAYS DES HOTTENTOTS.

(3) QUELQUES voyageurs Anglois & François, entr'autres Guillaume Ten-Ryne, Boéving, Vogel, le P. Tachard & l'abbé de la Caille ont publié des remarques sur les Hottentots; mais aucune de ces relations ne peut être comparée à celle

de Pierre Kolben (*), qui réunit le double avantage de l'exactitude & du détail. Ce voyageur étoit très-inftruit, & avant que de donner au public fon ouvrage, il avoit fait au cap de Bonne-Efpérance un féjour de huit ans. La critique s'eft élevée à la vérité contre plufieurs de fes obfervations; mais le capitaine Cook (**) dans fes relâches au Cap en 1772 & 1775, a vérifié qu'elle n'avoit point d'autre fondement que l'animofité de parti qui divifoit alors les colons Hollandois.

La région des Hottentots, environnée de trois côtés par la mer, eft fituée à la pointe méridionale de l'Afrique. Elle s'étend depuis le cap de Bonne-Efpérance, en remontant vers le nord au-delà du tropique du capricorne. On lui affigne pour bornes du côté de l'oueft les royaumes de Mataman, d'Abutua & l'empire du Monomotapa, & du côté de l'eft la terre de Natal, des terres

---

(*) Defcription du cap de Bonne-Efpérance, par Pierre KOLBEN. Amft. 1743. 3 vol *in*-12. Depuis cette note écrite, le voyage de SPARRMANN a paru, & l'on y trouve d'excellentes obfervations fur l'hiftoire naturelle de ce pays & fur fes habitans. Lorfque la relation de M. VAILLANT fera publiée, il eft probable qu'il ne reftera rien à defirer fur cette partie fi célèbre de l'Afrique.

(**) Voyage dans l'Hémifphère auftral. 1778, *in*-4°. premier vol. pages 76, 77 & 81.

maritimes, & encore le même empire de Monomotapa. L'espace que le pays des Hottentots occupe est renfermé entre le vingt-deuxième & le trente-cinquième degré de latitude, & entre le trente-troisième & le quarante-septième degré de longitude. Sa longeur du nord au sud est d'environ sept cent quatre-vingt milles & sa largeur de l'ouest à l'est est de cent trente milles environ.

Kolben, qui a parcouru la plupart des contrées habitées par les différentes nations Hottentotes, en compte dix-sept, qu'il nomme les Gungemans, les Kokkaquas, les Suffaquas, les Odiquas, les Khirigriquas, les grands Numaquas & les petits, les Attaquas, les Khorogauquas, les Kopmans, les Hessaquas, les Sonquas, les Dunquas, les Damaquas, les Gauriquas, les Hoteniquas, les Kantovers & les Heikoms.

Les Gungemans sont les plus voisins du Cap; les Hottentots de cette nation ont vendu la jouissance de leur territoire aux Hollandois, qui leur a été payée 15000 florins en diverses sortes de marchandises. Ils vivent aujourd'hui mêlés avec eux, & n'ont conservé qu'une très-petite partie de leur ancienne possession.

Les mœurs & les usages des Hottentots sont singuliers & diffèrent même beaucoup de ceux des Negres & des Caffres leurs voisins; mais la bisarrerie de quelques-uns doit être un motif de plus pour les faire connoître au lecteur.

Les deux sexes sont bien proportionnés chez les Hottentots. Ils ressemblent aux Negres pour la grandeur des yeux, le nez plat, l'épaisseur des levres, ainsi que par la chevelure courte & laineuse ; mais ils different d'eux par la couleur, qui est olive terne, au lieu que celle des Negres est d'un noir luisant ; celle des Caffres est moins foncée. Les Hottentots sont robustes, industrieux dans le besoin, agiles & d'une légéreté surprenante. Un cavalier bien monté suit à peine leur pas ordinaire. Ils sont d'une adresse inconcevable dans le maniement des armes ; avec leurs zagaies (*) ils parent les fleches & les pierres.

Tous ces peuples sont très-attachés à leurs usages & à leur pays. Ils sont bergers ou chasseurs, suivant la nature & les productions de la contrée qu'ils habitent. On les a accusés, avec fondement, de paresse & d'ivrognerie ; mais ces vices, si on s'en rapporte aux voyageurs modernes qui les ont observés attentivement, ne sont point accompagnés de l'immodestie & de l'incontinence, suite inséparable de l'ivresse en Europe ; ils sont même rachetés chez eux par les qualités les plus estimables. Les Hottentots sont humains, hospitaliers, réservés dans

---

(*) Espece de demi-lance.

leurs paroles & leurs actions : amis sincères, ils ne respirent que l'envie de s'obliger & de se donner mutuellement ; lorsqu'ils sont aux gages de leurs compatriotes ou des Hollandois, ils sont laborieux, exacts & si fideles, que leur passion désordonnée pour les liqueurs n'empêche point qu'on n'en confie à leur garde ; ils n'y toucheront jamais sans une permission formelle : exemple rare de retenue, même chez les nations les plus policées.

Aux vices favoris des Hottentots, la paresse & l'ivrognerie, on peut ajouter la malpropreté dans leur habillement & leur personne ; mais Kolben assure que c'est moins l'effet de leur goût que de leur paresse ou du besoin.

L'habillement des Hottentots est très-singulier. Les hommes se couvrent les épaules d'une espece de manteau qu'ils appellent Krosses. Elles sont composées, pour les riches, de peaux de tigres, & pour ceux qui ne sont point aisés, de peaux de mouton. Les krosses varient pour la forme, suivant les différentes nations. Les Hottentots du Cap ne les laissent pas tomber au-delà des hanches. Le milieu du corps, devant & derrière, est caché d'une peau de chat ; ils ont les jambes nues, excepté lorsqu'ils gardent leurs bestiaux ; alors ils les couvrent d'une espece de bas ou de bottines de peau. Pendant les chaleurs, tous les Hottentots vont la tête découverte. En hiver & dans les tems de pluie, ils portent des calottes fixées par des cordons qui fe lient fous le menton. Les deux fexes portent encore, fufpendu au cou, un petit fac de peau dans lequel ils renferment leur couteau, une pipe & du tabac.

La différence de l'habillement pour les femmes confifte dans l'habitude qu'elles ont de porter des bonnets qui s'élevent fpiralement fur la tête ; au lieu que ceux des hommes font contigus à la peau, comme une véritable calotte : elle portent devant & derrière une efpece de tablier de peau de mouton, plus grand que celui des hommes. Les premiers voyageurs qui ont publié des remarques fur les Hottentots, ont affuré hardiment que les femmes des Hottentots portent autour des jambes des boyaux de mouton & d'autres animaux ; c'eft une erreur, fondée apparemment fur un ufage des jeunes filles de ce peuple, qui depuis l'enfance jufqu'à l'âge de douze ans, ont des joncs treffés autour de leurs jambes : lorfque cet âge eft paffé, elles changent la matière de ces cercles ; ce font alors des courroies de cuir larges du petit doigt; mais ils fervent plutôt de défenfe à cette partie du corps dans leurs exercices champêtres, que d'ornement.

Quelques navigateurs ont auffi prétendu que les

femmes Hottentotes avoient une espece de tablier naturel ; mais le lord Gordon (*) qui a parcouru quelques contrées de ces nations, M. Bergh, médecin du Cap, & le capitaine Cook (**) déclarent positivement que c'est une de ces exagérations hasardées par les voyageurs.

Le principal article de la toilette chez les Hottentots, celui pour lequel les hommes, les femmes & même les enfans sont également passionnés, est l'usage de se graisser le corps avec du beurre ou de la graisse de mouton, mêlée avec de la suie de leurs chaudrons ; ils renouvellent cette onction autant de fois qu'elle seche au soleil. L'odeur qu'exhale cet enduit, sur-tout chez les pauvres qui gardent plus long-tems le même, les fait fuir des Européens. Ils ne s'expliquent point sur les motifs de cet ancien usage ; il y a toute apparence que c'est pour donner plus de souplesse à leurs membres, & aussi pour se défendre des ardeurs excessives du soleil : sans ce secours, leurs forces seroient bientôt épuisées dans un climat si chaud.

Les Hottentots se nourrissent de la chair de leurs

___

(*) Supplément à l'Histoire naturelle, par M. de BUFFON, in-4°. quatrième vol. pages 500 & 501.

(**) Voyage dans l'Hémisphère austral. 1774, in-4°. quatrième vol. pag. 325.

beſtiaux, de racines & de fruits de différentes eſpeces. Ils avalent ou plutôt ils dévorent la viande à demi-crue. Les entrailles des animaux qu'ils tuent leur ſervent auſſi d'aliment ordinaire ; mais ce n'eſt jamais ſans les avoir lavées dans pluſieurs eaux. Les hommes & les femmes mangent ſéparément. Ils ſuivent pour le tems de leurs repas, leur caprice ou leur appétit, ſans aucune diſtinction de la nuit ou du jour ; leur boiſſon commune eſt l'eau ou le lait, mêlés ou à part. Ils aiment avec paſſion le vin, l'eau-de-vie, & ſur-tout l'arrak ; cependant les liqueurs fortes ſont bannies de leurs repas ou réjouiſſances publiques. Les deux ſexes ont une paſſion déſordonnée pour le tabac. « Un Hot-» tentot, dit Kolben, aimeroit mieux perdre une » dent, que la moindre partie de cette précieuſe » plante ». Ils jugent mieux de ſa bonté que l'Européen le plus délicat. Le tabac fait toujours une partie de leurs gages, lorſqu'ils ſe louent à un blanc.

Toutes les nations Hottentotes habitent comme les Tartares, des villages mobiles, appelés Kraal. Ils ſont compoſés au moins de vingt hutes bâties fort près l'une de l'autre.

On ne peut mieux les comparer qu'à des fours. La charpente eſt formée de branches d'arbres enfoncées en terre par les deux bouts & couvertes de nattes. Dans le milieu de la hute, l'élévation est de quatre à cinq pieds, & elles n'ont pas plus de quatorze pieds de diametre. Une peau de bête attachée en dedans au-dessus de la porte, s'ouvre & se ferme comme un rideau, pour arrêter le vent. Dans les grandes hutes comme dans les petites, on ne voit jamais résider qu'une famille, composée ordinairement de dix ou douze personnes de tout âge. Outre leurs krosses de réserve & leurs armes suspendues aux côtés de la hute, deux ou trois pots pour l'usage de la cuisine, un ou deux pour boire, & quelques vaisseaux de terre pour le beurre & le lait, composent tout l'ameublement d'un Hottentot. Chaque kraal est placé en rond dans une plaine, le plus souvent sur le bord de quelque rivière, & il n'a qu'une entrée fort étroite entre deux hutes. Le centre forme une place vuide. Un chien veille pendant la nuit à la sûreté de la famille & des bestiaux. Ces animaux sont fort laids, mais ils surpassent ceux d'Europe par la fidélité & l'instinct.

Les richesses de ces peuples se réduisent à leurs troupeaux; plus ils ont de bestiaux, plus ils sont opulens. Ils en prennent des soins extraordinaires, soit pour les garantir des bêtes féroces qui infestent leur pays, soit pour la pâture. Le salaire de leurs services, comme le prix de leur travail, consiste toujours en bestiaux.

Leur commerce fe fait en échange avec les Européens; ils leur donnent du bétail, des dents d'éléphans, des œufs d'autruches, & des peaux de bêtes; & ils en reçoivent du vin, de l'eau-de-vie, du tabac, du fer, des couteaux, &c. Le prix eft toujours le même; ils livrent un bœuf pour une livre de tabac, une groffe brebis pour une demi-livre, & un agneau pour un quart.

Kolben affure que les Hottentots reconnoiffent un Etre fuprême créateur de l'univers. Ils font auffi perfuadés de l'immortalité de l'ame; mais ils évitent foigneufement de donner la moindre explication fur ces articles de leur croyance. Il paroît feulement qu'ils rendent une efpece de culte à la lune. Les facrifices qu'ils lui offrent confiftent en beftiaux & en lait. Ils font accompagnés de cris, de danfes & de chants. Leurs affemblées à ce fujet fe tiennent la nuit en rafe campagne, lorfque la lune eft dans fon plein. Chaque kraal a fon prêtre, appelé Suri. Il préfide aux facrifices, aux mariages, aux enterremens, &c.

Les Hottentots ne vivent point fans gouvernement & fans regles de juftice. Chaque nation particulière a fon chef, qui fe nomme Konquer, & dont l'emploi confifte à commander dans la guerre & à négocier la paix; il a auffi le droit de préfider aux affemblées publiques, au milieu d'un cercle que tous les capitaines accroupis & les coudes sur les genoux forment autour de lui. L'office du konquer est héréditaire ; mais il n'a point de revenus établis pour le maintien de sa dignité, ni la moindre distinction personnelle. En prenant possession de son emploi, il s'engage à ne rien entreprendre contre les prérogatives des capitaines de chaque kraal & contre les privileges du peuple. Les criminels d'état sont jugés par le konquer assisté de tous les capitaines.

Après le konquer, chaque kraal a pour chef un capitaine dont l'emploi est de maintenir la paix & la justice dans l'étendue de sa jurisdiction. Cet office est aussi héréditaire ; mais en commençant à l'exercer, le capitaine s'oblige à ne rien changer dans les loix & les anciennes coutumes du kraal. Pandant la guerre il commande la troupe de son propre village, sous l'autorité du chef de la nation. Il juge avec tous les hommes du kraal les disputes qui concernent les droits & la propriété de chacun. C'est à lui qu'appartient le jugement du vol, du meurtre, de l'adultère & des autres crimes qui se commettent dans son territoire. Ces officiers se distinguoient autrefois seulement par de belles peaux de tigre ou de chats sauvages ; ils y ont ajouté depuis quelque tems des cannes à pomme de cuivre dont les Hollandois leur ont fait présent. Les chefs

de

de chaque nation portent aussi pour marque de leur dignité une couronne de cuivre, depuis que les gouverneurs du Cap les ont mis dans le goût de cet ornement.

L'administration de la justice civile & criminelle chez les Hottentots est aussi prompte qu'impartiale. Les deux parties, au milieu du cercle formé par tous les hommes du kraal, plaident elles-mêmes leur cause. Lorsqu'elles ont cessé de parler, le jugement se prononce à la pluralité des voix, & il est exécuté sans appel & sans aucune sorte d'obstacle. Le même ordre s'observe pour les matières criminelles. Quelqu'un est-il accusé d'un crime ? on en donne aussi-tôt connoissance à tous les habitans du kraal, qui se regardant comme autant de ministres de la justice, cherchent le coupable & s'en saisissent ; le capitaine même n'obtient pas plus de faveur que le moindre habitant du kraal. Le coupable arrêté est aussi-tôt renfermé sous une sûre garde, pour se donner le tems de convoquer l'assemblée. Le jour du jugement le criminel est conduit au milieu du cercle ; ses accusateurs exposent le délit, on écoute les témoins ; ensuite le coupable à la liberté de parler. Si l'accusation est injuste, le tribunal condamne le dénonciateur à des dédommagemens, qui sont pris sur ses troupeaux. Si au contraire le crime

Tome III. E

est vérifié, la sentence se prononce & s'exécute sur le champ. C'est le capitaine du kraal qui est l'exécuteur : il se leve, fond sur le coupable & l'étend à ses pieds d'un coup de bâton. Tous les juges l'achevent & son corps est enterré au même instant, sans aucune tache pour sa famille, ni même pour sa mémoire. L'héritier du défunt ne souffre point de cette exécution, ses biens lui passent en entier.

Le larcin, le meurtre, le viol, l'adultère, & en tems de guerre l'espionnage & la désertion, sont autant de crimes capitaux chez ces peuples qui les punissent par la mort du coupable.

L'ordre des successions & des mariages chez les Hottentots a beaucoup de rapport avec plusieurs coutumes d'Europe : tous les biens d'un père descendent à l'aîné de ses fils ; s'il n'en a point, ils tombent à son plus proche héritier, sans être jamais divisés. Un père qui veut pourvoir à la condition de ses cadets, doit le faire de son vivant ; sans cette disposition, leur établissement & leur fortune dépend de la volonté de leur aîné. Son pouvoir est le même sur ses sœurs ; elles ne peuvent le quitter ni se marier sans son consentement. Il leur donne la part qu'il lui plaît dans la succession paternelle. La loi oblige seulement l'héritier de prendre soin des femmes du défunt jusqu'à leur mariage ou leur mort. Ces avantages n'ont pas lieu pour le fils aîné, s'il se marie avant la mort de son père; alors il n'a pas plus de droit que ses frères à l'héritage paternel, ils le partatagent tous également.

Les mariages chez les Hottentots sont prohibés entre les cousins au premier & au second degré. La poligamie est admise parmi eux; mais il est rare, même parmi les plus riches, qu'ils aient plus de trois femmes. Les filles se marient sans dot. Les Hottentots dans leurs femmes ne cherchent que l'esprit, la beauté & les agrémens. Kolben assure qu'avec ces avantages naturels, souvent la fille du plus pauvre du Kraal, devient l'épouse du capitaine ou même du chef de la nation.

Leur législation admet le divorce. Un homme peut répudier sa femme, & la femme peut quitter son mari; cependant il n'est pas toujours admis, il faut qu'il soit fondé sur des motifs suffisans & approuvé par le tribunal du kraal. Lorsque le divorce a été prononcé, l'homme peut se remarier s'il le juge à propos; mais la femme n'a pas la même liberté pendant la vie de son mari. Autrement elle seroit punie de mort comme adultère.

L'Hottentot, content du pays où la nature l'a fait naître, est pacifique; mais il n'est pas insensible à l'injure, sur-tout lorsqu'elle blesse toute la nation; au moindre tort qu'on fait à leurs droits ou à la propriété de l'un d'eux, leur fureur s'allume; ils courent aux armes & marchent contre l'ennemi commun. Les causes de la guerre entre les nations Hottentotes sont ordinairement le vol de bestiaux, ou l'enlévement d'une femme, ou l'usurpation de quelques pâturages. Au premier acte d'entreprise ou de violence, le chef de la nation convoque l'assemblée de tous les capitaines : la guerre y est ordinairement résolue; cependant avant que de l'entreprendre, on envoie des députés au peuple agresseur. Si la justice que la nation offensée exige est refusée ou trop lente, elle prend les armes & se venge aussi-tôt par des représailles. Les deux parties également irritées se cherchent avec ardeur & ne tardent point à se rencontrer. Presque toujours une seule bataille décide la querelle & la campagne; mais la victoire est toujours achetée chèrement par le vainqueur. Ces peuples combattent avec obstination & ne lâchent le pied qu'à la dernière extrémité. Kolben rapporte des traits de la bravoure des Hottentots & de leurs ruses de guerre, qui feroient honneur aux nations les plus belliqueuses. Plusieurs fois, dans la guerre qui a été terminée par le traité d'alliance de 1660, ils ont attaqué les Hollandois en rase campagne, ou les ont engagés dans des défilés; souvent ils sont venus enlever à la vue du fort les bestiaux de la Compagnie. Les armes à feu ont seules mis fin à leurs hostilités, & assurent encore aujourd'hui l'établissement du Cap.

Après le combat, l'Hottentot vainqueur ne pille ni ne mutile les morts, il laisse même sur le champ de bataille les habits & les armes des vaincus.

Outre ces motifs de guerre, les nations Hottentotes prennent souvent part à celles de leurs voisins, comme troupes auxiliaires. Lorsqu'il existe entre quelques-unes d'elles un traité d'alliance offensive & défensive, l'alliée entre en campagne aussi-tôt que la nation principale, combat pour elle avec autant d'animosité que dans sa propre cause, & ne quitte les armes qu'à la fin de la guerre.

Pendant la paix les Hottentots s'exercent souvent à des combats simulés. Par ces exercices fréquemment répétés, les hommes faits s'entretiennent dans l'usage des armes, & la jeunesse s'y forme.

On peut juger maintenant par ce tableau du gouvernement civil & militaire des Hottentots, s'ils sont des barbares ou les plus méprisables des hommes, ainsi que les premiers navigateurs qui ont touché au Cap ont affecté de les représenter. Kolben, qui y a demeuré huit ans & qui a souvent parcouru leurs kraals, avoue dans plus d'un endroit

E iij

de son ouvrage que quelques nations policées perdroient à être comparées aux Hottentots.

Pour ne rien laisser ignorer de ce qui peut faire connoître ce peuple, nous rapporterons encore quelques autres usages qui lui sont particuliers.

Le premier est l'éducation de la jeunesse confiée aux mères jusqu'à l'âge de dix-huit ans. Auparavant, les garçons mêmes ne peuvent converser avec les hommes, sans en excepter leur propre père. Mais à cet âge l'adolescent est admis dans leur société, avec l'approbation du kraal & des cérémonies qui lui en font sentir l'avantage.

Le deuxième est la suppression d'un des testicules de chaque mâle ; ce qui a lieu à l'âge de neuf à dix ans pour ceux des riches, & à douze pour ceux des pauvres. C'est le Suri qui fait l'opération. Les Hottentots ne donnent pour motif de cet usage, que le besoin qu'ils ont d'être légers à la course, soit pour la chasse, soit pour la défense de leurs bestiaux.

Le troisième est aussi singulier que le précédent : lorsqu'une veuve se remarie & autant de fois que cela lui arrive, elle est obligée de se faire couper la première jointure d'un doigt, en commençant par le dernier de la main gauche. Kolben n'a pu découvrir le véritable motif de cette opération.

Ces coutumes particulières aux Hottentots ne

font que bifarres ; mais on les accufe auffi de deux autres qui bleffent effentiellement les droits de la nature. Tous ceux qui ont publié des obfervations fur ce peuple lui reprochent d'abandonner les vieillards décrépits, & d'expofer un des deux enfans jumeaux, dont leurs femmes accouchent quelquefois, fi le père eft pauvre, ou que la mère ait peu de lait. Kolben avoue que ces pratiques barbares font obfervées chez toutes les nations Hottentotes, mais il en diminue en quelque façon l'atrocité à leur égard, en remarquant que les Hottentots ne fe portent à ces actes d'inhumanité, qu'après l'approbation du kraal ; il ajoute qu'ils ne font pas plus particuliers à ce peuple qu'à plufieurs autres de l'Afrique & de l'Afie, fans en excepter les Japonois & les Chinois.

Les différentes nations des Hottentots vivent dans une union conftante, depuis 1660, avec les Hollandois : elle eft cimentée par la bonne-foi de ces peuples & la fageffe du gouvernement de la Compagnie. Cette bonne intelligence eft même entretenue par des députations & des préfens que les chefs de la plupart des nations Hottentotes font fouvent au gouverneur du Cap. En 1708, Kolben fut témoin de celle des Numaquas. Il admira avec tous les affiftans l'habileté & le bon-fens des députés.

E iv

Quoique les Hottentots vivent en paix avec les Hollandois, & qu'ils les reçoivent bien lorsqu'ils passent par leurs kraals; cependant l'attachement qu'ils ont pour leurs usages & pour la liberté les portent à s'éloigner des endroits habités par les Européens. A mesure que les Hollandois s'étendent, ils s'enfoncent dans l'intérieur des terres. M. Cook (*) remarque que le premier kraal est maintenant à cent milles environ de distance de la ville du Cap.

En général le sol est très-fertile dans les colonies hollandoises du Cap & dans presque toutes les contrées habitées par les nations Hottentotes. Il produit abondamment toutes sortes de grains, à l'exception de l'avoine; le café & les cannes de sucre n'ont pu aussi y réussir. On est étonné, dit M. Forster dans la relation du second voyage de M. Cook (**), de la variété des plantes de ce pays. « Le docteur Sparmann & le savant Thun-
» berg y en ont découvert plus de mille absolu-
» ment inconnues avant eux. Les différentes es-
» peces d'aloës, dont on fait tant de cas en Eu-

(*) Voyage dans l'Hémisphere austral. 1778. *in-4°*. premier vol. page 76.

(**) *Ibid.* pages 78 & suiv.

» rope, & qu'il eſt ſi rare d'y voir dans leur beau-
» té, y croiſſent en plein champ ſans le ſecours
» de l'art. Le regne animal n'eſt pas moins riche;
» les côtes fourmillent de poiſſons d'un excellent
» goût & il y en a pluſieurs que les naturaliſtes ne
» connoiſſent pas encore ».

La vigne donne au Cap des vins qui ſont en réputation, ſur-tout celui du canton de Conſtance. Les plans ont été originairement apportés de Schiras en Perſe. Depuis on y a planté avec ſuccès du muſcat d'Eſpagne: on diſtingue ce vignoble en haut & bas Conſtances, ſéparés par une haie & appartenans à deux propriétaires différens. « Il eſt faux,
» dit M. de Bougainville (*), que le vignoble de
» Conſtance appartienne à la Compagnie. Le vin
» qui s'y recueille eſt à peu près égal en qualité,
» quoique chacun des deux Conſtances ait ſes par-
» tiſans ». Il y en a du rouge & du blanc d'un jaune pâle. Année commune, le haut de Conſtance, qui eſt le plus généralement eſtimé, produit cent trente pipes de vin; il ſe vend ſur les lieux trente piaſtres le baril de ſoixante-dix bouteilles. Les autres vignobles ont été plantés avec des ſeps du

---

(*) Voyage autour du monde, 1774, *in*-4°. page 381.

Rhin, de Bourgogne de Martignan, &c. Le vin qu'ils donnent eſt quelquefois ſupérieur à celui de leur ſol naturel. Les Hollandois ont encore d'autres vignobles dont le vin eſt inférieur & ſe vend à bas prix. Le ſol eſt ſi favorable à la vigne dans certains cantons, qu'elle y rend plus dès la troiſième année que celles de l'Europe à la cinquième. Le vin du Cap en général eſt agréable & fort, mais avec le tems il devient moëlleux. Les plantations en vignes ſont éloignées de dix milles environ de la ville.

Dans cette extrêmité de l'Afrique, les légumes & les arbres fruitiers d'Europe proſpèrent merveilleuſement. Il n'en eſt pas de même des végétaux d'Aſie, on n'a pu les y naturaliſer. Preſque toutes les contrées Hottentotes ſont couvertes d'immenſes pâturages & de forêts. Les habitans y trouvent en abondance des fruits & des racines dont les eſpeces varient à l'infini. Pluſieurs cependant, très-beaux à la vue, renferment des poiſons très-actifs; mais les Hottentots ont l'attention de n'uſer de ceux qu'ils découvrent que lorſqu'ils remarquent que les hériſſons & les ſinges en font leur pâture. Les territoires des Kokkaquas, des Suſſaquas & des Attaquas ne participent point à la fertilité du ſol des autres contrées, par le défaut de rivières & de ſources. Cette privation les empêche d'entretenir beaucoup de bestiaux, ils y suppléent par la chasse.

L'air est extrêmement sain au Cap. Presque toutes les personnes qui y arrivent malades d'Europe, recouvrent la santé en peu de tems; mais la guérison est plus lente pour celles qui viennent des Indes. L'eau y est aussi très-bonne. On a remarqué qu'elle conservoit sa douceur & sa limpidité dans tout le cours des plus longs voyages : sous la ligne même elle n'éprouve qu'une légère altération qui disparoît promptement.

Nous nous serions bornés à un détail plus succinct sur les Hottentots, si la plupart des voyageurs qui en ont parlé avoient été moins injustes à l'égard de ce malheureux peuple. A ce détail nous ajouterons une description particulière de l'établissement hollandois du cap de Bonne-Espérance. Ce fameux Cap, dont on parle tant en Europe, est encore ignoré, au moins dans son état actuel. Presque tous les navigateurs qui y relâchent insèrent dans leurs journaux quelques particularités sur cet établissement; mais personne ne les a encore rassemblées & publiées pour le faire connoître suffisamment.

Description du Cap de Bonne-Espérance.

(1) L'ÉTABLISSEMENT du cap de Bonne-Espérance appartient à la Compagnie hollandoise des Indes orientales. Ce Cap est situé à l'extrémité méridionale de l'Afrique dont il forme la pointe; il s'étend sous le trente-quatrième degré de latitude sud. Barthélemi *Diaz*, amiral Portugais, le découvrit en 1487. Les tempêtes & la violence des vents le firent d'abord nommer *Cap des Tourmentes*; mais Jean II, roi de Portugal, changea ce nom sinistre en celui de *Bonne-Espérance*, qu'il a toujours conservé depuis. En 1497, *Vasco de Gama*, autre amiral Portugais, le doubla en allant aux Indes, & la réussite de cette entreprise fut alors regardée comme un prodige. Cependant le Cap, avec tous les avantages d'une relâche aussi bien placée, fut inutile aux Européens pendant plus d'un demi-siecle; ce ne fut qu'en 1650 que la Compagnie des Indes, sur les représentations de *Van-Riebec*, en prit possession.

Les Hottentots défendirent long-tems leur propriété; mais en 1660 ils demandèrent la paix & conclurent avec les Hollandois le traité d'alliance qui subsiste encore aujourd'hui. En 1680, le fort actuel & la ville furent bâtis au fond de la *Baie de la Table*, dans la vallée appelée du même nom : cette vallée est formée par les montagnes de la Table, du Vent & du Lion.

Le capitaine Cook, dans sa relâche au Cap en 1772, a trouvé la ville composée de mille maisons environ. Elles sont construites en brique, blanchies en dehors, mais basses & couvertes de chaume à cause de la violence du vent sud-est qui regne sur cette côte pendant tout l'hiver. Les rues sont larges & tirées au cordeau. La principale est ombragée d'une allée de chênes. Un beau canal d'eau vive coule au milieu. Près de la ville est le fameux jardin de la Compagnie. On lui donne mille quatre cent-onze pas commun de longueur, sur deux cent-trente-cinq de largeur. Il est coupé par des allées de chênes & divisé par de grands quarrés, qui sont arrosés par un ruisseau. La plus grande partie de ce jardin est employée à la culture des légumes ; mais il y a deux quarrés réservés à la botanique.

L'hôpital qui est proche de ce jardin, est un bâtiment vaste & abondamment pourvu de tout ce qui est nécessaire au traitement des malades. D'habiles médecins & chirurgiens pensionnés par la Compagnie, y sont attachés. On y voit en tout tems cinq à six cens malades. En place des matelots & soldats qui entrent à l'hôpital, les équipages des vaisseaux reprennent des hommes frais, pour continuer leur route aux Indes ou en Europe.

L'église est vis-à-vis l'hôpital. Cet édifice est propre & bas comme tous ceux de la ville. A côté on trouve une bibliotheque qui est publique, mais peu fréquentée.

Sur le rivage, à peu de distance du lieu de débarquement, se trouvent les magasins de la Compagnie. Ils sont toujours remplis d'armes, d'agrèts & de vivres pour le ravitaillement de ses flottes. La principale est ordinairement composée de dix-huit à vingt vaisseaux. Toutes relâchent chaque année au Cap, en allant & en revenant des Indes. On ne refuse aux vaisseaux étrangers, qui en ont besoin, rien de ce qui est nécessaire à la navigation; mais ils l'achetent chèrement; la mâture en particulier y est d'un prix excessif. Toutes les nations de l'Europe paient en mouillant au Cap, des droits d'ancrage, & aussi des droits de sortie considérables pour les vivres dont ils se fournissent.

A l'est de la ville, à trois cens pas environ de distance, est situé le fort pour la défense de la baie. C'est un pentagone bâti en pierre de taille & monté de soixante-dix pieces de canon. Les Anglois, lors de leur relâche (*), en 1771, le trouvèrent placé

(*) Voyage dans l'Hémisphère austral. 1774, *in*-4°. quatrième vol. page 326.

de façon qu'il peut être canonné aisément par les vaisseaux, & qu'il ne seroit pas même de défense contre un ennemi qui l'attaqueroit en forme par terre. Le nombre des soldats en garnison dans ce fort, & de ceux répandus dans les redoutes qui sont établies des deux côtés du Cap, est de huit cens hommes. La Compagnie a encore pour la défense de cet établissement la milice bourgeoise qui comprend tous les habitans en état de porter les armes; ils sont au nombre de 4000, & peuvent être rassemblés pour la plus grande partie en très-peu de tems, par le moyen des signaux.

Outre la ville du Cap, il y a encore plusieurs villages qui se trouvent depuis la montagne de la Table dans une étendue de plus de trente mille de distance; il y a aussi un grand nombre de plantations & fermes répandues de tous côtés, à près de cent milles à la ronde.

Les colons du Cap sont un mélange d'Hollandois, d'Allemands & de protestans François. Il y a aussi beaucoup de Malais & de Bengalois. Le nombre des esclaves est si considérable, qu'on compte cinq esclaves pour un blanc.

Le gouverneur du Cap relève immédiatement de la Compagnie, & n'est point de la dépendance de Batavia; il préside à un conseil de huit personnes qui a l'administration de toutes les affaires civiles & militaires. La cour de juſtice eſt préſidée par le commandant en ſecond. On peut appeler de ſes jugemens en Hollande ou à Batavia. On porte au Cap un grand reſpect aux magiſtrats, & ſurtout au gouverneur. Sa maiſon n'eſt cependant diſtinguée des autres que par une ſentinelle. Une autre prérogative qui frappe plus les étrangers, eſt qu'on ſonne de la trompette devant ſa porte lorſqu'il dîne. Ses appointemens ſont de ſix mille florins environ.

Pour ſubvenir aux grandes dépenſes qu'entraîne cet établiſſement, la Compagnie leve le dixième ſur toutes les productions de la terre, & des rentes annuelles ſur certains cantons dont elle s'eſt réſervée la propriété. Autrefois la Compagnie cédoit à perpétuité les terreins à défricher, mais à préſent elle les afferme. Les droits d'ancrage & de péage ajoutent encore à la maſſe de ſes revenus au Cap; elle perçoit auſſi des droits conſidérables ſur le vin, le tabac, l'eau-de-vie, la bière, &c.

La Baie de la Table eſt large, mais la relâche y eſt dangereuſe, à cauſe de la violence des vents de mer qui y regnent dans la mauvaiſe ſaiſon, & des raffales qui viennent preſque tous les jours de la montagne de la Table. En 1722, toute la flotte de la Compagnie des Indes y périt à l'ancre,

à

à l'exception de deux vaisseaux; depuis cette époque il n'est plus permis à aucun bâtiment hollandois d'y mouiller après le 6 Mars jusqu'au mois de Septembre; ils vont jetter l'ancre à False-Bay, à huit lieues de distance de la ville. Ils y sont à l'abri. Le nombre des vaisseaux qui touchent, année commune, au Cap, est de cent cinquante.

L'aspect du Cap n'est point agréable. Le voyageur en débarquant n'apperçoit qu'une plage fort étendue, couverte d'un gravier sablonneux mêlé d'une terre blanche; d'un côté une ville, & de l'autre un fort, quelques bâtimens répandus çà & là sur un terrein sec & aride, sans arbre ni verdure; dans l'éloignement, les masses effrayantes de la montagne de la Table, de celle du Lion & du Vent. Ce n'est qu'aux pieds de ces montagnes que la perspective devient satisfaisante, par les plantations qui se trouvent sur leurs bases inclinées, & par l'immense variété des productions de la nature.

Le pays cultivé par les Hollandois du Cap est maintenant si étendu, que les établissemens éloignés de la ville sont sur la côte occidentale de l'Afrique, à trois cens lieues de distance & à cent cinquante lieues sur la côte orientale. Ils comprennent la pointe de l'extrémité de l'Afrique, depuis la baie de Saldanna à l'ouest, jusqu'à la baie

Tome III. F

de Noſſel à l'eſt. Du milieu de ce cercle ils pénètrent de plus de cinquante lieues dans l'intérieur des terres. Non contente d'un terrein auſſi immenſe, la compagnie, dans la vue de s'étendre encore davantage à meſure que le nombre des colons augmentera, a fait depuis quelques années l'acquiſition de la terre de Natal, ſur la côte orientale d'Afrique, pour la ſomme de trente mille florins en marchandiſes.

On diviſe les anciennes poſſeſſions hollandoiſes au Cap, ſans la terre de Natal, en quatre diſtricts, qui ſont celui du Cap, de Stellenboch, de Drakenſtein & de Waveren. L'établiſſement de Stellenboch eſt le plus fertile. Il y a beaucoup de proteſtans François dans celui de Drakeinſtein; la partie qu'ils occupent, dit M. de Bougainville (*), eſt appelée la petite Rochelle : elle ſurpaſſe toutes les autres par la fécondité du ſol & l'induſtrie des colons; ils ont conſervé à cette mère adoptive le nom de leur ancienne patrie, qu'ils aiment toujours, quelque rigoureuſe qu'elle leur ait été.

(*) Voyage autour du monde. 1774, *in*-4°, page 382.

N.º 2.

NAUFRAGE

D'une Patache portugaise sur un banc de sable, vis-à-vis des îles Calamianes, mer des Indes, en 1688 (*).

GEMELI CARERI, Napolitain de nation, l'un des plus judicieux navigateurs qui aient entrepris de faire le tour du globe, nous a laissé une relation exacte de son voyage. Le nombre de ses courses, ses observations sur l'empire de la Chine, les Indes & le Mexique, le détail dans lequel il est

---

(*) GEMELI CARERI a inséré cette relation dans le Journal de ses voyages, in-12, tome IV; Paris, 1719. L'abbé Prevost l'a aussi rapportée dans l'Histoire générale des voyages, in-4°. onzieme volume; Paris, 1753. On en trouve encore quelques circonstances éparses dans des lettres particulières des missionnaires de ce tems.

entré, enfin les avis sages qu'il donne à ceux que la curiosité attire dans les pays lointains, jettent beaucoup d'intérêt dans son Journal. Nous nous bornerons, parmi les événemens qu'il a rapportés, à un seul, qui par ses circonstances mérite d'être inséré dans ce recueil.

Careri arrivé à Kanton au mois de Janvier 1696, fut obligé de passer plusieurs semaines dans cette ville, & même d'y retourner une seconde fois au mois de Mars de la même année. Quelques jours avant son départ, un missionnaire apostolique l'ayant déterminé à faire le voyage de Manille, il se rendit pour cet effet à Macao, ville portugaise sous la protection de la Chine, située sur la pointe d'une petite île, nommée Hœicheu, à l'entrée de la rivière de Kanton. Cette ville autrefois célèbre dans l'Asie étoit beaucoup déchue avec la puissance portugaise dans les Indes : néanmoins elle satisfaisoit encore la curiosité de tout étranger avide de s'instruire. Careri, après avoir tout observé dans l'intérieur de la place & ses dehors, se fit transporter dans l'île Verte, qui appartenoit alors au college des jésuites. Elle est située à peu de distance de Macao, & son circuit n'est que d'un mille. Quoique ce ne soit qu'un rocher stérile, les jésuites y avoient bâti une maison de récréation assez agréable. Ils étoient aussi parvenus à y cultiver des plata-

DES NAUFRAGES. 85

nes, des ananas & quelques autres arbres fruitiers qui environnoient leurs bâtimens. Entre plufieurs jéfuites qui y étoient alors, fe trouvoit un frère du même ordre, auffi refpectable par fa qualité d'ancien miffionnaire que par fa converfation. Dans les différens entretiens que Careri eut avec lui, il fut très-fatisfait de recevoir de fa bouche la confirmation d'un événement fort étrange dont il avoit déja entendu parler ailleurs, mais qu'il n'avoit pas voulu croire.

En 1688, une patache du commerce portugais, qui étoit parti de la côte de Coromandel pour les Philippines, & qui étoit entrée heureufement dans le port de Cavite (1), remit à la voile quelque tems après, chargée de marchandifes du pays. Le vaiffeau portoit environ foixante hommes, Mores, Gentils & Portugais, entre lefquels étoit le jéfuite miffionnaire que Careri trouva à l'île Verte. Le capitaine & le pilote fe confiant à leur expérience, naviguèrent avec trop de fécurité fur la mer des Philippines, dangereufe par fes écueils : la patache échoua fur un banc de fable vis-à-vis les îles Calamiannes (2), & fe brifa dans un inftant. Les Mores & les Gentils qui compofoient la plus grande partie de l'équipage, s'emparèrent auffi-tôt de la chaloupe pour gagner une île voifine ; mais un vent impétueux s'étant élevé

F iij

dans le trajet, elle coula à fond. Tous ceux qui la montoient trouvèrent la mort dans les flots. Les autres ayant eu le bonheur de se soutenir sur le sable, se servirent d'un caisson de planches, qui flottoit près d'eux pour gagner successivement l'île la plus voisine. Elle étoit à la distance de deux milles du lieu du naufrage. Après l'avoir parcourue, ils reconnurent qu'elle étoit sans eau. L'heureux succès de leur tentative leur fit entreprendre de passer dans une autre île, éloignée d'environ trois lieues. Ils y arrivèrent tour-à-tour. Elle étoit presque partout d'un sol bas, très-petite, sans bois & sans eau comme la première. Pendant quatre jours ils se virent forcés par l'excès de leur soif à boire du sang de tortue. Enfin la nécessité les rendit industrieux, ils se servirent des planches de leur caisson pour faire des fosses jusqu'au niveau de l'eau. Celle qui y séjournoit perdoit après quelques jours une partie de sa salure. Ils en usèrent les premières fois avec dégoût; mais ayant éprouvé qu'elle n'étoit point nuisible, ils surmontèrent bientôt la répugnance qu'ils avoient eu d'abord à en boire.

La Providence, en faisant aborder à cette île le petit nombre d'hommes échappés au naufrage, leur avoit réservé sur ce sol, quoique stérile, des ressources contre les besoins de la soif & de la faim;

la première, comme nous venons de le voir, & le second, par l'affluence extraordinaire des tortues qui étoient dans la saison de la ponte (*). Toutes les nuits elles sortoient de la mer pour venir déposer leurs œufs sur le sable. Les naufragés les guettoient, & aussi-tôt qu'elles étoient un peu éloignées de l'eau, il les renversoient sur le dos. La facilité qu'ils avoient à les tuer leur en procura un si grand nombre, qu'ils en vécurent pendant six mois.

Cette provision s'épuisoit, & à peine leur en restoit-il encore pour quelques jours, lorsqu'ils virent arriver dans l'île une espèce de grands oiseaux de mer, nommés par les Portugais Paxaros-bobos, ou sots oiseaux. Chaque année ils viennent régulièrement dans ces îles faire leurs nids & pondre. Leurs œufs & la chair des petits furent pour les naufragés une double ressource. Ils tuèrent aussi beaucoup des pères & des mères. Les ais & débris du caisson leur servirent pour les assommer; ils en amassèrent assez pour se nourrir pendant six mois. Ainsi les tortues & les sots oiseaux fournirent des provisions régulières pour les deux par-

---

(*) Le terrissage des tortues, ou le tems de leur ponte, commence sur la fin du mois d'Avril & finit au mois de Septembre.

ties de l'année, fans autre préparation que d'en faire fécher les chairs au foleil. Ils en mangeoient auffi la viande fraîche, qu'ils faifoient étuver dans des vafes de terre graffe. Après plufieurs effais ils étoient parvenus à en façonner; mais ils ne leur fervoient qu'une fois, foit par le défaut de fours, foit que la terre qu'ils employèrent ne fût pas affez argilleufe.

Les maladies & les incommodités de leur féjour avoient réduit ces malheureux exilés au nombre de dix-huit. Avec le tems leurs habits s'étant ufés, ils s'avisèrent d'écorcher les oifeaux qu'ils tuoient, & d'en coudre les peaux enfemble avec des aiguilles que l'un d'eux avoient fur lui au moment où la patache fut brifée. Quelques petits palmiers difperfés çà & là à peu de diftance de la côte, leur fournirent une efpece de fil qui leur fuffit pour cet ufage. A l'approche de l'hiver, ils fe retirèrent pour fe défendre du froid, dans des grottes fouterreines qu'ils s'étoient creufées avec leurs mains. Elles étoient fur le revers d'un terrein plus élevé à l'afpect du midi.

Plufieurs années s'écoulèrent fans aucun changement dans la fituation de ces infortunés. Quelques fois ils apperçurent des vaiffeaux en pleines voiles affez près de leur île. En vain ils réclamèrent leur fecours par des cris, des peaux élevées en l'air

& des feux fur les élévations. Sans doute que la crainte des bancs & des feches arrêtoit les pilotes; tous pafsèrent outre fans s'arrêter. Ils jugèrent même par des amas de planches & d'autres débris, que les flots jettèrent fur le fable de tems en tems pendant un fi long intervalle, que les naufrages étoient fréquens dans cette mer, & qu'ils n'étoient pas feuls malheureux.

Le retour annuel des tortues & des oifeaux qui leur fournifloit une fubfiftance affurée, leur fit fupporter avec courage un fort aufli trifte, pendant fix années. Au commencement de la feptième, leur efpérance fe foutint encore par l'arrivée des tortues qui fe montrèrent en aufli grande quantité; mais il n'en fut pas de même à la feconde faifon. Les fots oifeaux, fans doute épouvantés de la chaffe qu'ils effuyoient depuis plufieurs années fur cette côte, y revinrent en fi petit nombre, que la confternation fe répandit bientôt parmi la troupe naufragée. Dans le même tems, deux d'entr'eux fuccombant au poids des maux qui les accabloient & à la perfpective effrayante de l'avenir, finirent leurs jours fur cette terre d'exil. Les autres réduits au nombre de feize, étoient fi exténués qu'ils reffembloient plutôt à des fpectres qu'à des hommes. Dans l'agitation d'efprit où ils fe trouvèrent alors, les uns s'abandonnoient au défefpoir, d'autres entrevoyoient encore quelques lueurs d'espérance.

Cependant tous se calmèrent peu à peu, & s'étant rassemblés ils arrêtèrent pour dernière résolution, après quelques débats, de quitter l'île, au hasard d'aborder une seconde fois à une côte inhabitée. Ils mirent aussi-tôt la main à l'œuvre, & construisirent en peu de jours, avec des planches & débris de vaisseaux que la mer avoit jetés sur le rivage, une espece de barque ou plutôt un coffre. Ils le calfatèrent avec un mélange de plumes d'oiseaux, de sable & de graisse de tortues; les cordages furent composés de plusieurs doubles de nerfs de tortues, & les voiles d'une certaine quantité de peaux d'oiseaux cousues à l'extrémité les unes des autres. La barque quoique construite grossiérement, ne faisoit point eau, & se prêtoit à l'impulsion, soit du vent, soit de la rame. Ils la chargèrent du peu de provisions qui leur restoient.

Avec de si foibles ressources ils mirent à la voile par un tems favorable, en invoquant l'assistance du ciel. Huit jours d'une navigation incertaine, pour laquelle ils n'eurent d'autre regle que le hasard des vents & des flots, les conduisirent à l'île d'Haynan, sur la côte méridionale de la Chine. En abordant cette terre qu'ils reconnurent habitée, leur premier soin fut d'adresser avec effusion de cœur des actions de graces à la divine Providence; ensuite ils s'avancèrent dans le pays. Les premiers habitans qui les apperçurent prirent auffitôt la fuite avec frayeur. Cependant quelques Portugais qui entendoient le chinois ayant doublé le pas, ceux des habitans les moins effrayés remarquèrent que ces étrangers étoient fans armes, & les attendirent. Au récit abrégé de leurs infortunes ils versèrent des larmes, & fur le champ leur offrirent des vivres & leur indiquèrent une fource d'eau vive. Après avoir fatisfait le befoin fi exigeant de la foif, ils furent conduits au mandarin de l'île, qui s'empreffa de leur faire donner des logemens & tous les fecours dont ils avoient befoin. Il eut même l'attention de leur procurer les moyens de retourner promptement dans leurs familles. Les Portugais, qui n'étoient point éloignés de Macao (*), y arrivèrent en peu de jours. Un d'entr'eux que fa femme avoit cru mort, fut furpris de la retrouver mariée. Des amis communs le difposèrent facilement à lui pardonner une légéreté qui étoit excufable après fept années d'abfence.

Le frère miffionnaire, qui confirma à Careri la vérité de cet événement, avoit été envoyé à l'île

―――――――――――――――――

(*) Voyez la defcription de cette ville, à la fin de la relation des naufrages de deux vaiffeaux portugais, en 1605.

Verte pour se remettre de ses fatigues. Il y étoit depuis plus d'un an, & commençoit à peine à se rétablir.

La satisfaction qu'éprouvoit Careri dans les fréquens entretiens qu'il avoit avec ce missionnaire qui avoit beaucoup voyagé, lui avoit fait oublier qu'il devoit se rendre aux Philippines. On l'avertit que la patache alloit mettre à la voile; il s'arracha à regret de l'île Verte, pour retourner à Macao.

Careri, toujours occupé d'observations instructives, rapporte que dom Antonio Bazarte, capitaine de la patache, éprouva avant que de sortir du port, combien le crédit de la nation Portugaise étoit diminué à la Chine, par la difficulté qu'il eut à se faire accorder la permission de lever l'ancre. En vain l'avoit-il obtenue du gouverneur de Macao, il fallut solliciter vivement les officiers de la douane chinoise. Après plusieurs jours de négociation, Bazarte obtint le chiappe ou congé, en payant cinquante piastres au-delà du tarif des droits de sortie. Le jour même du départ, les officiers de la douane & ceux du port se rendirent au vaisseau, sous le prétexte d'examiner si l'on n'y avoit point embarqué quelque sujet de l'empire, ou si l'on n'emportoit point des étoffes jaunes ou d'autres marchandises sur lesquelles il se trouvât des figures de dragons à cinq griffes. Plusieurs marchands en avoient : elles devoient être confisquées, suivant les ordonnances de la cour de Pékin, mais les piastres applanirent encore cette nouvelle difficulté. La patache sortit du port le 10 Avril.

Dans une traversée peu longue, mais pénible, l'habileté de Bazarte & de son pilote les garantit des écueils qui environnent les Philippines; ils échappèrent même aux dangers d'une violente tempête, à quelques milles de la Plaga-Ouda. Enfin le 7 Mai 1696, ils jettèrent l'ancre heureusement dans le port de Cavite.

NOTES.

(1) CAVITE, ville & port de l'île de Luçon ou Manille, qui est la plus considérable des Philippines. Le port de Cavite est proprement celui de Manille, quoiqu'il en soit éloigné de trois lieues. Il est grand, très-fréquenté, & en demi-cercle comme celui de Trapani en Sicile. On y est en sûreté contre les vents du sud; mais lorsque ceux du nord soufflent, les gros vaisseaux sont obligés de s'approcher de terre. La ville de Cavite est bâtie sur une langue de terre assez étroite, qui a d'un côté

la mer & de l'autre le port. Cette fituation n'a pas permis de l'entourer de murs. Elle a feulement, à l'extrémité de la langue de terre, un bon château pour fa défenfe. La ville eft fort peuplée, quoique petite. Ses habitans font Efpagnols, Indiens & Sangleys ou marchands Chinois. Les édifices de Cavite font de bois ou de cannes, fans excepter les églifes, à la réferve de celles des Auguftins & du college qui appartenoient ci-devant aux jéfuites : celles-ci font bâties en pierres & très-ornées. L'arfenal forme la pointe du château. On y voit ordinairement deux ou trois cens Indiens, & quelquefois fix cens qui font employés à la fabrique des vaiffeaux ou galions. Le fauxbourg de Cavite, appelé Saint-Roch, s'étend depuis une rive jufqu'à l'autre, au milieu d'une forêt d'arbres. Le nombre de fes habitans y eft plus confidérable que dans la ville. Son églife paroiffiale eft fort belle. Les îles Philippines appartiennent aux Efpagnols.

La fertilité de ces îles eft extraordinaire, & elles le doivent au climat, qui eft chaud & très-humide. On jouit aux Philippines d'un printems perpétuel; les arbres ne fe dépouillent jamais de leurs feuilles; les campagnes font tapiffées d'herbes & émaillées de fleurs; il s'y trouve un grand nombre d'arbres qui fourniffent d'excellens fruits; le même porte souvent des fruits & des fleurs en même tems.

Le climat des Philippines est plus salutaire aux naturels du pays, qu'aux Européens. La façon de vivre & la frugalité de ces peuples, contribuent beaucoup à les entretenir dans la forte santé dont ils jouissent. On y voit des vieillards de quatre-vingts ans travailler avec une force & une vigueur presqu'égale à celles d'un homme de trente à quarante ans.

Les bornes que nous nous sommes prescrites, ne nous permettent point plus de détails. Le lecteur curieux en trouvera d'exacts & de très-intéressans, dans la Relation du voyage fait aux Indes en 1761, à l'occasion du passage de Vénus sur le disque du soleil, par M. le Gentil, de l'académie des sciences.

(2) Les îles Calamianes sont au nombre de trois dans la mer des Indes au-delà du Gange. Elles font partie des îles Philippines, & sont situées vis-à-vis de Manille, près de Paragua. Ces îles sont habitées par des Indiens fort doux. Ils paient tribut aux Espagnols, qui les ont soumis. Le sol des îles Calamianes est aussi fertile qu'aux Philippines. On y pêche sur les côtes de très-belles perles.

N.º 3.

RELATION

Des Naufrages de deux vaisseaux anglois, sur des rochers, près de l'île Mayote, *dans le canal de* Mozambique, *mer d'Afrique, en* 1700 (*).

LE Père TACHARD, à qui nous sommes redevables de la relation d'Occum Chamnam, que nous avons vue plus haut, retourna aux Indes pour la dernière fois, au commencement de ce siecle. Il étoit accompagné de plusieurs jésuites destinés pour les missions de l'Inde & de la Chine. Le vaisseau

───────────

(*) Cette relation est extraite d'une lettre du père Tachard, supérieur général des missionnaires françois jésuites, dans les Indes orientales, troisieme recueil des lettres édifiantes; Paris, 1713.

la Princesse, qui les portoit, appareilla de Port-Louis, le 7 Mars 1701.

La navigation fut si heureuse jusqu'à la hauteur des îles Commores, que l'équipage fut obligé de demeurer assez long-tems à l'ancre sur la côte de l'île d'Anjouan, & de louvoyer ensuite pendant un mois dans le canal de Mozambique.

En continuant sa route avec autant de bonheur qu'il l'avoit commencée, le vaisseau se seroit trouvé en pleine mer des Indes, dans la saison des ouragans, qui ne manquent guère de se faire sentir sur les côtes de l'Indostan aux mois d'Août & de Septembre. Le naufrage de plusieurs des vaisseaux qui passèrent les premiers aux Indes orientales, a servi de leçon aux navigateurs qui les ont suivis : lorsqu'ils arrivent trop tôt des ports de l'Europe dans le canal de Mozambique, alors ils s'arrêtent sur leurs ancres pour laisser couler cette funeste saison.

Le séjour que fit l'équipage dans l'île d'Anjouan, où l'on jouit d'un air salubre & où les vivres sont en abondance, rendit assez promptement la santé aux infirmes ; mais plusieurs de ceux qui se portoient le mieux lorsqu'on y aborda, tombèrent bientôt malades; les uns, pour avoir pris avec excès des boissons fortes de ce pays ; les autres au contraire, pour avoir mangé trop de fruits rafraî-

Tome III. G

chiffans, & bu fans difcrétion de l'eau vive qui coule des rochers. Les fievres étoient malignes, accompagnées de dévoiemens & de tranfport au cerveau: ces maladies naiffantes, dont on craignoit avec raifon les fuites parce qu'elles pouvoient devenir contagieufes, détermina à quitter cette île agréable plutôt qu'on ne l'eût fait. Le vaiffeau mit à la voile le 14 d'Août, par un vent favorable, mais qui ne dura pas ; à peine avoit-il avancé fept ou huit lieues qu'il fut pris du calme. Les courans alors le portèrent vers l'île de Moali, & enfuite à la côte occidentale de l'île d'Angafie, la plus grande du petit Archipel des Commores ; il s'y arrêta quelques heures.

« Cette ftation, dit le Père Tachard que nous laiffons parler lui-même, fut un coup de Providence fpéciale pour deux pauvres Anglois qui étoient dans cette île depuis deux ans, dénués de tout & abandonnés aux infultes & à la cruauté d'un peuple barbare. Nous avions envoyé notre chaloupe à terre chercher quelque chofe ui nous manquoit; on mit en panne & on l'attr it deux ou trois heures. Comme elle revenoit, nous fûmes fort furpris d'y voir deux hommes nuds, décharnés & moribonds. L'un étoit âgé d'environ trente ans, l'autre ne paroiffoit point en avoir plus de vingt. Après qu'on les eut interrogés, nous apprîmes qu'ils avoient fait naufrage près de l'île de Mayote (1), ayant été portés par la force du courant sur des rochers cachés sous l'eau ; le premier étoit dans un grand navire de la Compagnie Angloise des Indes orientales, & l'autre venoit de Boston, où il s'étoit engagé avec des flibustiers Anglois. Ces deux vaisseaux périrent, parce que les pilotes avoient pris l'île de Mayote pour celle de Moali (2). Ceux des passagers & de l'équipage qui purent se sauver à terre, furent traités par les habitans avec beaucoup d'humanité, aussi long-tems que leur nombre les rendit redoutables. Mais diverses maladies, causées aux uns par le mauvais air ou par la débauche, & aux autres par la tristesse & le chagrin qu'ils prirent, les ayant réduits à quinze ou seize hommes, les Barbares qui ne les craignoient plus cherchèrent bientôt les moyens de leur ôter ce qu'ils avoient sauvé avec beaucoup de peine du naufrage, & même la vie.

» Il y avoit parmi ces infortunés sept François & trois Allemands, les autres étoient Anglois ou Hollandois. Comme leur nombre diminuoit chaque jour, & qu'ils se voyoient mourir de misère l'un après l'autre, ils prirent la résolution de sortir à quelque prix que ce fût de cette île où ils n'espéroient pas qu'aucun vaisseau d'Europe vînt jamais aborder, le port étant inaccessible à ceux mêmes d'une médiocre grandeur. Dans cette vue, ils firent des débris des deux navires une chaloupe assez grande pour les porter tous avec les caisses d'argent qui leur restoient. Ils devoient mettre le lendemain à la voile, quand le roi de l'île qui eut quelque soupçon de ce qui se passoit, leur envoya demander leur chaloupe, qu'il trouvoit, disoit-il, fort à son gré. Ce n'étoit visiblement qu'un prétexte pour se rendre maître de leur argent. Les Européens se rassemblèrent alors dans leur cabane sur le bord de la mer; ils tinrent conseil, & furent tous d'avis de refuser le roi de Mayote, le plus honnêtement qu'ils pourroient. Ces malheureux comprirent bien qu'après cette démarche on ne chercheroit qu'à les perdre, & qu'ainsi il falloit qu'ils se tinssent sur leurs gardes plus que jamais. Mais les Barbares qui s'étoient apperçus que la poudre commençoit à leur manquer, parce qu'ils n'alloient plus si souvent à la chasse, ne tardèrent pas aussitôt leur réponse à se rassembler; ils les environnèrent en foule & les attaquèrent avec furie dans leur cabane; les assiégés qui avoient encore un peu de poudre, se défendirent long-tems & avec avantage.

» Désespérés de ne pouvoir les forcer dans ce retranchement, les Barbares prirent la résolution de mettre le feu à leur cabane. Comme elle n'étoit conſtruite que de groſſes nattes, & ſeulement couverte de paille & d'écorces d'arbres, elle fut bientôt embrâſée. La plus grande partie de ceux qu'elle renfermoit fut brûlée miſérablement ; ceux qui échappèrent à demi-grillés ne furent pas plus heureux, car on les mit brutalement à mort. Ainſi de toute cette troupe il ne reſta que trois Anglois, qui ſe tinrent cachés juſqu'à ce que la fureur du combat & du carnage fût paſſée. On eut pitié d'eux, & on leur donna un petit canot avec quatre hommes qui les menèrent à Angaſie, la plus conſidérable des Commores.

» Ces infortunés y furent bien reçus par le roi de la partie occidentale de l'île, où on les débarqua. Il les entretint d'abord à ſes dépens ; mais s'étant bientôt laſſé de cette hoſpitalité, il les laiſſa chercher de quoi vivre. Pendant une année & demie, ils ſe nourrirent de fruits de coco & du lait qu'ils tiroient des vaches quand ils pouvoient les trouver à l'écart. Un des trois, plus foible de tempéramment, ne pouvant ſoutenir long-tems une ſi grande diſette, tomba malade & mourut. Ses deux compagnons ſe mirent en devoir de l'enterrer ; mais les habitans d'Angaſie, perſuadés que la terre de leur île ſeroit profanée par la ſépulture d'un Européen, ne voulurent pas le leur permettre ; ils furent obligés de jetter le cadavre dans la mer.

» Tels furent les éclaircissemens que nous donnèrent ces deux Anglois sur leur sort. Ils étoient sur le rivage de l'île d'Angasie, quand la chaloupe y aborda. Ils ne dirent rien, ayant reconnu ceux qui la montoient pour des François ennemis de leur nation, & craignant d'en être refusés ; mais la voyant se remettre en mer, ils se jettèrent à la nage & firent tant d'efforts, toujours criant qu'on les attendît, qu'enfin ils l'atteignirent. On les reçut & on les mena à bord. Le récit de leur infortune & l'état pitoyable où ils étoient encore, excita la commisération générale; chacun se fit un devoir de les soulager, on leur donna des vivres & des habits. Quand nous fûmes arrivés à Surate, le plus âgé se retira au comptoir des Anglois; l'autre ayant déclaré que son père étoit Hollandois, quoiqu'il fût établi à Boston (3), alla loger chez les Hollandois ».

NOTES.

(1) *MAYOTE*, île d'Afrique; c'est la plus méridionale du petit Archipel des îles Commores, situé dans le canal de Mozambique, entre le Zanguebar & l'île de Madagascar. On trouve les îles Commores entre le soixantième & soixante-troisième degrés de longitude ; latitude méridionale douze,

L'île Mayote eſt au midi de l'île d'Angaſie, ou la grande Commore : elle n'a pas de bonne eau, mais les vivres y ſont à bon marché. Ceux qui l'habitent ſont en petit nombre, tous d'un caractère perfide & cruel ; leur religion eſt le Mahométiſme. Cette île eſt d'un dangereux accès par les rochers cachés ſous l'eau qui l'environnent, & vers leſquels les vaiſſeaux ſont entraînés par les courans.

(2) *MOALI*, une des îles Commores: elle a un roi particulier. Cette île eſt plus ſeptentrionale d'environ trente minutes, ou dix lieues marines, que celle de Mayote.

(3) *BOSTON*, grande, forte & très-belle ville de l'Amérique ſeptentrionale. Elle eſt la capitale de la Nouvelle-Angleterre. Sa ſituation au bord de la mer la rend très-propre pour le commerce. On y voit de beaux édifices, entr'autres celui des aſſemblées publiques. Cette ville eſt diſpoſée en forme de croiſſant autour du port, qui eſt excellent & peut contenir ſix cens navires. Elle eſt la réſidence du gouverneur & le lieu de l'aſſemblée des membres de la régence pour les conſeils & les tribunaux ; il y a auſſi une univerſité. Sa population eſt d'environ trente-cinq mille ames. On y

compte beaucoup de réfugiés François. Boston est le centre du commerce des Anglois en Amérique. Il part tous les ans de son port trois ou quatre cens vaisseaux chargés pour l'Europe & les îles de l'Amérique.

N.º 4.

DÉLAISSEMENT

D'un Matelot Ecoſſois, nommé Alexandre Selkirk, *dans l'Isle de* Juan-Fernandés, *Mer du Sud, en* 1704: *on y a ajouté celui de* Wil, *Moskite Indien, qui avoit été abandonné dans la même Isle, en* 1681 (*).

Durant la guerre pour la ſucceſſion d'Epagne, quelques particuliers équipèrent en Angleterre deux

---

(*) La première de ces deux Relations ſe trouve dans le Journal de la navigation des vaiſſeaux, le Duc & la Ducheſſe, publié à *Londres* en 1712, par le capitaine Edouard Cooke; dans le premier vol. des Voyages de Robert Lade, imprimés à *Paris* en 1744; & dans le premier vol. du Voyage autour du Monde en 1708,

vaisseaux armateurs, destinés à faire des prises dans la mer du sud. *Woodes Roggers*, nommé pour les commander, avoit avec lui le fameux marin, Guillaume *Dampierre*, qui lui servoit de premier pilote, ayant déja fait trois voyages dans la mer du sud, & deux fois le tour du monde. Ils levèrent l'ancre de Bristol, le 2 Août 1708. Le 10 Janvier de l'année suivante, ils se trouvoient du côté du pôle antarctique, à soixante-un degrés cinquante-trois minutes, où il n'y avoit point de nuit. C'étoit peut-être le point le plus éloigné au sud que les navigateurs eussent atteint jusqu'alors. Ils ne poussèrent pas plus avant.

Roggers, comme beaucoup d'autres marins, se vante ici de s'être approché plus près du pôle que nul autre. Presque tous semblent ambitionner cette gloire, qui, selon toute apparence, ne peut être disputée à l'amiral Drack que par le seul Guillaume

---

1709, 1710 & 1711, par le capitaine VOODES ROGGERS. *Amsterdam*, 1714, &c. &c.

La deuxième, celle du Délaissement du Moskite Indien, se trouve dans les premier & cinquième volumes des Voyages de Guillaume DAMPIERRE, *Rouen*, 1715, &c.

Voyez aussi la Relation du Voyage autour du monde, par l'Amiral ANSON, en 1740, 1741, &c. *Amsterdam*, 1751, *in-4°*.

Dawis qui a pénétré jufqu'au foixante-trois. Roggers doubla le Cap-Horn, fans prendre terre en aucun lieu de ces parages jufqu'à l'île *Juan Fernandés* (1), d'où la pinaffe revint au vaiffeau avec quantité d'écréviffes, & un homme vêtu de peaux de chevres, qui paroiffoit plus fauvage que ces animaux mêmes. L'aventure de cet homme & celle du Moskite Indien abandonné dans la même île, ont fait le fujet du roman anglois de *Robinfon Crufoé*, que la fingularité de l'événement fait lire avec avidité, fur-tout à la jeuneffe. L'empreffement qu'on eut alors pour ce livre, compofé par *Daniel de Foë*, en 1719, & qu'on lit encore volontiers, nous engage à rapporter ici, d'après Roggers, ce qu'il y a de vrai dans l'hiftoire du prétendu Robinfon. Roggers n'eft point auffi étendu, au fujet de Selkirk, dans la relation de fon voyage, qu'il va le paroître ici aux lecteurs : on y a ajouté

---

(1) L'Isle de *Juan Fernandés* fe trouve dans la mer du fud, à trente-trois degrés quarante minutes de latitude méridionale, à la diftance de cent-dix lieues de Terre-ferme de Chili. Elle a quatre à cinq lieues de longueur, fur environ deux de largeur. Cette île eft inhabitée, mais très-fertile. L'amiral Anfon, dans la relation de fon voyage autour du Monde, en 1740, &c., en donne une defcription intéreffante.

plusieurs circonstances, qui se trouvent dans les journaux d'Edouard Cooke, de Robert Lade & d'autres voyageurs.

» C'étoit, dit Roggers, un Ecossois, nommé Alexandre *Selkirk*, qui avoit été maître à bord du vaisseau, les Cinq Ports, & que le capitaine *Stradling* avoit abandonné sur cette île depuis quatre ans & quatre mois. Le capitaine Dampierre, qui s'étoit trouvé alors avec eux, me dit que c'étoit le meilleur homme qu'il y eût sur ce navire ; ce qui m'engagea à le prendre pour contre-maître. Ce bon Ecossois, à la vue de nos vaisseaux, qu'il prit pour Anglois, avoit allumé le feu que nous avions remarqué sur l'île. Il en avoit vu bien d'autres pendant le séjour qu'il y fit, mais il n'y en eut que deux qui vinrent y mouiller. Incertain de quelle nation ils étoient, il s'en approcha pour les examiner ; mais quelques Espagnols qui avoient déja mis pied à terre, ne l'eurent pas plutôt apperçu, qu'ils tirèrent sur lui & le poursuivirent jusques dans les bois, où il grimpa sur un arbre ; il n'y fut pas découvert, quoiqu'ils rodassent aux environs & qu'ils tuassent quantité de chevres sous ses yeux. Il nous avoua d'ailleurs qu'il auroit mieux aimé se livrer à des François, si quelqu'un de leurs vaisseaux y eût abordé, ou s'exposer à mourir sur cette île, que de tomber entre les mains des Espagnols, qui n'auroient pas manqué de le tuer ou de le condamner aux mines, dans la crainte qu'il ne donnât des éclaircissemens aux étrangers sur la mer du sud.

» Il nous apprit aussi qu'il étoit né à Largo, dans la province de Fife en Ecosse, qu'il avoit été élevé à la marine dès son enfance ; qu'il fut mis sur cette île par le capitaine Stradling, à l'occasion d'un démêlé qu'ils avoient eu ensemble ; qu'il résolut d'abord d'y rester, plutôt que de s'exposer à de nouveaux chagrins, outre que le vaisseau étoit en mauvais état ; que cependant revenu à lui-même il souhaita d'y retourner, mais que le capitaine n'y voulut pas consentir. Il avoit déja touché à cette île dans un autre voyage, pour y faire de l'eau & du bois, & alors on y laissa deux hommes, qui y vécurent six mois jusqu'au retour du vaisseau qui étoit allé à la mer du sud, d'où il fut chassé par deux vaisseaux François qu'il y rencontra.

» Quoiqu'il en soit, Selkirk, abandonné sur cette île avec ses habits, son lit, un fusil, une livre de poudre, des balles, du tabac, une hache, un couteau, un chaudron, une bible & quelques autres livres de piété, ses instrumens & ses livres de marine, s'amusa & pourvut à ses besoins le mieux qu'il lui fut possible. Mais durant les premiers huit mois, il eut beaucoup de peine à vaincre la mélancolie & à surmonter l'horreur que lui causoit une si affreuse solitude. Il fit deux cabanes à quelque distance l'une de l'autre, avec du bois de piment ; il les couvrit d'une espece de jonc, & les doubla de peaux de chevres qu'il tuoit à mesure qu'il en avoit besoin, tant que sa poudre dura. Lorsqu'elle approchoit de sa fin, il trouva le secret de tirer du feu avec deux morceaux de bois de piment qu'il frottoit l'un contre l'autre sur le genou. Il faisoit sa cuisine dans la plus petite de ses huttes, & dans la grande il dormoit, chantoit des pseaumes & prioit Dieu ; jamais de sa vie il n'avoit été si bon chrétien, & il désespéroit même de l'être autant à l'avenir. Accablé de tristesse, manquant de pain & de sel, il ne mangeoit qu'à l'extrémité, lorsque la faim le pressoit, & il n'alloit se coucher que lorsqu'il ne pouvoit plus soutenir la veille. Le bois de piment lui servoit à cuire sa viande & à l'éclairer, & son odeur aromatique récréoit ses esprits abattus.

» Il ne manquoit pas de poisson, mais il n'osoit en manger sans sel, parce qu'il l'incommodoit, à la réserve des écrévisses de rivière, qui sont ici d'un goût exquis & aussi grosses que celles de mer. Tantôt il les mangeoit bouillies & tantôt grillées.

de même que la chair de ses chevres, qui n'a pas le goût si fort que celle des nôtres, & dont il faisoit d'excellent bouillon. Il en avoit tué jusqu'à cinq cens, & en avoit marqué un pareil nombre à l'oreille. Cette particularité a été vérifiée par les gens de l'équipage de l'amiral Anson, trente-trois ans après, sur une vieille chevre qu'ils tuèrent en débarquant dans l'île, & ensuite sur plusieurs autres.

» Quand sa poudre fut finie, il les prenoit à la course; & il s'étoit rendu si agile par un exercice continuel, qu'il couroit à travers les bois sur les rochers & les collines, avec une vîtesse incroyable. Nous l'expérimentâmes lorsqu'il fut à la chasse pour nous, avec un chien que nous avions à bord, dressé au combat des taureaux, & nos meilleurs coureurs; il les devançoit tous, il mettoit sur les dents nos hommes & le chien, il prenoit les chevres & nous les apportoit sur son dos. Il nous dit que peu s'en fallut un jour que son agilité ne lui coûtât la vie; qu'il poursuivoit une chevre avec tant d'ardeur, qu'il la prit sur le bord d'un précipice que des buissons lui cachoient, & qu'il culbuta du haut en bas avec elle, qu'il fut si étourdi du coup, & si fracassé qu'il en perdit toute connoissance; qu'enfin revenu à lui-même il trouva sa chevre morte sous lui; il resta près de vingt-quatre heures fur la place, & il eut affez de peine à fe traîner à fa cabane qui en étoit à un mille, & à en fortir au bout de dix jours.

» Une longue habitude lui fit favourer la viande fans fel & fans pain ; & dans la faifon il avoit quantité de bons navets qui y avoient été femés par l'équipage de quelque vaiffeau, & qui couvroient plufieurs arpens de terre ; il ne manquoit pas non-plus d'excellens choux qu'il cueilloit fur les arbres qui en portent, & qu'il affaifonnoit avec le fruit du piment qui eft le même que le poivre de la Jamaïque, & dont l'odeur eft délicieufe. Il y trouva auffi une forte de poivre noir, appelé *Malagita*, qui eft fort bon pour chaffer les vents & guérir de la colique.

» Ses fouliers & fes habits furent bientôt ufés à force de courir à travers les bois & les brouffailles ; mais fes pieds s'endurcirent fi bien à la fatigue, qu'il couroit par-tout fans peine ; lors même que nous l'eûmes trouvé, il ne put s'affujettir de quelque temps à porter des fouliers, parce que fes pieds enfloient d'abord qu'il en avoit mis.

» Revenu enfin de fa mélancolie, il fe divertiffoit quelquefois à graver fon nom fur les arbres, avec la date de fon exil ; ou bien à chanter & à dreffer des chats & des chevreaux à danfer avec lui.

lui. Les chats & les rats lui firent au commencement une cruelle guerre ; quelques-uns de ces animaux, échappés sans doute des navires qui avoient touché à cette île pour y faire de l'eau & du bois, y avoient prodigieusement multiplié leur espece. Les rats lui venoient ronger les pieds & les habits lorsqu'il dormoit ; pour s'en garantir, il s'avisa de donner aux chats de bons morceaux de ses chevres, ce qui les rendit si familiers qu'ils venoient coucher par centaines autour de sa hutte, & qu'ils le delivrèrent bientôt de leurs ennemis communs. De sorte que, par un effet de la Providence, & par la vigueur de sa jeunesse, (puisqu'il avoit à peine aujourd'hui trente ans) il se mit au-dessus de tous les embarras de sa triste solitude, & y vécut enfin à son aise.

» Lorsqu'il n'eut plus d'habits, il se fit un justeau-corps & un bonnet de peaux de chevres qu'il cousut ensemble avec de petites courroies qu'il en ôta ; un clou lui servoit d'aiguille. Il se fit aussi des chemises de quelque toile qu'il avoit, & il les cousut de même avec le fil d'estame qu'il tira de ses vieux bas : il en étoit à sa dernière lorsque nous le rencontrâmes sur cette île. Quand son couteau fut usé jusqu'au dos, il en forgea d'autres avec quelques cercles de fer qu'il trouva sur le rivage ; il en fit divers morceaux qu'il applatit du mieux qu'il lui fut possible, & qu'il aiguisa sur des pierres.

» Il avoit si bien oublié de parler, qu'il ne prononçoit les mots qu'à-demi, & que nous eûmes d'abord assez de peine à l'entendre. Nous lui offrîmes du brandevin, mais il ne voulut pas en goûter, de crainte qu'il ne lui fît mal, accoutumé comme il étoit à ne boire que de l'eau. D'ailleurs il se passa quelque tems avant qu'il pût manger de nos mets avec plaisir.

» Outre ce que nous avons déja rapporté des productions de cette île, Selkirk nous parla de certaines petites prunes noires qui sont excellentes, mais qu'il est mal-aisé de cueillir parce qu'elles croissent sur le sommet des montagnes & des rochers. Il y a quantité d'abres de piment, & nous en vîmes quelques-uns qui avoient soixante pieds de haut & deux verges ou environ de circonférence. Les cotonniers y sont plus hauts, & leur tige a près de quatre brasses de circonférence.

» Le climat y est si bon, que les arbres & les plantes y conservent leur verdure pendant toute l'année. Il n'y a que deux mois d'hiver, ceux de Juin & de Juillet; on n'y voit même alors qu'une petite gelée avec un peu de grêle; mais il y tombe quelquefois de grosses pluies. La chaleur y est égale & modérée en été, & il n'y a pas beaucoup de tempêtes. Notre Ecoſſois n'y apperçut non-plus aucunes créatures ſauvages ou venimeuſes, ni d'autres bêtes que celles dont nous avons déja parlé.

» Juan Fernandés y laiſſa le premier quelques chevres pour y multiplier, & l'île en eſt aujourd'hui remplie. Il s'y établit avec quelques familles de ſa nation, juſqu'à ce que le continent du Chili fût ſoumis aux Eſpagnols, alors il y paſſa lui-même, dans l'eſpérance d'y accroître ſa fortune. Par ſa ſituation & tout ce qu'elle produit, cette île eſt capable de nourrir un grand nombre de perſonnes, & d'être fortifiée; en ſorte qu'il ſeroit bien difficile d'en déloger ceux qui s'y établiroient.

» Quoi qu'il en ſoit, la manière dont Selkirk ſe gouverna dans la ſuite, me perſuade qu'il y mena une vie fort chrétienne, qu'il nous a dit la pure vérité à cet égard, & que la Providence divine le ſoutint au milieu d'un ſi grand abandon. D'ailleurs, on voit par ſon exemple, que la ſolitude & la retraite du monde n'eſt pas un état ſi triſte que la plupart des hommes ſe l'imaginent, ſur-tout lorſqu'on y tombe par un accident inévitable. On voit auſſi par-là qu'un malheur en prévient quelquefois un autre beaucoup plus grand, puiſque le vaiſſeau de ſon capitaine échoua bientôt après, & que preſque toutes les perſonnes qui composoient l'équipage y périrent. D'un autre côté, l'adresse qu'il eut de fournir à ses besoins d'une manière aussi efficace, quoique moins commode que lorsqu'elle est aidée du secours & des lumières de l'art, nous confirme que la nécessité est la mère de l'industrie. Bien plus, tout sobre qu'il étoit, dès qu'il eut repris l'usage de nos viandes & de nos liqueurs, il perdit beaucoup de sa force & de son activité; preuve convaincante que la nourriture la plus simple & la tempérance entretiennent la santé du corps & la vigueur de l'esprit; au lieu que la variété de nos mets & de nos boissons, sur-tout s'il y a de l'excès, ruinent également l'un & l'autre ».

Selkirk n'étoit pas le premier homme abandonné sur l'île de Juan Fernandés, lorsqu'il y fut trouvé en 1709. Le capitaine Guillaume Dampierre fait mention, dans le journal qu'il a publié de l'expédition du capitaine *Sharp* & d'autres Flibustiers dans la mer du sud en 1680 & 1681, d'un Moskite Indien, nommé *Wil*, qui étoit sur le bord du capitaine *Watling*, & qui fut laissé dans cette île en 1681. Le lecteur ne sera pas fâché sans doute d'être instruit de la manière dont il y vécut, & comment il y fut abandonné : ce détail l'intéressera.

Les Boucanniers & Flibustiers Anglois & François, qui ont causé tant de maux aux Espagnols en Amérique, depuis 1675 jusqu'à la paix d'Utrecht en 1714, sortoient de tems en tems des îles & des ports où ils se refugioient, pour courir à de nouvelles entreprises.

En 1680, une compagnie de Flibustiers Anglois de trois à quatre cens hommes, commandée par les capitaines *Sharp*, *Coxon* & *Sawkins*, forma la résolution de traverser l'Isthme de Darien, & de piller les villes & les habitations Espagnoles qui se trouveroient sur son passage. Dampierre se joignit à eux au mois de Mars 1689.

» Après quelques jours de marche, dit-il, nous arrivâmes à la ville de Sainte-Marie, qui fut emportée presque sans coup férir, & où nous trouvâmes peu de butin. Nous continuâmes notre route, & après avoir vainement attaqué Puebla Nova, devant laquelle le capitaine Sawkins qui nous commandoit alors, & plusieurs autres perdirent la vie; nous fîmes quelque séjour aux îles voisines de Quibo. Nous changeâmes là de dessein; une partie des aventuriers nous abandonna pour s'en retourner par terre; alors nous nous rembarquâmes au nombre de cent-quarante-six, & nous fîmes route au sud, pour gagner la côte du Pérou & continuer nos entreprises.

» Dans le cours de notre navigation, nous fîmes plusieurs descentes & des prises de vaisseaux & de barques Espagnoles. La disette d'eau & de bois nous détermina le 2 de Décembre à débarquer au port de Coquimbo ; le lendemain nous nous avançâmes vers la ville de la Séréna, que nous emportâmes après quelque résistance ; nous y mîmes le feu, les habitans nous ayant manqué de parole pour se racheter du pillage. Enfin vers Noël nous parûmes à la vue de l'île Fernandés. Le 26 Décembre, le vaisseau ancra sur la côte orientale de cette île, pour y faire de l'eau & prendre des chevres, dont on sala une partie.

» Pendant notre séjour en cet endroit, les divisions qui régnoient depuis long-tems parmi nous, éclatèrent au point que le capitaine Sharp fut mis aux arrêts & privé du commandement en chef, à la pluralité des voix. Sa place fut donnée à Jean *Watling*, ancien Boucannier, qui avoit la réputation d'être un hardi navigateur.

» La provision d'eau & de chevres étoit presque faite, lorsque le 12 Janvier 1681 nous découvrîmes trois vaisseaux de guerre Espagnols qui faisoient le tour de l'île. N'étant point en état de résister, nous nous rembarquâmes tous, à la réserve de Wil, qui étoit dans les bois à la chasse des chevres. Les Espagnols nous pousuivirent en vain, notre vaisseau qui étoit bon voilier leur échappa ».

Nous supprimerons ici la suite du Journal des expéditions des capitaines Watling & Sharp, qui doit être indifférente au lecteur, pour lui apprendre comment Wil fut retrouvé dans cette île, plus de trois ans après son délaissement, la manière dont il y vécut, & enfin quelle est la nation Moskite.

Au mois d'Août 1683 une troupe de soixante-dix Anglois, Aventuriers & Flibustiers, à laquelle se joignit Dampierre, partit d'Achamac, ville de la Virginie, sous le commandement du capitaine *Cook*, pour croiser sur la côte du Chili & du Pérou.

» Je ne m'arrêterai point, dit Dampierre, à faire un détail de nos courses & de nos entreprises, il me suffira d'observer qu'à la mi-Novembre nous fîmes voile vers le détroit de Magellan, & qu'après avoir été beaucoup contrariés par les vents, nous mouillâmes le 23 Mars 1684 dans une baie au sud de l'île Fernandés. Nous mîmes aussitôt la chaloupe en mer, & fûmes à terre pour voir le Moskite que nous y avions laissé en 1681, lorsque les Espagnols nous en avoient chassés.

» Cet Indien avoit demeuré tout seul dans cette île plus de trois ans, & quoique les Espagnols qui favoient que nous avions été obligés de l'abandonner, l'euffent cherché à diverfes reprifes, ils n'avoient néanmoins jamais pu le trouver. Il étoit enfoncé dans les bois & occupé à chaffer des chevres quand tout l'équipage fe rembarqua. Wil n'apperçut point les fignaux du départ, & le vaiffeau étoit à la voile lorfqu'il arriva fur le rivage. Il n'avoit que fon fufil & un couteau, avec un petit cornet de poudre & un peu de plomb. Après qu'il eut confumé fon plomb & fa poudre, il trouva moyen de fcier avec fon couteau, qu'il avoit ajufté en forme de fcie, le canon de fon fufil en petits morceaux, & d'en faire des harpons, des hameçons & un long couteau. Il chauffoit premiérement les pieces au feu qu'il allumoit avec fa pierre à fufil & un morceau du canon qu'il durcit; ce qu'il avoit appris des Anglois. Les pieces de fer étant chaudes, il les battoit avec des pierres & leur donnoit la figure qu'il vouloit. Il les fcioit enfuite avec fon couteau, leur faifoit une pointe à force de bras, & les durciffoit, fuivant le befoin qu'il en avoit. Ceci paroîtra furprenant à ceux qui ne connoiffent pas l'adreffe des Indiens; mais il n'y a rien en cela que ce qu'ils font ordinairement dans leur pays, où ils façonnent leurs inftrumens de pêche fans forge ni enclume; à la vérité ils y mettent beaucoup de tems.

« Avec cette induſtrie, Wil eut toutes les proviſions que l'île produit, ſoit chevres, ſoit poiſſons. Il nous dit qu'avant qu'il eût fait des hameçons, il avoit été forcé de manger du veau marin, qui étoit une nourriture fade. Mais depuis il n'avoit tué des veaux marins que pour faire des lignes de la peau qu'il coupoit par courroies. A un demi-mille de la mer il avoit une hutte revêtue de peaux de chevres. Son lit étoit poſé ſur des pieux qui avoient deux pieds de hauteur, & couvert des mêmes peaux. Il ne lui étoit point reſté d'habits, ayant uſé ceux qu'il avoit ſur le corps lorſque nous quittâmes l'île ; une ſimple peau couvroit ſes reins. Il apperçut notre vaiſſeau la veille du jour de notre deſcente ſur le rivage, & ne doutant pas que nous ne fuſſions Anglois, il tua trois chevres, le matin avant que nous fuſſions à l'ancre, & les fit cuire avec des choux, pour nous régaler lorſque que nous ſerions à terre. Il vint donc ſur le ſable pour nous féliciter de notre heureuſe arrivée.

» Quand nous débarquâmes, un Moskite Indien, nommé *Robin*, que nous avions à bord, ſauta le premier à terre, & courant à ſon frère Moskite il ſe jetta tout de ſon long à ſes pieds, le viſage en terre ; Wil le releva, & l'ayant embraſſé il ſe jetta aux pieds de Robin, le viſage en terre, & en fut relevé de même. Nous nous arrêtâmes avec plaisir pour voir la surprise, la tendresse & le cérémonial d'une entrevue si remplie d'affection de part & d'autre. Les civilités de ces compatriotes étant faites, nous nous approchâmes pour embrasser celui que nous avions retrouvé, & qui étoit ravi de voir arriver ses anciens amis, qui venoient le chercher exprès, à ce qu'il croyoit. Celui qui avoit été abandonné s'appeloit Wil, comme l'autre se nommoit Robin; noms que les Anglois leur avoient donnés, car ils n'en ont point entr'eux, & regardent comme une grande faveur d'être nommés par quelqu'un de nous, quand ils sont reçus dans nos vaisseaux; si nous refusons de leur en donner, ils s'en plaignent, pensant qu'ils sont de pauvres gens qui n'ont pas de nom ».

Les Moskites, Nation célebre dans les relations Angloises, habitent un canton dans l'Amérique, près du Cap de *Gracias à Dios*, entre le cap Honduras & la province de Nicaragua. Ces Indiens sont grands, bien faits, agiles & vigoureux; ils ont le visage long, les cheveux noirs, l'air dur & le teint bazanné; leur vue est si perçante, qu'ils découvrent un vaisseau de très-loin, & distinguent bien mieux qu'un Européen toutes sortes d'objets. Leur adresse à jetter la lance, le harpon ou autre sorte de dard, est extraordinaire; ils y sont élevés dès leur enfance. Quand les Moskites s'engagent à des Aventuriers, ils apprennent à se servir des armes à feu, & deviennent en peu de tems très-bons tireurs. Ils sont fort braves dans le combat, & ne lachent jamais le pied, persuadés que les blancs savent mieux qu'eux le tems où il faut se battre ou faire retraite. Les Moskites ont toujours résisté aux armes des Espagnols qu'ils haïssent mortellement. Ils n'ont aucune forme de gouvernement, mais ils reconnoissent le roi d'Angleterre pour leur souverain. Leur adresse & leur habileté à la pêche comme à la chasse les faisoient estimer & souhaiter de tous les Aventuriers; & ce n'étoit pas sans raison, car un ou deux de ces gens-là sur un vaisseau faisoit subsister cent hommes. Aussi les Flibustiers, Anglois & François, n'alloient-ils jamais en course sans en avoir parmi eux. Lorsqu'ils ont servi trois ou quatre ans, & qu'ils savent la langue Françoise ou l'Angloise, ils retournent chez eux, sans demander d'autre récompense que des instrumens de fer, méprisant l'or & tout ce qui passe pour précieux en Europe. Tant qu'ils sont avec des Européens, ils portent des habits comme eux, & prennent plaisir à être propres; mais ils ne sont pas plutôt retournés dans leur pays, qu'ils s'habillent à leur manière, qui est de porter une simple toile atta-

124   HISTOIRE

chée au milieu du corps, & qui leur prend juſqu'aux genoux.

Il paroît, par des relations récentes, que l'affection & les ſervices des Moskites ſont aujour-
d'hui plus déclarés pour les Anglois que pour les
François.

N°. 5.

NAUFRAGE

De *Madame la Comteſſe* de Bourk, *ſur les Côtes de* Gigery, *dans le Royaume d'*Alger; & *Aventures de Mademoiſelle de* Bourk, *ſa fille*, *en* 1719 (*).

Monsieur le comte *de Bourk*, officier Irlandois, au ſervice d'Eſpagne, ayant été nommé ambaſſa-

---

(*) Cette relation ſe trouve dans l'hiſtoire du voyage fait en 1720, à Alger & à Tunis, par M. Dusault, envoyé extraordinaire de France, & les PP. Comblin, de la Motte & Bernard, Mathurins, *Paris*, 1720; & auſſi dans l'Hiſtoire des Etats Barbareſques, *Paris*, 1757. Elle a encore été reproduite en 1785 ſous ce titre: *La belle Captive*, ou *Hiſtoire du Naufrage & de la Captivité de mademoiſelle* Adeline, *comteſſe* de Saint-Farget, *âgée de* 16 *ans*, *dans une partie du Royaume*

deur extraordinaire de cette cour à celle de Suede; son épouse (*) qui résidoit en France avec sa famille, se détermina à le rejoindre à Madrid. Elle demanda à cet effet, & obtint un passeport pour s'y rendre avec toute sa famille, à la réserve d'un de ses fils âgé de trois à quatre ans, qu'elle laissa à Mde la marquise de Varenne, sa mère. En passant à Avignon, M. le marquis *de Varenne*, son frère, officier de vaisseau, se joignit à elle, & l'accompagna jusqu'à Montpellier. Dans cette ville on la dissuada de faire son voyage par terre, au travers des armées de France & d'Espagne, quoique M. le maréchal de Berwik lui eût offert tout ce qui dépendoit de lui, pour qu'elle pût passer surement jusqu'aux frontières d'Espagne, & que M. le

---

d'Alger, en 1782, petit *in*-12. C'est une supercherie faite au Public, lors de la dernière Procession des Captifs délivrés par le zele infatigable des Religieux de la Merci. Les Auteurs profitent de tous les événemens qui excitent l'attention du public pour publier des rapsodies, dont le seul mérite est de rapporter quelque argent à celui qui les fait.

(*) Madame la comtesse *de Bourk*, fille de M. le marquis *de Varenne*, lieutenant-général des armées du roi, gouverneur de Bouchain, ci-devant commandant de Metz.

marquis de Berwik, fon fils, lui eût promis telle escorte qu'elle fouhaiteroit depuis les frontières jufqu'à Girone, où il commandoit les troupes de S. M. C. La crainte des armées, jointe à la commodité du tranfport, lui fit écouter ce qu'on lui repréfentoit, que fans s'expofer à tant de périls ou de frais, le plus court étoit de s'embarquer à Cette (*), d'où elle pouvoit en vingt-quatre heures fe rendre à Barcelone. Elle prit ce parti, d'autant plus aifément qu'elle avoit déja fait plufieurs voyages fur mer. Son paffeport ayant été changé, elle fe rendit à Cette, elle y trouva plufieurs barques Françoifes; mais comme elles avoient leurs cargaifons pour d'autres endroits que l'Efpagne, elle fut contrainte de naulifer une tartane Génoife, qu'elle trouva prête à mettre à la voile pour Barcelone.

Madame de Bourk s'embarqua avec fon fils, âgé de huit ans; fa fille, âgée de neuf ans & dix mois; l'abbé *de Bourk*; une fille-de-chambre de Valence en Dauphiné; une gouvernante pour fes enfans; une jeune fille qu'elle avoit prife par charité chez

---

(*) CETTE, ville du bas Languedoc, avec un port fur la Méditerranée. C'eft où commence le canal de Languedoc.

les religieuses de Villefranche, près Lyon; une quatrième fille-de-chambre de Strasbourg; un maître-d'hôtel; un laquais : ces personnes, & deux autres, composoient toute sa suite. Elle embarqua aussi une partie de ses meubles & plusieurs effets précieux : il y avoit entr'autres une riche argenterie, un portrait du roi d'Espagne, enchâssé dans une main d'or massif enrichie de diamans, une magnifique chapelle composée de trois calices & d'ornemens des plus riches, six paires d'habits de cour, &c. Tout étoit renfermé dans dix-sept ballots ou caisses plombées.

La tartane mit à la voile le 22 Octobre 1719. Le 25 du même mois, à la pointe du jour, un corsaire d'Alger, de quatorze canons, dont le capitaine étoit un renégat Hollandois, parut à deux lieues environ au large de la tartane, qui étoit à la hauteur & à la vue des côtes de Palamos. Le capitaine, pour s'en rendre maître, détacha sa chaloupe avec vingt Turcs armés; ceux-ci, en abordant, tirèrent sept à huit coups de fusil sans blesser personne, parce que tout l'équipage s'étoit mis ventre à bas, ou s'étoit caché. Les Turcs montèrent sur la tartane le sabre à la main; l'un d'eux en donna deux coups à un des domestiques de Mde de Bourk. Ils furent ensuite à la chambre de pouppe, où étoit cette dame, & y posèrent quatre sentinelles;

sentinelles ; ils conduisirent ensuite la tartane au vaisseau corsaire. Dans la traversée, les Turcs pilloient à droite & à gauche. Ils trouvèrent des jambons qu'ils jettèrent à la mer ; ils ne firent pas de même aux pâtés qu'ils dévorèrent jusqu'à l'excès, & jettèrent dans la mer le peu qui en resta; ils burent aussi sans mesure du vin & de l'eau-de-vie.

Etant arrivés au vaisseau corsaire, ils y firent passer tout l'équipage Génois, qui fut aussitôt mis à la chaîne. Le capitaine passa ensuite sur la tartane, & se présenta à la chambre de Mde. de Bourk; il lui demanda qui elle étoit, de quelle nation, d'où elle venoit, & où elle alloit ? Elle répondit qu'elle étoit Françoise, & venoit de France pour passer en Espagne. Il voulut voir son passeport qu'elle lui présenta, sans le sortir de ses mains, dans la crainte que ces barbares ne le déchirassent; mais sur l'assurance que le corsaire lui donna qu'il le lui rendroit, lorsqu'il l'auroit examiné, elle le lui abandonna. Après l'avoir lu avec son Interprete, il le lui remit, en disant qu'il étoit bon, & qu'elle n'avoit rien à craindre pour elle, sa suite & ses effets. Mde. de Bourk lui représenta alors qu'étant libre par son passeport & par sa naissance, elle desiroit qu'il la fît conduire dans sa chaloupe sur les côtes d'Espagne dont elle étoit si

Tome III. I

proche; qu'il devoit cette confidération au paffe-port de France ; qu'en ufant de la forte, il lui épargneroit beaucoup de fatigues, & à fon époux des inquiétudes mortelles : que s'il lui rendoit ce fervice, elle fauroit le reconnoître dans l'occafion. Le corfaire répliqua qu'étant renégat, il ne pouvoit en ufer de la forte, qu'il y alloit de fa tête, que le Dey d'Alger fe perfuaderoit aifément que fous prétexte du paffeport de France il auroit rançonné une famille ennemie de fon état, & l'auroit remife en terre chrétienne; qu'il falloit abfolument qu'elle le fuivît jufqu'à Alger, que fon paffeport, auffi bien que fa perfonne, fuffent repréfentés au Dey, & que cela fait, on la remettroit entre les mains du conful de France, qui la feroit tranfporter en Efpagne par telle voie qu'elle & lui jugeroient à propos; qu'il lui donnoit l'option ou de paffer fur fon bord, ou de demeurer fur la tartane, fur laquelle elle feroit plus libre & plus tranquille que fur fon vaiffeau; qu'il lui confeilloit de prendre plutôt ce dernier parti, ne lui convenant pas de fe commettre, ni toutes les filles qui l'accompagnoient, avec près de deux cens Turcs ou Maures qui montoient fon navire. Mde. de Bourk accepta de demeurer fur la tartane; le capitaine y mit feulement fept Turcs ou Maures pour faire la manœuvre, l'amarra à fon vaiffeau pour

DES NAUFRAGES. 131

la remorquer, après en avoir enlevé la chaloupe, trois ancres & toutes les provisions, à la réserve de celles de Mde. de Bourk. Après ces dispositions, le corsaire prit la route d'Alger. Mde. de Bourk lui fit présent de sa montre, elle en donna aussi une au commandant Turc de la tartane, avec quatre louis d'or.

Les 28, 29 & 30, il s'éleva une furieuse tempête, pendant laquelle le cable de remorque fut cassé, & la tartane séparée du vaisseau. Le commandant & les autres Turcs, fort ignorans sur la manœuvre (car le corsaire n'y avoit pas mis ses meilleurs mariniers), & qui d'ailleurs manquoient de boussole; celle de la tartane ayant été brisée dans la fureur de l'abordage, s'abandonnèrent au gré des vents & de la mer; la tartane fut poussée néanmoins heureusement sur la côte de Barbarie, le premier de Novembre, dans un golfe appelé *Colo*, au levant de Gigery (1). On y jetta l'ancre, & le commandant de la tartane, qui ne connoissoit pas la terre, envoya deux Maures à la nage, pour s'informer des habitans du pays en quel lieu ils étoient.

Les Maures des environs, qui avoient apperçu cette tartane, s'étoient rendus armés & en grand nombre sur le rivage, pour s'opposer à la descente; se persuadant que c'étoit un vaisseau chrétien qui venoit pour les enlever ou leurs beſtiaux; mais ils furent détrompés par les Maures du corſaire, qui leur dirent que c'étoit une priſe faite ſur les chrétiens, & qu'il y avoit dedans une grande princeſſe de France que l'on conduiſoit à Alger. L'un des deux Maures étant demeuré à terre, l'autre revint à la nage rendre raiſon de ſa commiſſion, apprenant au patron de la tartane quelle étoit cette côte où il avoit mouillé, & ſa diſtance d'Alger; qu'ils devoient avoir paſſé cette ville, puiſqu'ils avoient ſuivi l'impulſion du vent qui avoit régné depuis quelques jours. Sur cet avis, le commandant, impatient de s'y rendre & de rejoindre ſon corſaire, ne ſe donnant pas la patience de lever l'ancre, coupa le cable & mit à la voile, ſans ancre, ſans chaloupe & ſans bouſſole.

Il n'étoit pas à une demi-lieue du golfe qu'il paya cher ſon imprudence ; un vent contraire s'éleva, dont il ne put ſe rendre maître, & qui le repouſſa ſur la côte; il voulut ſe ſervir de ſes rames, mais la foibleſſe de l'équipage les rendoit inutiles, & malgré ſes efforts la tartane donna contre un rocher, & ſe briſa. Toute la pouppe fut auſſitôt ſubmergée, & Mde. de Bourk, qui étoit en prières dans dans la chambre avec ſon fils & ſes filles-de-chambre, fut noyée avec eux. Ceux qui ſe trouvèrent du côté de la proue, entre leſquels étoient M.

l'Abbé de Bourk; le sieur Arture, Irlandois; le maître-d'hôtel; une des filles-de-chambre, & le laquais, s'accrochèrent aux débris qui étoient sur le rocher.

Le sieur Arture ayant apperçu quelque chose dans l'eau, qui se débattoit contre les flots, descendit; il trouva que c'étoit mademoiselle de Bourk, qu'il retira, & la mit entre les mains du maître-d'hôtel, lui recommandant d'en avoir soin, ajoutant que pour lui il alloit se jetter à la mer, parce qu'il étoit le seul qui sût nager. Heureux, s'il ne s'étoit pas fié sur son adresse! car depuis ce moment il ne parut plus. M. l'abbé descendit le premier du débris de la tartane sur le rocher où elle s'étoit brisée; il s'y soutint quelque tems contre la violence des vages, avec son couteau qu'il avoit enfoncé de force dans la fente du rocher; il en fut plusieurs fois couvert, elles le poussèrent même du côté d'une roche seche, d'où pour gagner le rivage il y avoit encore un petit bras de mer à passer; pour y parvenir, il voulut se saisir d'une planche du débris qu'il trouva sous ses mains, mais elle lui échappa. Enfin il se servit d'une rame avec laquelle il gagna un rocher adhérent à la terre-ferme.

Les Maures, qui étoient sur le rivage, le saisirent, le dépouillèrent, lui coupèrent ses habits jusqu'à sa chemise, & le maltraitèrent encore. Les autres Maures, en grand nombre, se jettèrent à l'envi dans la mer, s'attendant de trouver un riche butin. Le maître-d'hôtel, qui tenoit entre ses bras mademoiselle de Bourk, fit signe à deux de ces barbares, qui vinrent à lui, & quand ils furent à quatre pas, il la leur jetta de toute sa force; ils la reçurent, & la prenant, l'un par la main & l'autre par un pied, ils la conduisirent au rivage, où ils lui ôtèrent seulement un soulier & un bas pour gage de sa servitude. Ce maître-d'hôtel, qui a confirmé toutes les circonstances de ce tragique événement, a assuré que pendant qu'il la tenoit encore entre ses bras, voyant venir ces barbares, elle lui dit d'un air au-dessus de son âge: » Je ne crains pas que ces gens-là me tuent, mais » j'appréhende qu'ils ne me fassent changer de re- » ligion; cependant je souffrirai plutôt la mort que » de manquer à ce que j'ai promis à Dieu ». Il la confirma dans ce généreux sentiment, l'assurant qu'il étoit dans la même résolution, à quoi elle l'exhorta d'une manière fort pressante.

La fille-de-chambre & le domestique, chacun de leur côté, se jettèrent à la mer, où les Maures les prirent & leur firent passer le bras de mer; ils les conduisirent jusqu'au rivage, où ils furent entièrement dépouillés. Le maître-d'hôtel s'étant jetté le dernier au gré des flots, & se servant d'une corde pour gagner de rocher en rocher, fut joint par un Maure, qui le dépouilla aussi avant de le mettre sur le rivage.

Ce fut en ce pitoyable & honteux état qu'ils furent conduits d'abord jusqu'aux cabanes de la première montagne. On les pressoit de marcher à force de coups, par des chemins rabotteux qui mirent leurs pieds tout en sang. La fille-de-chambre, sur-tout, étoit à plaindre; cette fille étoit presque couverte de son sang, s'étant fait plusieurs plaies en s'accrochant ou passant sur les roches : ils étoient de plus chargés chacun d'un paquet de hardes mouillées, & portoient tour-à-tour la demoiselle. Arrivés à demi-morts à la montagne, ils furent reçus parmi les huées des Maures & les cris des enfans. Ces barbares avoient avec eux beaucoup de chiens, qui sont fort communs en ce pays-là; ces animaux excités par le tumulte y joignirent leurs aboiemens; l'un d'eux, d'un coup de gueule, fit plusieurs plaies à la jambe du laquais, & un autre emporta un morceau de la cuisse de la fille-de-chambre.

Ces infortunés furent partagés : la fille-de-chambre & le laquais furent livrés à un Maure de l'adouard ou village, & la Providence permit que mademoiselle de Bourk demeurât avec l'Abbé & le maître-d'hôtel sous un autre & même maître. Il leur donna d'abord à chacun une mauvaise capote remplie de vermine ; pour toute nourriture, après tant de fatigues, ils eurent un petit morceau de pain de sarrasin, pêtri sans levain & cuit sous la cendre, avec un peau d'eau, & pour lit, la terre nue. Le maître-d'hôtel, voyant la demoiselle toute morfondue par ses habits pénétrés d'eau, obtint avec peine qu'on allumât un peu de feu, devant lequel il pressa toutes ses hardes l'une après l'autre, & la revêtit de ses habits à demi-secs, ne pouvant pas demeurer nue plus long-tems. Ce fut en cet état qu'elle passa la première nuit avec beaucoup d'incommodités & de frayeurs.

Il y avoit dans ce lieu environ cinquante habitans, tous logés dans cinq ou six cabanes faites de branches d'arbres & de roseaux, dans lesquelles ils demeurent pêle-mêle, hommes, femmes, enfans & bestiaux de toute espece. Ces barbares s'assemblèrent dans celle où étoient les trois captifs, & tinrent conseil sur leur sort : les uns, par un principe de leur fausse religion, concluoient à la mort, afin de s'assurer le paradis de Mahomet par le sacrifice de ces chrétiens ; les autres, par un principe d'intérêt & par l'espérance d'une grosse rançon, furent d'un avis contraire : ainsi toute l'assemblée se sépara sans rien conclure.

Le jour suivant, ayant appelé les habitans des adouards voisins, ils revinrent en plus grand nombre. Cette journée fut extrêmement orageuse pour les nouveaux esclaves. Plusieurs de ces barbares leur faisoient les plus grandes menaces, en leur montrant du feu & leur faisant entendre qu'ils les alloient brûler tous vifs ; d'autres, tirant leurs sabres faisoient contenance de leur trancher la tête. Un d'entr'eux prit mademoiselle de Bourk par les cheveux, & lui appliqua le tranchant de son sabre sur le col ; d'autres chargeoient leurs fusils à balle en leur présence, & les couchoient en joue. Le maître-d'hôtel leur fit comprendre par signes qu'ils tenoient à grand bonheur de mourir pour la religion chrétienne, & que toute la perte tomberoit sur eux-mêmes, qui se priveroient par cet acte d'inhumanité, de la rançon qu'ils pouvoient espérer de leur prise. Les plus ardens se radoucirent un peu, mais les enfans & les femmes redoubloient leurs insultes à chaque moment.

On les gardoit avec tant d'exactitude, qu'un Maure, la hallebarde en main, les accompagnoit même dans le besoin naturel, de peur qu'ils ne se sauvassent ou que leur proie ne leur fût enlevée de force. Ils en furent en effet menacés quelques jours après par le bey de Conſtantine (*), qui leur manda de les lui envoyer, s'ils ne vouloient pas qu'il allât lui-même avec ſon camp les leur arracher; à quoi les Maures répondirent qu'ils ne le craignoient ni lui ni ſon camp, quand il ſeroit joint à celui d'Alger. Ces Maures ne reconnoiſſent pas la puiſſance d'Alger, quoiqu'enclavés dans le royaume & naturellement du nombre de ſes ſujets. Ils vivent dans l'indépendance, ſous le nom de *Cabaïls*, qui veut dire, gens de cabale ou révoltés. Les montagnes de Couco leur ſervent de remparts inacceſſibles à toutes les forces d'Alger.

Tel étoit l'état de ces victimes du ſort, accablées de fatigues, ſans aucun repos, preſſées de la faim, & abandonnées ſans ſecours humain entre les mains des barbares. Ces hommes farouches paroiſſoient même ſi animés contre eux, que quand ils leur parloient le feu leur ſortoit des yeux, & qu'on n'y diſtinguoit plus le blanc, ſi ſenſible dans les Noirs & les Maures. La fille-de-chambre & le domeſtique, qui dans le même adouard n'eſſuyoient pas de moin-

---

(*) CONSTANTINE, ville de la régence d'Alger, & capitale de la province du Levant. Elle eſt à trente lieues de la mer; c'eſt la réſidence du bey ou gouverneur de la province.

dres épreuves, étoient encore privés de la consolation de revoir leur maîtresse, ou d'en apprendre des nouvelles.

Tous ces maux accumulés les uns sur les autres, sans aucune consolation que celle qu'ils tiroient de leur religion, ne furent encore rien auprès de l'affreux spectacle qui se présenta à leurs yeux. Les Maures, non-contens d'avoir en leur possession les cinq échappés du naufrage, voulurent encore profiter des effets que la mer avoit engloutis, & qu'ils croyoient considérables. Comme ils sont aussi habiles plongeurs qu'ils sont bons coureurs sur les montagnes, ils eurent bientôt tiré du fond de la mer les ballots & caisses, ainsi que les corps morts: ils avoient amené avec eux le maître-d'hôtel & le domestique, pour les aider à transporter dans la montagne ce qu'ils pourroient repêcher. Après avoir tiré les corps sur le rivage, ils les mirent à nud pour profiter des habits; ils coupèrent même avec des cailloux les doigts de Mde. de Bourk, pour avoir ses bagues, craignant de profaner leurs couteaux s'ils les appliquoient sur les corps des chrétiens.

Quel spectacle pour ces malheureux captifs, que de voir les corps de personnes si respectables, ainsi exposés à l'injure du tems, à la pâture des bêtes, & ce qui leur étoit mille fois plus sensible, aux insultes des Maures, qui leur jettoient des pierres à l'envi, prenant plaisir à faire résonner à chaque coup ces corps enflés par l'eau ! Le maître-d'hôtel voulut leur représenter, comme il put dans sa consternation, qu'ils violoient toute humanité, qu'ils devoient du moins souffrir qu'on les enterrât; mais ils répondirent qu'ils n'enterroient pas les chiens. Un Maure qui avoit chargé le laquais d'un ballot, voulut le faire passer auprès de ces corps, parce que c'étoit son plus court chemin; mais il ne put jamais l'y contraindre, & ce domestique vertueux pénétré d'horreur, aima mieux grimper sur un rocher escarpé, que de voir de près de si tristes objets. Le maître-d'hôtel tout consterné, de retour à la montagne, n'osa faire part de son chagrin à mademoiselle de Bourk, il lui cacha l'affreux spectacle dont il avoit été témoin.

Cependant les Maures partagèrent le butin : les plus riches étoffes furent coupées par morceaux, & distribuées aux enfans pour en orner leurs têtes; l'argenterie fut vendue à l'enchère, & les trois calices, dont un seul valoit au moins quatre cens livres, furent donnés ensemble pour moins de cinq livres, parce qu'ayant été ternis par l'eau de la mer, leur couleur & le travail, qui leur étoit inconnu les leur fit estimer comme des vaisseaux de cuivre & de peu d'importance. A l'égard des livres qu'ils trouvèrent, les regardant comme des meubles inutiles, ils en abandonnèrent aifément quelques-uns au maître-d'hôtel & au laquais qu'ils avoient forcés de leur aider à tranfporter leurs ballots. Le maître-d'hôtel retira auffi fon écritoire, qui lui fervit fort à propos, comme on le verra dans la fuite.

Dans les trois femaines qu'ils demeurèrent en ce lieu, mademoifelle de Bourk profitant de l'écritoire & d'un peu de papier blanc qui fe trouvoit au commencement & à la fin des livres que le maître-d'hôtel avoit apportés, écrivit trois lettres au conful de France à Alger; mais elles ne furent point rendues. Trois femaines après leur naufrage, ils furent transférés au milieu des hautes montagnes de Couco, où apparemment le cheik, commandant de ces barbares faifoit fa réfidence. Douze d'entr'eux, armés de fabres, de fufils & de hallebardes, les conduifoient. Ils obligèrent l'abbé & le maître-d'hôtel à porter tour-à-tour la demoifelle à travers les montagnes efcarpées. Ces Maures, accoutumés à franchir ces lieux avec vîteffe, les preffoient, malgré leur fatigue, à force de bourrades, de marcher plus vîte qu'ils ne pouvoient. Ils firent ainfi une grande journée : fur le foir on leur donna à chacun un morceau de pain, avec le foulagement de coucher sur des planches pour la première fois.

Le cheik & les principaux de ces Maures tinrent un grand conseil au sujet des captifs : mais n'ayant pu s'accorder sur le partage qu'ils vouloient en faire, la résolution fut de les envoyer d'où ils venoient. Avant de partir, le maître-d'hôtel ayant retiré un peu de paille de quelques bestiaux qui étoient près de là, pour la mettre sous la demoiselle, le patron de la cabane en fut si indigné, qu'il prit une hache, lui fit mettre la tête sur un billot, & alloit la lui couper si un Maure qui survint à propos ne l'en eût empêché. Trois ou quatre fois par jour, suivant leur humeur barbare, ils venoient les prendre à la gorge, après avoir fermé la porte de leur cabane de peur d'en être empêchés, & le sabre à la main ils se mettoient en état de les tuer; mais une main invincible arrêtoit leur bras & réprimoit leur fureur.

Comme on les retenoit toujours, malgré la résolution qu'on avoit prise de les renvoyer à leur premier maître, celui-ci, accompagné d'un turc de Bugie (*) vint pour les enlever, mais seize Maures

---

(*) *Bugie* ou *Bougie*, ville maritime, forte & bien peuplée, de la régence d'Alger. Elle est située entre cette ville & Gigery, sur le penchant d'une montagne au pied de laquelle est une baie fort commode.

des montagnes les contraignirent, les armes à la main, de les abandonner. Ce barbare ne pouvant emmener sa proie, se saisit de la demoiselle & tira son sabre pour lui couper la tête ; mais le Turc, parvint à l'en empêcher par ses remontrances. Enfin ils se mirent en route. Ceux qui les reconduisoient, emportés par le faux zele de leur religion ou par leur humeur sanguinaire, se mettoient à chaque instant en devoir de les immoler. Ils tirèrent une fois entr'autres, l'abbé & le maître-d'hôtel derrière un gros buisson, pour y faire ce sacrifice à leur prophete, mais ces infortunées victimes échappèrent encore à ce péril.

Ils arrivèrent le soir à l'adouard, lieu de leur triste esclavage. On leur donna des feuilles de navets crus à manger sans pain, ce qui leur est plusieurs fois arrivé. Cependant l'amitié que les enfans conçurent peu-à-peu pour la petite demoiselle, lui procuroit la douceur d'un peu de lait qu'on lui donnoit avec son pain. Telle est la manie des Maures, d'accorder en considération de leur fils, ce qu'on leur demande en leur nom, ou ce qu'il leur demande lui-même. Ainsi le compliment ordinaire, quand on veut obtenir d'eux quelque grace, est de dire : *Accorde-moi ceci par la face de ton fils.*

Enfin, une quatrième lettre que mademoiselle

de Bourk écrivit à M. le conful, la feule qui fut rendue, arriva le 24 Novembre à Alger; le dey l'envoya au conful de France, qui en fit part auffitôt à M. *Dufault*. Cette infortunée demoifelle y décrivoit fimplement, mais d'un ftyle touchant, qu'après le naufrage de fa mère, elle étoit réduite, elle & fa fuite, dans une captivité des plus affreufes; qu'ils y mouroient de faim, qu'ils y enduroient tous les mauvais traitemens qu'on peut attendre des ennemis de la religion & de toute humanité; enfin, qu'ils étoient rongés de vermine. Elle le prioit inftamment d'avoir compaffion de leur misère, & de leur envoyer quelque fecours, en attendant qu'il pût leur procurer la liberté, dont les menaces continuelles des barbares leur faifoient perdre l'efpérance. Cette lettre toucha fenfiblement tous ceux qui en firent lecture. Chacun offrit de l'argent & fes fervices à M. Dufault, qui n'avoit pas befoin d'être preffé fur ce fujet, connoiffant parfaitement la famille de mademoifelle de Bourk. Il donna auffitôt fes ordres pour appareiller une tartane Françoife qui étoit dans le port, fit acheter des habits avec des provifions, & obtint du dey une lettre de recommandation pour le grand-marabout ou grand-prêtre de Bugie, qui a le plus d'autorité fur ces peuples. Il écrivit auffi à la demoifelle, & lui adreffa quelques préfens. Dès le foir du

même

même jour, la tartane mit à la voile, & en peu de tems elle arriva à Bugie.

Là, Ibrahïm-Aga, truchement de la nation envoyé par M. Dufault dans la tartane, préfenta les lettres du dey d'Alger & de M. Dufault au grand-marabout. Celui-ci, quoique malade, fe leva auffi-tôt, monta à cheval avec le marabout de Gigery, le truchement & fix ou fept autres Maures, & prit la route des montagnes, qui étoient à cinq ou fix journées de Bugie. A leur arrivée, les Maures maîtres des captifs, ayant apperçu la troupe de loin, s'enfermèrent dans leur cabane, au nombre de dix ou douze, le fabre à la main. Les marabouts frappèrent rudement à la porte, & demandèrent où étoient les chrétiens; on leur répondit qu'ils étoient à l'extrémité de l'adouard, mais un Maure qui étoit dehors, leur fit figne qu'ils étoient dans la cabane. Auffitôt la troupe mit pied à terre & fe fit ouvrir la porte. Les Maures prirent la fuite & les marabouts entrèrent.

A leur afpect, les efclaves crurent que l'heure de leur facrifice étoit arrivée; mais leurs inquiétudes furent calmées par le grand-marabout, qui s'approcha de mademoifelle de Bourk, lui remit les lettres de M. le conful, & lui donna du pain & des noix de fa provifion : car quand on voyage en Afrique, il faut porter de quoi vivre. Il paffa

Tome III. K

la nuit dans la cabane avec toute fa fuite, & dès le matin il envoya chercher les Maures par leurs enfans. Etant venus felon fes ordres, ils lui baisèrent tous la main, felon leur coutume : car les Maures ont un profond refpect pour leurs marabouts ; ils les craignent plus que toute autre puiffance ; leur malédiction leur eft plus redoutable que toutes les menaces d'Alger. C'eft au nom du marabout, & non-pas au nom de Dieu, que les pauvres demandent l'aumône.

Le grand-marabout fit auffi appeler le commandant des montagnes & les chefs des cabanes de l'adouard. Lorfqu'ils fe furent rendus à celle où il étoit, il leur déclara que le fujet de fa venue étoit pour réclamer cinq François échappés du naufrage ; que la France étant en paix avec tout le royaume d'Alger, ils ne devoient pas, contre la foi des traités, retenir ces François, déja affez malheureux d'avoir perdu leur famille & leurs biens, fans les priver encore de leur liberté & de la vie ; que, quoique les Maures montagnards ne fuffent pas foumis à l'autorité d'Alger, ils ne laiffoient pas de jouir des avantages de la paix avec la France ; qu'ils commettroient enfin une grande injuftice s'ils ne les relâchoient pas, ayant affez profité de leurs riches dépouilles. Les Maures fe défendoient du mieux qu'ils pouvoient, par de mauvaises raisons.

Les tristes Naufragés, pendant ces contestations, perdoient peu-à-peu la joie qu'ils avoient conçue d'être bientôt délivrés de leur dur esclavage ; l'inquiétude succéda au rayon d'espérance qu'ils avoient entrevu. Mais leur consternation fut entière, quand l'interprete leur dit que les Maures, pressés par l'autorité & les raisons du marabout, consentoient à la liberté des esclaves, à condition que le cheik ou commandant retiendroit la demoiselle ; disant, qu'il la destinoit pour épouse à son fils, âgé de quatorze ans ; qu'il n'étoit pas indigne d'elle, & que quand elle seroit fille du roi de France, son fils la valoit bien, étant né du roi des montagnes. Ils trouvèrent ce nouvel incident plus fâcheux que tous les autres, & leur captivité leur parut moins dure que la nécessité qui les contraignoit de laisser leur maîtresse, si jeune & sans aucun appui entre les mains des barbares.

Telle étoit leur triste situation & les vives allarmes de mademoiselle de Bourk, tant que le cheik se rendit inflexible ; mais enfin le marabout, après l'avoir tiré à quartier, lui mit quelques sultanins d'or dans la main, avec assurance d'une plus grande quantité : l'or le rendit en un instant plus traitable. On convint du rachat de tous pour neuf cens piastres du poids de deux piſtoles & demie chacune, payables inceſſamment. Les montagnards déclarèrent aux députés en terminant l'accord, que leur condeſcendance venoit plutôt de la vénération qu'ils portoient à leurs marabouts, que d'aucune crainte qu'ils euſſent du dey d'Alger. Le marabout ayant laiſſé en ôtage un turc & pluſieurs joyaux de ſes femmes, enleva les cinq eſclaves.

Ils prirent le chemin de Bugie. Dans la route, ils paſſoient la nuit avec leur ſuite dans les cabanes des Maures, quand ils en pouvoient trouver. Ils logèrent entr'autres chez une vieille Moreſque. Cette méchante femme étoit indignée de ce que les barbares n'avoient pas fait mourir ces chrétiens, diſant qu'ils étoient des fous de n'avoir pas fait ce ſacrifice à Mahomet, pouvant à ce prix obtenir ſon paradis : elle ajouta, toujours en fureur, que ſi une pareille aventure étoit arrivée dans ſon adouard, & que ces chrétiens euſſent été en ſa diſpoſition, ils n'auroient pas échappés ; que quand ſon mari n'auroit pas voulu les tuer, elle les auroit égorgés de ſes propres mains. En tenant ces propos emportés la vieille préparoit le repas, des marabouts, mais d'une manière ſi mal-propre, qu'il ſuffiſoit de la regarder faire, pour prévenir la faim la plus preſſante & dégoûter les moins délicats.

A leur arrivée à Bugie, le 9 Décembre, on leur donna des chemises sous leurs capotes, parce que les habits qu'on leur avoit achetés & envoyés, avoient servi à faire des présens pour faciliter leur liberté. On les embarqua le 10 au soir sur la tartane, qui arriva à Alger le 13 à la pointe du jour. Dans le moment qu'elle fut apperçue, le capitaine du vaisseau de M. Dusault fit tirer un coup de canon; la tartane y répondit par quatre coups de pierriers; ce signal annonça leur arrivée, qu'on attendoit avec impatience & inquiétude. On envoya aussitôt la chaloupe du vaisseau pour les mettre à terre. M. le consul & les principaux de la nation furent au-devant d'eux pour les accompagner depuis le port jusqu'à l'hôtel de l'ambassadeur, qui se trouva rempli de Chrétiens, de Turcs, & même de Juifs. M. l'ambassadeur reçut la demoiselle à l'entrée de la cour, & la prenant par la main, il la conduisit d'abord à sa chapelle où elle entendit la messe. Le *Te Deum* fut ensuite chanté en action de graces de cet heureux affranchissement.

Chacun avoit peine à retenir ses larmes. Les Turcs mêmes & les Juifs paroissoient touchés. En effet, cette demoiselle, qui n'avoit pas encore dix ans, après avoir passé par toutes les alarmes, le dénuement & les fatigues de son esclavage, avoit encore un certain air de noblesse ; ses manières & ses discours annonçoient une heureuse éducation, & montroient une ame au-dessus des épreuves cruelles qu'elle venoit d'essuyer. Les personnes de sa suite assuroient qu'elle étoit la première à les encourager ; qu'elle les exhortoit souvent à recevoir plutôt la mort que de manquer de fidélité à Dieu ; que, semblable au jeune Tobie, dans sa captivité, elle leur donnoit des leçons de salut, & abhorroit comme lui, non-seulement les abominations des infideles, mais jusqu'aux moindres choses qui pouvoient sentir la superstition. On tenta plusieurs fois de lui oindre la tête avec de l'huile, selon la coutume des Maures qui le font souvent à leurs enfans ; mais quelque violence qu'on lui fit, elle ne voulut jamais le souffrir, dans la crainte qu'elle avoit que ce ne fût quelque pratique de la loi de Mahomet.

Après quelques jours accordés pour le délassement de ces infortunés, & des Maures qui les avoient conduits, on délivra au député du grand-marabout les neuf cens piastres dont on étoit convenu pour la rançon de mademoiselle de Bourk & des personnes de sa suite. M. Dufault y joignit des présens pour ce marabout & les autres officiers qui l'avoient aidé dans sa négociation.

Le 5 Janvier 1720, mademoiselle de Bourk, accompagnée de son oncle & de sa femme-de-chambre, s'embarqua sur le vaisseau de M. Dusault; après quelques accidens ordinaires, elle arriva à Marseille, le 20 Mars de la même année. M. le marquis de Varenne, son oncle, vint la recevoir des mains de M. Dusault.

Mademoiselle de Bourk resta encore quelques années dans le sein de sa famille, jusqu'à son mariage avec M. le marquis de T...... Elle passa des jours heureux avec lui : ce n'est que depuis quelques années qu'elle est morte. Ses enfans tiennent un rang distingué en Provence.

NOTE.

(1) GIGERY, territoire dépendant du gouvernement du Levant ou de Constantine, l'une des trois provinces de la régence d'Alger. Il y a un château qui commande le pays d'alentour à une distance considérable. Ce territoire est à cinquante lieues de cette ville, il est sans villes ni villages ; tous ses habitans ne forment que des tribus errantes. Une chaîne de montagnes fort élevée, appelée *Couco*, traverse ce district habité par des Maures & Arabes indépendans & très-jaloux de leur liberté. Ils

font restés jusqu'à-présent invincibles par la situation de leurs montagnes. Lorsqu'il arrive quelque naufrage sur la côte de Gigery, les montagnards descendent en foule de leurs retraites escarpées, & se saisissent de tout ce qui se présente, de quelque nation qu'il soit. Ces barbares appelés Cabaïls, vivent sous le gouvernement limité de leurs cheiks, dans des especes de camps ou villages volans, appelés adouards.

N.° 6.

NAUFRAGE

Du Vaisseau Anglois, le Pembroke, *dans la rade de Saint-David, sur la côte de Coromandel, en* 1749 (*).

LE changement de la mousson dans la mer des Indes est presque toujours accompagné de tempêtes & d'ouragans; lorsqu'il s'en éleve, ils ravagent toute la côte qui se trouve dans leur direction : aussi les vaisseaux échappent-ils rarement à leur violence.

Le 24 Avril 1749, plus de cinquante navires de

(*) Le Journal de ce Naufrage a été imprimé à la suite des Mémoires du colonel LAWRENCE, sur la guerre dans l'Inde, entre les Anglois & les François, depuis 1730 jusqu'en 1761, *Amsterdam*, 1766, 2 vol. *in*-12.

différentes nations furent brisés à la côte de Coromandel. Quelques jours auparavant, *le Pembroke*, un des vaisseaux de l'escadre Angloise commandée par l'amiral *Boscawen*, avoit déja été la victime de ces ouragans.

Nous laisserons dans la bouche du maître de l'équipage, qui a échappé presque seul au naufrage, le récit de son infortune. Le détail qu'il en a publié, aussitôt son retour au fort *Saint-David*, porte l'empreinte de l'exactitude & de la vérité.

» Le vaisseau le Pembroke étoit mouillé dans la rade de Saint-David, en 1749, avec le reste de la flotte Angloise, lorsque le 13 Avril, vers les dix heures du matin, il s'éleva un vent de nord-est par est, extrêmement frais, & la mer commença à s'enfler. Comme nous n'avions qu'un cable dehors, le capitaine ordonna de filer un demi-cable de plus. A midi, je priai le capitaine d'en faire filer un autre; mais il me répondit qu'il craignoit qu'en filant plus de cables l'ancre ne chassât, & il ordonna de ferler la voile de misène & d'artimon; ce que l'on fit. A une heure après midi, le vent qui étoit toujours nord-est renforça considérablement.

» Le vaisseau de sa majesté, *le Namur*, se trouvant à l'arrière & à la portée d'un cable du nôtre, je fus avec les lieutenans prier le capitaine de gagner le large. Il nous répliqua qu'il ne le feroit point, à moins que le Namur, qui portoit le pavillon du contre-amiral Boscawen, ne lui montrât l'exemple ; mais il donna ordre de fermer les sabords & d'appliquer dessus une toile goudronnée. Ces ordres furent exécutés sans précaution, de manière qu'ils s'ouvrirent lorsque nous fûmes en mer.

» A trois heures après midi, je fus de nouveau trouver le capitaine, qui étoit malade & couché dans sa cabane, & le priai de mettre à la voile. Il se mit en colère, me disant qu'il ne pouvoit le faire, pour les raisons qu'il avoit alléguées ; il ne voulut pas même qu'on filât d'avantage le cable. Cependant le vaisseau se tourmentoit beaucoup, & faisoit eau.

» A quatre heures, la mer devint si grosse que nous craignîmes à chaque minute que le cable ne cassât ; il cassa effectivement à cinq, & nous portâmes le cap en mer, pour ne point tomber sur le Namur. Nous déployâmes sur le champ les voiles d'artimon & de misène, nous amarrâmes les cargues, & employâmes quelques-uns de nos matelots à pousser au cabestan ; ce qui nous prit du tems. Le capitaine n'ayant point voulu qu'on coupât le cable, je le trouvai coupé à environ trois brasses du cable extérieur. Le vent étoit si fort que le vaisseau ne pouvoit plus porter de voiles.

» à six heures, nous jettâmes la sonde, & nous trouvâmes quatorze brasses d'eau. Comme la mer étoit fort haute, nous fîmes très-peu de chemin, & nous nous apperçûmes que le vaisseau faisoit plus d'eau qu'une de nos pompes n'en pouvoit vuider; ce qui nous obligea d'en mettre deux. Le tems continuant d'être mauvais, la mer étant enflée & le vent extrêmement fort, à six heures & demie passées, notre grande voile se déchira. Nous courûmes à la vergue pour en mettre une nouvelle, mais le vent & le roulis étoient si forts, que nous ne pûmes en venir à bout. Nous trouvâmes à sept heures onze brasses; à sept & demie, vingt; le premier & le second lieutenant se tenoient aux pompes pour encourager ceux qui les faisoient jouer.

A huit heures, le charpentier envoya dire au capitaine que l'eau le gagnoit, & qu'il y en avoit déja quatre pieds; nous avions alors 22 brasses d'eau. A huit heures & demie, la corde de notre gouvernail cassa tout près de la tête, & nous trouvâmes qu'il étoit arrivé la même chose à une des charnières. Les voiles que nous avions étoient celles de misène, d'artimon & d'étai. Nous nous trouvâmes, à neuf heures, à vingt-quatre brasses d'eau;

les vagues paſſoient par-deſſus le vaiſſeau, & il faiſoit beaucoup d'eau, ce qui nous obligea de ferler la voile de miſène pour le ſoulager, nous attendant à tout moment à couler bas. Comme nous hâlions notre voile d'étai, elle ſe déchira; j'étois alors ſur le château-d'avant, je vis tomber le grand mât & celui d'artimon, ſans trop ſavoir comment cela étoit arrivé. Le vaiſſeau ſe tourmentoit ſi fort, qu'en moins de ſix à ſept minutes, le mât de miſène vint à bas ; mais celui de civadière tint bon ; nous avions alors vingt-quatre braſſes d'eau environ, & nos pompes alloient ſans relâche.

» Le troiſième lieutenant, qui étoit de quartier, m'envoya dire de jetter la petite ancre d'affourche, ce que je fis. Nous filâmes la quantité de cable qu'il falloit, & l'arrêtâmes. Le vent étoit toujours le même; le vaiſſeau chaſſoit vers la côte, & nous avions dix-ſept braſſes d'eau. A dix heures & demie, nous eûmes huit pieds d'eau à fond-de-cale; ce qui nous obligea de ne point abandonner les pompes. Vers les onze heures nous ſentîmes que le vaiſſeau couloit bas; nous avions pour lors douze & quatorze braſſes d'eau. L'ancre tint bon, mais le cable ſe caſſa au bout de quelques minutes, de ſorte que nous abandonnâmes la maîtreſſe ancre & toutes ſes dépendances. Les vagues commencèrent de nouveau à nous gagner, & emportèrent nos chaloupes & nos mâts. Le maître-cable travailloit avec tant de violence, que personne n'osoit rester auprès; nous avions environ sept brasses d'eau. Le cable résista quelque tems; mais la mer devint si haute, que le vaisseau toucha & que le cable se rompit.

» Il etoit près de minuit; le vaisseau touchoit de l'avant & de l'arrière, mais plus de la pouppe que de la proue. Le troisième lieutenant étoit près de moi, la première fois que le vaisseau toucha; mais je ne le revis plus depuis. J'étois sur le château d'avant avec le bosseman, le cuisinier & environ huit hommes de l'équipage. Je m'amarrai aux bittes avant que le vaisseau portât, mais je me jettai marée contre vent lorsqu'il commença à porter, & m'amarrai comme auparavant, pour empêcher que les vagues ne m'emportassent. Vers les deux heures, la cabane du capitaine fut emportée, & le vaisseau se trouva presque couché sur le côté.

» Lorsque le jour parut, nous étions seize sur le château-d'avant, quatre autres étoient pendus à la pouppe; mais trois furent jettés au large avec la piece dont ils s'étoient saisis, & l'autre se noya. Les vagues tomboient sur nous avec tant d'impétuosité, qu'à peine pouvions-nous respirer. Vers les huit heures, elles emportèrent neuf hommes qui étoient deſſus le château de la proue. Nous appercevions les arbres du rivage à travers les vagues. Sur les neuf heures, le boſſeman & le cuiſinier furent emportés à mes côtés, ce qui m'obligea de me retirer ailleurs avec un de mes camarades. Vers les dix heures, tout le reſte de l'équipage fut emporté. Nous étions éloignés d'environ deux milles du rivage; nous reſtâmes tout le jour dans cet état, tellement harcelés par les vagues, que nous ne pûmes ni reſpirer, ni nous parler les uns aux autres.

» A midi, nous nous apperçûmes que la mer venoit ſur nous de tous côtés, ce que nous attribuâmes au changement de vent. La partie du vaiſſeau où nous étions tint bon; mais la nuit étant ſurvenue, nous nous trouvâmes dans un embarras d'autant plus grand que nous ne voyions aucun eſpoir de ſecours. La mer ſe calma un peu vers minuit, de ſorte que nous pûmes converſer enſemble l'eſpace de deux à trois minutes ; mais j'étois ſi foible, ayant été malade depuis mon arrivée dans le pays, que lorſque les vagues venoient à me renverſer, il falloit que j'appelaſſe un de mes camarades pour me relever. Au point du jour, je me trouvai plus foible & très-altéré; la mer ne venoit ſur nous qu'une fois tous les quarts-d'heure. Nous nous trouvâmes plus près du rivage que nous ne l'étions la veille. Quelque tems après, un de mes camarades me dit qu'il apperçevoit un pavillon du côté du nord, que nous jugeâmes être à Porto-novo, établiffement Hollandois, ce qui nous fit efpérer d'être bientôt fecourus.

» La mer fe calma vers midi, le tems fe remit au beau; mais je me trouvai extrêmement foible. Vers les deux ou trois heures, nous vîmes fur la côte deux bateaux à la diftance d'environ un mille. Je déployai un mouchoir que j'avois autour du cou, afin qu'ils nous apperçuffent; il y en eut un qui parut s'approcher pendant quelques minutes, mais il rebrouffa chemin. Nous vîmes enfuite près du rivage plufieurs catamarans que nous jugeâmes être des pêcheurs; je leur fis figne de mon mouchoir, mais pas un n'approcha. Nous découvrîmes plufieurs perfonnes qui débarquoient; le foleil commençoit alors à baiffer, & il pouvoit être environ cinq heures. Deux des catamarans dont je viens de parler vinrent à nous avec trois noirs dans chaque bateau, & nous menèrent à terre.

» Nous n'y fûmes pas plutôt, que nous nous vîmes entourés d'environ trois cens hommes armés. Mon camarade me dit que c'étoient des Marattes (*),

___

(*) Voyez le Précis hiftorique fur les Marattes, à la fin de la Relation.

avec lesquels nous étions pour lors en guerre. Ils nous ordonnèrent de débarquer, sur quoi je me levai ; mais je me trouvai si foible qu'il ne m'étoit pas possible de faire un pas ; quelques-uns m'aidèrent à marcher, & m'étendirent sur le sable. Je leur fis signe que j'avois soif ; mais loin de me donner de l'eau, ils parurent se mocquer du malheureux état où nous étions réduits. Leur commandant leur ordonna de nous dépouiller ; ils le firent, & nous ôtèrent jusqu'à la chemise. Avant de me dépouiller, ils m'ôtèrent une paire de boutons que j'avois à ma chemise, ils me prirent deux demi-écus, des clefs & un couteau que j'avois dans mes poches, & coupèrent jusqu'aux boutons de métal qui étoient à ma culotte. Cela fait, ils firent de ma chemise une espece de pagne dont ils me couvrirent les parties.

» Nous mourions cependant de soif. Comme j'étois hors d'état de marcher, ils me portèrent une partie du chemin de Davecottah, qui est un fort qui leur appartient, & nous ayant mis sur des bateaux, ils nous firent remonter la rivière jusqu'au fort. Nous y entrâmes à dix heures ; ils nous laissèrent sur le pavé, exposés à l'intempérie de l'air. Vers les onze heures, on nous apporta quelque peu de riz & d'eau. Il s'amassa autour de nous une foule de gens qui se moquoient de notre

Tome III. L

état & infultoient à notre misère. Nous dormîmes très-peu cette nuit-là, tant à caufe du froid que du danger que nous courions pour notre vie, ces barbares nous ayant menacés de nous tailler en pieces avec leurs fabres. Lorfque le jour parut & qu'on eut ouvert les portes, je me trouvai très-mal. J'avois une dyffenterie, & les jambes fi enflées que je conclus qu'il ne me refteroit pas beaucoup de tems à vivre fi je n'avois pas d'autre fecours. Je fis part de mon état à mon camarade, & le priai, fi jamais il avoit le bonheur de retourner en Angleterre, d'inftruire mes amis de la manière dont j'avois fini ma carrière. Il y eut des jours où l'on nous donna du riz, & d'autres où nous n'en eûmes point. Vers le feptième jour, ils me donnèrent un peu d'huile de lampe, dont je me baffinai les jambes; ce léger traitement me foulagea beaucoup.

» Il venoit tous les jours grand nombre de gens du pays pour nous voir; mais pas un ne nous témoignoit la moindre pitié; au contraire, ils fe moquoient de nous, & nous menaçoient de nous tuer. Nous étions logés entre les portes; nous y reftâmes quatorze à quinze jours, enfuite ils nous conduifirent plus avant dans l'intérieur du pays. Quoique mes jambes fuffent un peu mieux, je ne pus cependant marcher, & mon camarade étoit extrêmement foible; ce que j'attribuai au défaut de nourriture. Ne pouvant mettre un pied devant l'autre, on fut obligé de nous transporter dans des dooleys ou chaises, après nous avoir liés avec les cordes qu'ils avoient prises dans le navire.

» Le quinze, vers quatre heures du soir, ils nous menèrent au roi qui étoit campé environ à douze milles des troupes de la Compagnie. Ce prince nous examina long-tems & nous demanda si nous étions officiers; je lui répondis que non, jugeant bien que nous aurions beaucoup plus de peine à nous sauver. Il voulut nous attirer à son service; mais nous lui fîmes dire par les trois Hollandois qui lui servoient d'interpretes, que nous ne pouvions y consentir. Il nous promit de ne nous laisser manquer de rien si nous acceptions ses offres; nous persistâmes à lui répondre que nous étions trop malades pour pouvoir servir. Il nous fit cependant donner à manger, & nous en avions grand besoin, n'ayant presque pris aucune nourriture depuis le jour que nous tombâmes entre les mains de ses sujets. Les interpretes nous demandèrent si nous n'aimions pas mieux entrer au service du roi que d'aller en prison; à quoi nous répondîmes que nous ne pouvions nous résoudre à combattre contre nos compatriotes.

» Au coucher du soleil, on nous fit mettre en

marche. Nos conducteurs firent halte jufqu'à trois heures du matin, & après avoir marché jufqu'à midi, ils s'arrêtèrent deux heures pour manger, & prirent enfuite la route du fud-oueft. Nous arrivâmes au fort à l'entrée de la nuit, & on nous enferma fur le champ dans un cachot. Nous y trouvâmes deux autres prifonniers, favoir : notre contre-maître & un déferteur des troupes de la Compagnie, qui nous dirent qu'ils y étoient depuis trois jours.

» Le lendemain matin, à la pointe du jour, on vint nous ouvrir, & l'on nous fit figne de fortir. Mes camarades le firent; mais j'aimai mieux y refter, d'autant plus que je me fentois très-foible, & que mes jambes étoient couvertes d'ulcères. Je les priai de me donner un peu d'huile de lampe pour les baffiner; ce qu'ils firent. Nous n'eûmes pour toute nourriture que de l'eau & un quarteron de riz par jour, quoique nous fuffions quatre, & un petit pot de gée au lieu de beurre. Je baffinai mes jambes avec le gée & de l'huile, & je me trouvai paffablement bien le quatrième jour, ce qui me rendit du courage. On nous permettoit de nous promener le matin & le foir devant le cachot.

» Environ trois femaines après, mes jambes fe trouvèrent prefque guéries, de forte que je fus en état de marcher. Nous commençâmes dès ce moment à concerter fur les moyens qui pouvoient nous procurer notre liberté. Je montai pour cet effet fur le rempart, & trouvai qu'il étoit fort & entouré d'un fossé très-large; mais il y avoit entre la muraille & le fossé un sentier, d'où nous pouvions nous jetter à la nage au cas qu'il fût profond. Pour parvenir à descendre sans risque sur ce sentier, nous ramasâmes en différens tems les morceaux de corde qui avoient été laissés dans notre prison, & au bout de quelques jours nous en eûmes assez pour en faire une corde de sept brasses & demie de long, en les nouant ensemble. Après avoir tenu conseil, nous résolûmes de miner les fondemens du cachot.

» Nous mîmes la main à l'œuvre, le vingt-sept de Mai, avec d'autant plus de facilité que nous étions éloignés de la garde. Nous arrivâmes le premier de Juin, aux fondemens qui avoient six pieds de profondeur; la muraille n'y avoit que trente pouces d'épaisseur. Notre besogne se trouva si fort avancée sur la fin du deuxième jour, que nous apperçûmes la lumière, de sorte que nous cessâmes de travailler jusqu'à la nuit. On nous renferma dans le cachot à sept heures du soir. Le mur fut bientôt percé suffisamment; nous nous coulâmes ensuite sans être apperçus, le long de la corde, & en moins d'une demi-heure, nous eûmes traversé le fossé, quoiqu'il fût très-large & très-profond. Nous fîmes cette nuit-là environ seize milles, & lorsque le jour parut nous nous cachâmes dans des buissons.

» La seconde nuit nous crûmes devoir diriger notre route au sud-est; mais sur les trois heures après midi, des voyageurs qui traversoient la campagne nous découvrirent de loin; ce qui nous obligea à doubler le pas, quoique personne ne se mît en devoir de nous inquiéter. Nous voyageâmes ainsi jusques vers minuit, & nous restâmes couchés jusqu'au point du jour. J'avois la fievre, & j'étois extrêmement foible faute de nourriture. Ce jour-là, qui étoit le troisième, nous résolûmes de voyager jusqu'à midi, & de piller la premiere maison que nous rencontrerions. La Providence nous fut plus favorable que nous n'eussions osé l'espérer; car sur les dix heures, nous rencontrâmes un coulis, ou laboureur Maratte, qui offrit de nous montrer la route de Karikal, ville du royaume de Tanjaour, sur la côte de Coromandel, cédée en 1738 à la Compagnie françoise des Indes. Après avoir remercié Dieu de cette bonne rencontre, nous acceptâmes son offre.

» Nous y arrivâmes vers midi : on nous y accueillit avec beaucoup d'humanité. La fievre ne m'avoit point encore quitté. Le lendemain matin, le gouverneur fit donner avis de notre arrivée à l'amiral Boscawen, qui le pria de nous fournir l'argent dont nous aurions besoin. Quinze jours de repos nous rétablirent entièrement. Nous nous rendîmes ensuite à Trinquebar, qui est une place Danoise; nous y restâmes trois jours, & nous nous embarquâmes pour le fort Saint-David, où j'arrivai le 23 de Juin, avec mes deux contre-maîtres. Le déserteur nous avoit quittés à Karikal. Je fus rendre aussi-tôt mes devoirs à l'amiral.

PRÉCIS HISTORIQUE

Sur les MARATTES, *Peuple de l'Inde.*

L'INDOSTAN ou l'INDE proprement dite, est peuplé d'un grand nombre de nations, dont une partie est indépendante, & l'autre est restée soumise au Mogol, dont l'empire s'étend plus particulièrement sur les provinces situées entre le Gange & l'Indus. Quelques princes sur les côtes sont ses tributaires; mais les autres n'obéissent à ses loix qu'autant qu'il leur plaît. Les comptoirs François, Anglois, Hollandois & Danois sont sous sa protection, bien plus que sous sa dépendance.

Jusqu'à présent on n'a pu avoir de description géographique bien exacte des différentes parties de cette contrée (*). L'intérieur a toujours été peu

---

(*) Depuis que ce Précis est composé, on a appris qu'il s'imprime à Berlin une Description géographique & historique de l'Inde, rédigée en françois, par M. Jean BERNOUILLI, sur les Mémoires du Père TIEFFENTHALER, de MM. ANQUETIL DU PERRON & RENNEL. Cet Ou-

fréquenté par les Européens, & les pays maritimes éprouvent si souvent des guerres & des révolutions, qu'ils changent continuellement de maîtres.

Les *MARATTES* forment une de ces nations établies dans l'Indostan. Ce peuple belliqueux, & en même tems le plus formidable de toute la Péninsule, a pris trop de part dans les troubles qui ont agité cette malheureuse contrée depuis près d'un siecle, pour ne pas desirer de le connoître, autant qu'il est possible. Nous recueillerons pour ce sujet les remarques & observations qui les concernent. Elles se trouvent éparses dans presque tous les historiens modernes de l'Inde (*).

───────────────────────────

vrage important formera cinq volumes *in-*4°. dont le dernier n'a pas encore paru ; ceux qui ont été publiés contiennent un très-grand nombre de cartes très-exactes & de figures.

(*) Voyez la Relation du Voyage aux Indes orientales, par GROZE, 1758, *in-*12.

Les Mémoires du colonel LAWRENCE, contenant l'histoire de la guerre dans l'Inde, 1766, *in-*12, premier volume.

L'Ouvrage intitulé : Evénemens historiques & intéressans, relatifs aux provinces de Bengale & à l'empire de l'Indostan, par M. HOLVELL, 1768, *in-*8°.

L'Histoire générale de l'Asie, de l'Afrique & de l'A-

Le pays habité par les Marattes est rempli de montagnes, & s'étend au travers de la péninsule de l'Inde, depuis la Baie de Bengale jusqu'au golfe de Cambaye.

Ces peuples devenus si célebres depuis le milieu du dernier siecle, occupoient, autant que l'obscurité de leur origine & de leur histoire permet de le conjecturer, plusieurs provinces de l'Indostan, d'où ils furent chassés par les Mogols ; alors ils se refugièrent dans les montagnes qui se prolongent depuis Surate jusqu'à la hauteur de Goa, & y formèrent plusieurs petits états indépendans les uns des autres, sous des chefs appelés rajas.

Depuis ce tems, jusqu'au fameux *Sévagi*, l'un de ces rajas, les Marattes, assez semblables aux Flibustiers, n'avoient point d'établissemens fixes, ni d'autre profession que la guerre : ils s'étoient contentés de dévaster l'Instostan par de très-fréquentes excursions, jusqu'à ce que ce brave & inquiet aventurier fit l'essai de leurs forces, en attaquant des corps d'armées Mogoles & plusieurs

---

mérique, par M. l'abbé ROUBEAU, 1770, *in*-12, volumes 5 & 6.

L'Histoire philosophique & politique des établissemens & du commerce des Européens dans les deux Indes, édition de 1773, *in*-12, deuxième vol., &c. &c.

villes importantes ; il pilla même deux fois la ville de Surate. On dit qu'il étoit si certain de la négligence du gouvernement de Déhly, qu'il osa annoncer son arrivée à un jour marqué ; il s'y présenta en effet, & mit au pillage cette ville alors la plus riche & la plus commerçante de l'Inde. Sévagi n'éprouva aucun obstacle, si ce n'est de la part des officiers des comptoirs François, Anglois & Hollandois, qui en imposèrent à ses troupes par des préparatifs de défense & par leur fermeté ; ils furent les seuls des habitans qui échappèrent à la malheureuse destinée de cette ville. *Lestra*, fameux voyageur François, assure que lors du pillage fait en 1670 par l'armée de Sévagi, la factorie Françoise fut la seule exceptée, & que les Marattes enlevèrent plus de quarante millions de Surate. Leur butin auroit été plus considérable, s'ils avoient pu emporter d'emblée le château où l'on avoit sauvé les marchandises les plus précieuses.

Sévagi acquit par cet exploit, & par quelques autres entreprises heureuses, la plus grande réputation dans l'Inde. Il prit le titre marraja ou archraja, & parvint à s'attacher & à discipliner ceux des Marattes qu'il avoit rassemblés dans les montagnes du Dékan. Pendant plus de trente ans, cet Indien heureux & habile, sans donner trop de jalousie aux autres rajas, tint en échec la puissance du célebre *Aureng-Zeb* ; aussi prompt que l'éclair, il parcouroit les provinces Mogoles, combattant, pillant, ou se retirant à propos (*). L'empereur Mogol, désespéré de ne pouvoir détruire des troupes qui se reproduisoient à chaque instant, attaquoient ou fuyoient comme des oiseaux de proie, fit avec les Marattes un traité, qui auroit été honteux si la nécessité plus forte que les préjugés ne l'eût dicté ; il leur céda à perpétuité le droit de *Chout* ou *Tschout*, c'est-à-dire, le quart des revenus du Dékan, état formé de toutes les conquêtes qu'il avoit faites dans la Péninsule. Cette espece de tribut fut régulièrement payé pendant tout le tems que régna **Aureng-Zeb** ; mais après sa mort, on le donna ou on le refusa, suivant qu'on étoit ou n'étoit point en force.

Les successeurs de Sévagi observerent son système de politique, & combattirent avec la même activité. Le soin de lever le Chout, attira souvent les Marattes en corps d'armées, dans les lieux les

---

(*) Les Lecteurs qui desireront plus de détails sur les exploits & la politique de *Sévagi*, peuvent consulter le troisième vol. de l'Histoire de l'Asie, &c. page 450 & suivantes, par l'abbé Roubeau ; quoiqu'ils soient épars dans une histoire générale, ils le font connoître suffisamment.

plus éloignés de leurs montagnes. La mollesse du gouvernement Mogol & la décadence entière des descendans d'Aureng-Zeb augmenta leur audace. Ces aventuriers mirent sur pied des armées bien plus nombreuses, pénétrèrent jusqu'à Déhly, déposèrent des empereurs & étendirent leurs frontières. Enfin ils sont devenus nation, sans néanmoins quitter l'esprit de rapine qui les avoit rassemblés, & sans se défaire de l'inquiétude naturelle qui les agite sans cesse. Cependant, si l'on s'en rapporte au colonel Lawrence, depuis quelques années, plusieurs de leurs généraux se sont fixés dans les pays éloignés qu'ils ont conquis, & semblent vouloir renoncer à la vie tumultueuse qu'ils avoient menée jusqu'alors, pour en embrasser une plus tranquille & plus policée.

Plus propres à une excursion qu'à faire une guerre réglée, les troupes Marattes n'étoient autrefois composées que de cavalerie. Lorsque ces aventuriers se mettoient en campagne, on les voyoit sortir en foule de leurs rochers, sur des chevaux semblables à ceux d'Ecosse, petits, mais robustes, faits à la fatigue, le pied sûr dans les chemins les plus raboteux, accoutumés à se nourrir des pâturages qu'ils rencontroient, ou de bled en herbe, n'ayant qu'un bridon & un panneau au lieu de selle. L'habillement de ces Marattes répondoit à l'accoûtrement de leurs chevaux : une efpece de turban autour de la tête, une ceinture ou pagne fur les reins, & un mauvais manteau fervant auffi de couverture la nuit ; voilà encore aujourd'hui toute la garde-robe des foldats Marattes. A peine diftingue-t-on à l'habillement leurs officiers, & la tente du général n'eft pas fi fomptueufe que celle du dernier officier des troupes Mogoles.

Les armes ordinaires des Marattes font la fronde, les fleches, la javeline & le moufquet ; ils font cependant peu d'ufage de cette dernière, fi ce n'eft pour attirer l'ennemi fur leurs corps d'armées. Dans l'action, ils fe fervent, préférablement à toute autre, de l'arme blanche : auffi la manient-ils avec beaucoup d'adreffe. Tous les officiers François & Anglois affurent que leurs fabres font d'une trempe parfaite, & fi fupérieure qu'il y a peu de troupes qui leur échappent lorfqu'elles font une fois rompues.

Dans fes expéditions, la cavalerie Maratte n'eft fuivie ni de chariots ni de vivres : chaque foldat porte avec lui fa provifion, qui confifte en un petit fac de riz & une bouteille de cuir remplie d'eau : auffi eft-ce la cavalerie de l'Inde qui foutienne le mieux la fatigue d'une campagne, & avec le moins de fubfiftances, celle qui fait harceler plus vivement l'ennemi & lui couper les vivres ; enfin celle qui, par les mouvemens d'une extrême rapidité, détruit le plus sûrement une armée battue & en déroute.

Tous les Marattes font également formés aux armes & à l'agriculture, & ils n'en font pas plus mauvais foldats. Cependant ils font obligés de combiner l'entrée & la fin de la campagne, fur le tems des femailles & des récoltes ; ce qui retarde ou abrege fouvent leurs opérations.

Quoique les Marattes ne comptent guère que fur la force de leurs armées, cependant ils favent employer à propos les ftratagêmes & les rufes de la politique. Si les circonftances ne font point favorables, ils fe tiennent tranquilles ; s'ils font repouffés dans l'attaque, ils cedent & font retraite en bon ordre. Ennemis formidables comme alliés dangereux, ils ruinent l'ennemi par les ravages qu'ils commettent dans fon pays, & leurs amis par les fommes exorbitantes qu'ils en exigent pour leur bon fervice. On ne peut pas même compter fur leur fidélité. Souvent, à la veille d'une action, l'armée des Marattes change de parti pour des offres plus avantageufes. Très-fouvent auffi, lorfqu'ils reftent attachés au prince qui les foudoie, au lieu de mériter la paie qu'il leur donne, en pourfuivant & en taillant en pieces les troupes vaincues & difperfées, ils volent à fon camp, chargent leurs chevaux de tout ce qu'ils trouvent à leur bienséance, & s'en retournent chez eux à pied, avec le butin qu'ils ont fait.

Depuis la guerre de 1730, entre les deux Compagnies Françoife & Angloife, les Marattes ont attiré beaucoup de déferteurs Européens, qui leur ont donné quelque connoiffance du génie. Une paie, plus forte qu'aux naturels du pays, eft l'appât dont ils fe font fervi pour les gagner. Mais fi ces transfuges veulent fe retirer après avoir amaffé quelques fommes, on ne le leur permet pas ; ils n'ont point d'autre reffource que la fuite, au hazard de leur vie ou de donner tout ce qu'ils poffedent. Les Marattes, imitateurs comme tous les autres Indiens en général, eurent bientôt appris de ces déferteurs à fondre des canons, à faire de la poudre, à dreffer des batteries. Avec ces connoiffances, ils font parvenus, il y a quelques années, à prendre par un fiege régulier la ville de Baffaïm, place forte fituée fur le Continent à quelques milles de Bombay. Les Portugais, à qui appartenoit cette ville, l'ont défendue avec courage & long-tems, mais les Marattes ne fe font point rebutés ; ils ont employé la bombe, la fappe & la mine, & l'ont forcée de fe rendre.

Quelque fupérieurs en nombre que les Marattes aient toujours été, les nations Européennes leur difputoient

putoient autrefois le terrein, par les connoissances du génie & de l'art de la guerre, & les intimidoient par l'artillerie; mais aujourd'hui, familiarisés avec la poudre, & au fait de la conduite des sieges, on n'a plus tant d'avantages sur eux. Déja même ils ont réformé leur artillerie, qui étoit lourde & mal montée, & lui ont substitué en partie des pieces de campagne qui les suivent dans leurs expéditions. Ils ont aussi commencé dans ces derniers tems à former une infanterie de douze bataillons de Cypayes, tous armés, vêtus d'uniformes & disciplinés comme les troupes Européennes. Ils n'ont point tardé à tirer parti de cette amélioration de leur état militaire, en s'emparant encore, sur les Portugais, de l'île de Salsette, qui couvre Bombay & n'en est séparée que par un canal étroit. A la moindre difficulté entr'eux & les Anglois, ils menacent cet important établissement, qui est à leur bienséance & pour ainsi dire dans leurs mains. » Il est certain, ajoute Grose, que cette place ne » pourra jamais être conservée par les Anglois, » quand les Marattes auront décidément résolu d'en » faire la conquête ».

Non-contens de se rapprocher des François & des Anglois dans l'art de la guerre de terre, les Marattes les imitent aussi dans celle de mer; depuis quelques années, ils ont monté une marine formidable. Dans la guerre que les Portugais & les Anglois ont foutenue contre le fameux Maratte *Angria*, ils leur ont donné des preuves qu'ils font auffi hardis marins & pirates, que cavaliers redoutables dans leurs expéditions fur le continent.

Les Marattes font idolâtres & extrêmement attachés à la religion de Brama. Ils croient au dogme de la tranfmigration des ames : auffi s'abſtiennent-ils de rien manger de ce qui a pu avoir vie, & d'écrafer le plus vil infect. Cependant, par une contradiction étrange, ce peuple guerrier & pillard détruit fon femblable ; mais il fe croit difpenfé de l'obfervance du précepte à cet égard, fur la foi de fes prêtres, par le facrifice d'un buffle. Cet acte religieux & expiatoire, dont ils ont foin de s'acquitter à l'ouverture de la campagne, eſt accompagné de plufieurs cérémonies myſtérieufes & fanatiques. Les perfonnes les plus diſtinguées & les grands de la nation ont confervé l'ufage barbare de brûler les femmes à la mort du mari. Prefque tous les Marattes font fort adonnés à l'aſtrologie judiciaire.

Les Marattes ont le teint de toutes les nuances du noir jufqu'au brun-clair, la taille médiocre & bien proportionnée. Les traits de leur vifage font réguliers, & même délicats chez la plupart. Ils se font tous raser la tête, à la réserve d'une touffe de cheveux qui est attachée & qui pend dans le milieu sur le derrière. Pour se distinguer encore plus des Mogols, ils portent deux boucles de cheveux sur l'oreille.

Dans le printems de l'âge, les femmes Marattes sont assez belles; mais aussitôt qu'il est passé, elles ne tardent pas à se faner. Il est rare d'en voir qui conservent les graces de la taille & la fraîcheur de la peau jusqu'à trente ans; elles cessent aussi d'être mères à cet âge. On leur doit encore l'éloge d'une fidélité inviolable envers leurs maris. Les hommes, de leur côté, ne sont point attaqués de cette jalousie qui regne dans presque tout l'Orient. En général, le Maratte tient beaucoup à ses usages, accueille le voyageur avec humanité, & se contente de peu pour la nourriture & l'habillement; mais il est vif, inquiet & actif comme tous les montagnards de l'Indostan. On peut dire que, sous ce dernier point-de-vue, les Marattes forment un contraste parfait avec les Indiens du plat-pays, qui sont presque tous indolens, lâches & pusillanimes.

Les Marattes ont des richesses immenses; ils ne les doivent ni au commerce, ni aux manufactures qui sont en très-petit nombre chez eux; mais au

M ij

butin qu'ils enlevent à la pointe de l'épée dans leurs excursions. Bien loin de diminuer, leurs trésors augmentent tous les jours, par les tributs qu'ils exigent des nababs voisins. Quoique puissans, ces princes les paient avec exactitude, pour ne point s'attirer sur les bras des ennemis si redoutables.

Presque tous les Historiens reprochent aux Marattes d'être avides, pillards, vindicatifs & de mauvaise foi; mais on les accuseroit à tort de dissimulation. Quoiqu'à la vérité on ne puisse pas trop compter sur leur parole, cependant ils n'affectent point les dehors de la sincérité & de la bonne-foi; ils ne prétendent point être regardés autres qu'ils ne sont réellement; ils seroient même les premiers à se moquer de ceux qui se fieroient à eux. On ne peut non-plus taxer ce peuple de cruauté & d'être sanguinaire. S'il arrive aux Marattes de tuer, c'est qu'on leur oppose la force & qu'ils ne peuvent voler qu'en répandant le sang; ils ne font point aussi de prisonniers, à moins qu'ils n'en espèrent de fortes rançons. Dans leurs excursions, bien différens des hordes de Tartares & d'Arabes, ils n'emmenent personne en esclavage. Ces procédés humains les rendent moins redoutables à leurs voisins: aussi, les laboureurs & le peuple de la campagne, qui ne possedent dans leurs huttes que des inſtrumens d'agriculture & quelques vaſes de terre, ne s'effraient point de leur approche. Lors même qu'ils pillent des villes, à moins qu'ils n'aient quelques motifs particuliers de reſſentiment, ils ſont modérés dans la capitulation. A la priſe de Surate, ils reſpectèrent la vie des habitans qui ne firent point de réſiſtance; ils ne mirent point le feu à aucune maiſon, & il s'en fallut de beaucoup qu'ils exigeaſſent toute la rançon qu'ils auroient pu tirer à la rigueur.

Une de leurs maximes, qu'ils expriment ainſi dans leur langue, & qui les peint au naturel, c'eſt, *qu'il ne faut point arracher la barbe par la racine, il ſuffit de la raſer, pour qu'elle puiſſe recroître pour une autre occaſion.* Cependant, ſi on en croit Groſe, un des voyageurs modernes qui a recueilli le plus de particularités ſur les Marattes, ils commencent à adopter des principes plus conformes aux loix de la ſociété. M. *Anquetil*, qui a fait quelque ſéjour parmi ce peuple qu'on ne conſidère que comme guerrier, donne en peu de mots une idée avantageuſe de leurs mœurs & de leur caractère national: » Lorſque je me trouvai, dit-il,
» au milieu des Marattes, il me ſembloit être dans
» le pays de la nature. Je vis un peuple gai, fort
» & plein de ſanté; l'hoſpitalité eſt ſa vertu domi-

» nante. Je croyois converser avec les hommes
» du premier âge ».

Sattarah est la capitale du pays des Marattes, cependant *Poohna* située à cent milles de Bombay, est-sud-est, a été long-tems la résidence du souverain, & de ses officiers civils & militaires.

Depuis quelques années, le marraja tient sa cour, ou plutôt son quartier général, au fort de *Rari*, situé dans les montagnes du Dékan. Des déserteurs Européens qui y ont été, assurent que cette place est la plus forte de l'Univers ; située sur la cîme d'un rocher très-élevé, elle est encore environnée de plusieurs autres qu'elle commande ; un seul sentier très-étroit y conduit. Outre cette défense naturelle, son enceinte est encore assez considérable pour fournir des grains en suffisance à la garnison.

Le gouvernement des Marattes étant militaire, & ces peuples étant presque toujours en action ou en guerre hors de chez eux, l'on ne doit pas être étonné qu'on n'ait point, ou très-peu de connoissances géographiques des contrées soumises à leur domination.

N. B. Ce Précis avoit été composé avant la fin de la dernière guerre de l'Inde, & peut servir d'introduction aux Ouvrages historiques qui ont paru depuis peu sur les événemens de cette guerre. On retrouvera dans ces nouveaux Ouvrages ce qui peut manquer ici sur l'état actuel des Marattes. *Voyez* les deux Vies d'*Hyder-Aly*, format *in*-12. L'Histoire de la dernière guerre, en un vol. *in*-4°., imprimée chez *Brocas*. Il existe aussi une brochure *in*-8°. sur l'Histoire des Marattes, écrite en anglois; mais l'auteur du Précis ci-dessus, ne sachant pas l'anglois, n'a pu en profiter.

N.° 7.

RELATION

Du *Naufrage & Incendie du Vaisseau François* LE PRINCE, *de la Compagnie des Indes, allant du Port de l'Orient à Pondichéry, en* 1752 (*).

LE vaisseau *LE PRINCE*, de la Compagnie Françoise des Indes, commandé par M. *Morin*, & destiné pour Pondichéry, appareilla le 19 Février 1752, de la rade du port de l'Orient, pour se rendre au lieu de sa destination. A peine eut-il doublé l'île de Saint-Michel, que, par les changemens des

---

(*) Cette Relation, publiée par M. DE LA FOND, l'un des lieutenans du vaisseau *le Prince*, a été imprimée à Nantes, & insérée dans la plupart des papiers publics, en 1753.

vents, il se trouva dans l'impossibilité de doubler le banc du Turc. Les efforts les plus extraordinaires, soutenus des plus grandes précautions, ne l'empêchèrent pas de toucher sur ce banc de l'avant à l'arrière. La bouche des canons étoit plongée dans l'eau. Nous annonçâmes notre malheur par des signaux de détresse. M. de Godeheu, commandant du port de l'Orient, se transporta à bord pour animer l'équipage par sa présence & par ses ordres ; on mît en sûreté dans de petits bâtimens, toutes les caisses & les marchandises les plus précieuses, on soulagea le côté de bas-bord ; les travaux les plus pénibles nous occupèrent toute la nuit. Enfin la marée du matin nous releva, & nous donna la liberté d'aller occuper un des postes de la rade du Port-Louis : nous ne dûmes la conservation du vaisseau qu'à la sagesse des ordres de M. de Godeheu, & des opérations faites en conséquence. Nous avions des voies d'eau, qu'heureusement nos pompes franchissoient. Dans ce poste, nous déchargeâmes le vaisseau de la moitié de sa cargaison, & huit jours après nous rentrâmes dans le port de l'Orient, où on le déchargea entièrement. On le caréna encore, & on lui donna un nouveau doublage. Tant de précautions promettoient un heureux voyage, ce malheur même nous prouvoit la bonté du vaisseau, que le feu seul sembloit pouvoir détruire.

Le 10 Juin 1752, un vent favorable nous éloigna du port; mais après une heureuse navigation, nous éprouvâmes un malheur, tel que les expressions les plus exagérées n'en donneroient qu'une idée très-foible. Je me bornerai donc dans cette Relation à un détail succint, n'étant pas possible que j'en rappelle toutes les circonstances.

Le 26 Juillet 1752, à huit degrés trente minutes de latitude méridionale, & trois cens-cinquante-cinq de longitude, le vent soufflant du sud-ouest, le cap au sud-est, l'amure à stribord, dans le moment qu'on observoit le point du midi, à l'entrée d'un quart que je devois commander, un homme annonça que la fumée sortoit imperceptiblement du grand panneau de la grande écoutille, par-dessous le prélat.

A cette nouvelle, le premier lieutenant, chargé des clefs de la cale, en fit ouvrir toutes les écoutilles, pour découvrir la cause d'un accident dont les plus légers soupçons font toujours trembler les plus intrépides. Le capitaine qui étoit à table dans la grande chambre, se présenta sur le gaillard, donna ses ordres pour étouffer le feu; je les avois déja prévenus, en faisant jetter à la mer quelques voiles

& prélats pour en couvrir les écoutilles, & par ce moyen empêcher l'air de pénétrer dans la cale; j'avois même proposé, pour plus grande sûreté, de faire entrer l'eau dans l'entre-pont à la hauteur d'un pied. Mais déja l'air, qui avoit un libre passage par l'ouverture des écoutilles, occasionna une très-épaisse fumée qui sortit avec abondance, & le feu s'anima de plus en plus.

Le capitaine fit armer soixante à quatre-vingt soldats, pour contenir l'équipage & éviter la confusion dans un péril si pressant. M. *de la Touche* le seconda avec sa fermeté & sa prudence ordinaire.

Ce héros des Indes méritoit une meilleure occasion; il destinoit ses soldats à d'autres opérations plus favorables à l'Etat. Tout le monde étoit occupé à jetter de l'eau; on fit usage des seaux & de toutes les pompes, dont on dirigea les manches dans la cale; l'eau même des jarres fut répandue. Cependant la rapidité de l'incendie rendoit toutes ces précautions inutiles, & augmentoit la consternation.

Le capitaine avoit déja fait mettre à la mer la Yole, uniquement parce qu'elle embarrassoit; quatre hommes, dont le bôsseman étoit du nombre, s'en emparèrent. Ils n'avoient pas d'avirons, ils hêlèrent pour en avoir, & trois matelots se jettant à la mer, conduisirent des avirons à bord de ce petit canot. On vouloit faire revenir ces heureux fugitifs; ils crièrent qu'ils n'avoient pas de gouvernail, qu'il falloit donc leur jetter une amarre; mais appercevant que le progrès de l'incendie ne leur laissoit d'autre ressource que l'éloignement, ils nagèrent pour s'en éloigner, & le vaisseau qui avoit un peu d'air les dépassa.

On travailloit encore à bord; l'impossibilité de se sauver sembloit augmenter le courage. Le maître ne craignit pas de descendre dans la cale, mais la trop grande chaleur le força de remonter; il auroit même été brûlé, si l'on n'eût jetté sur lui une grande quantité d'eau. Incontinent après, on vit sortir les flammes avec impétuosité du grand panneau. Le capitaine ordonna de mettre les bateaux à la mer; mais la crainte avoit tellement épuisé les forces des plus intrépides, qu'ils ne pésoient que très-foiblement sur les palans. Le canot étoit cependant à une certaine élévation, on alloit l'élancer à la mer; mais pour comble de malheur, le feu dont l'activité redoubloit à chaque moment, monta le long du grand mât avec tant de rapidité & de violence, qu'il brûla les garans des palans & caillornes; le canot tombant alors sur les canons de stribord, se renversa sur le côté, & on perdit tout espoir de le relever.

Nous vîmes alors que nous ne devions plus mettre nos espérances dans les bras des hommes, mais dans la miséricorde de Dieu. L'accablement s'empara des esprits, la consternation devint générale, on n'entendit plus que des gémissemens ; les animaux mêmes pouffoient des cris effroyables. Tout le monde commença alors à élever son cœur & ses mains vers le Ciel, & dans la certitude d'une mort prochaine, chacun n'étoit plus occupé que de l'affreuse alternative entre les deux élémens prêts à nous dévorer.

L'aumônier, qui étoit sur le gaillard de l'arriére, donna l'absolution générale, & passa dans la galerie pour en accorder le bienfait aux malheureux qui s'étoient déja précipités dans les flots. Quel horrible spectacle ! Chacun n'est occupé qu'à jetter à la mer tout ce qui peut lui promettre un instant de vie, cages, vergues, éparres, tout ce qui se présente sous la main égarée par le désespoir, est saisi, arraché. La confusion étoit extrême ; les uns sembloient aller au-devant de la mort, en se jettant dans la mer ; les autres gagnoient à la nage les débris anticipés de notre vaisseau ; les haubans, les vergues, les cordes le long du bord, tout étoit rempli de malheureux qui y étoient suspendus, & comme hésitans entre deux extrémités également terribles & présentes.

Toujours incertain du fort que la Providence me deftinoit, je vis un père arracher des flammes fon fils, l'embraffer, le jetter à la mer, le fuivre, le faifir & mourir avec lui. J'avois fait mettre la barre à ftribord, le vaiffeau arriva, & cette manœuvre nous conferva quelque tems de ce côté, pendant que l'incendie ravageoit le côté de basbord, de l'avant à l'arrière.

J'avois été fi occupé jufqu'alors, que je ne penfois encore qu'à la confervation du vaiffeau : les horreurs d'un double genre de mort fe préfentèrent à moi dans ce moment ; mais le Ciel voulut bien me conferver toute ma fermeté. Je jette les yeux de tous côtés, je me vois feul fur le pont. J'entre dans la chambre du confeil, je rencontre M. de la Touche, qui voyoit la mort avec cet héroïfme, qui le fit triompher dans les Indes: » Adieu mon frère & mon ami, me dit-il en » m'embraffant...... Hé! où allez-vous? lui répon- » dis-je...... Je vais, dit-il confoler mon ami » Morin »...... Il parloit du capitaine qui étoit accablé de douleur, & pénétré du trifte fort de fes coufines qui étoient paffagères fur le navire, & qu'il avoit déja fait defcendre dans la mer fur des cages à poules, après leur avoir fait promptement arracher leurs habits; des matelots les foutenoient d'un bras en nageant de l'autre.

Les vergues & les mâts étoient chargés d'hommes qui luttoient contre les flots autour du vaisseau, & dont plusieurs étoient emportés à chaque moment par les boulets, que la flamme faisoit sortir des canons; troisième genre de mort qui augmentoit encore l'horreur dont nous étions environnés. Le cœur serré d'angoisses, je détourne mes regards de la mer. Un instant après, j'entre dans la galerie du côté de stribord, je vois la flamme sortir avec un bruit épouvantable par les fenêtres de la grande chambre & de celle du conseil. Le feu m'approchoit & alloit me dévorer, ma présence étoit alors entièrement inutile pour la conservation du vaisseau & le soulagement de mes frères.

Dans cette fâcheuse situation, je crus devoir prolonger les dernières heures de ma vie, pour les donner à Dieu. Je me décharge de mes habits, je veux me laisser rouler le long d'une vergue dont un bout touchoit la mer; mais elle étoit si chargée de malheureux que la crainte d'une noyer y retenoit encore, que je roulai par-dessus eux, & je tombai dans la mer, en me recommandant à la miséricorde du Ciel. Un soldat vigoureux, qui se noyoit, me saisit dans cette extrémité; je fais les derniers efforts pour m'en débarrasser, mais inutilement. Je me laisse couler au-dessous de l'eau, il ne me quitte pas pour cela; je replonge une seconde fois, mais il me tient toujours ferme ; il ne peut pas même penser que ma mort hâte la sienne, plutôt que de lui être utile. Enfin, après un tems considérable de combat, ses forces étant épuisées par la quantité d'eau qu'il avaloit, & voyant que je me replongeois pour la troisième fois, il crut que j'allois l'entraîner au fond de la mer, il me laissa la liberté ; pour ne plus lui donner prise, je m'élevai au-dessus de l'eau à quelque distance de lui.

Cette première aventure m'inspira plus de précautions dans ma route ; j'évitois même les cadavres, le nombre en étoit déja si grand, que pour me donner libre passage j'étois obligé de les éloigner d'une main en me soutenant de l'autre ; je croyois toujours rencontrer un homme qui vouloit me saisir, & pour toute consolation périr avec moi. Mes forces commençant à diminuer ne m'annonçoient que trop que j'avois besoin d'une station : je rencontre dans ma route un pomme de pavillon ; pour m'en assurer, je passe un bras dans l'anneau de corde, & je nage de mon mieux ; j'apperçois une vergue de bonnette, je m'en approche & en saisis une des extrémités. Je vois à l'autre bout un jeune-homme qui ne pouvoit presque plus se soutenir ; j'abandonne promptement ce foible secours qui m'annonçoit une mort certaine.

La

La vergue de civadière s'offrit à mes yeux, elle étoit toute chargée de monde, & je n'ofai y prendre une place fans en demander la permiffion, que ces infortunés m'accordèrent volontiers. Les uns étoient tous nuds, & les autres en chemife; ils avoient encore la bonté de plaindre mon fort, & leur malheur mettoit ma fenfibilité à la plus dure épreuve. » Que nous vous plaignons, mon » officier, me dirent-ils...... J'ai bien plus fujet » de vous plaindre, mes frères, leur dis-je, ma » vie étant bien avancée, & vous ne faifiez que » commencer la vôtre ». C'étoit prefque tous jeunes foldats.

M. Morin & M. de la Touche, fi dignes l'un & l'autre d'un meilleur fort, ne quittèrent point le vaiffeau, & fans doute ils furent enfevelis fous fes ruines. De quelque côté que je tournaffe les yeux, ils n'étoient frappés que des fpectacles les plus affreux. Le grand mât, brûlé par le pied & tombant à la mer, donna par fa chûte la mort aux uns, & aux autres une foible reffource; je vis ce mât chargé de monde abandonné au gré des flots; dans le moment j'apperçus deux matelots fur une cage à poules, je leur criai : » Mes enfans, les por- » tières à la main, nagez jufqu'à moi ». Ces portières font des planches de fapin. Ils m'approchèrent, accompagnés de quelques autres; je faifis cette cage, & tous, une portière à la main, qui nous servoit d'aviron, nous nageâmes fur la vergue, & nous allâmes nous joindre à ceux qui s'étoient emparés du grand mât.

Tant de changemens de fituations, ne m'offroient que de nouveaux fpectacles d'horreur ; j'y rencontrai heureufement l'aumônier, qui me donna l'abfolution : nous étions près de quatre-vingt hommes, tous menacés d'être emportés par les boulets que la flamme chaffoit des canons. Je vis auffi fur le mât deux jeunes demoifelles dont la piété m'édifia ; il y avoit fix femmes fur le vaiffeau, les quatre autres étoient déja apparemment noyées ou brûlées. Notre cher aumônier, dans cette affreufe fituation, touchoit les cœurs les plus infenfibles, par fes difcours & fes exemples de patience & de réfignation. l'ayant vu tourner fur le mât & tomber dans la mer, comme j'étois derrière lui, je le relevai. » Laiffez-moi aller, me dit-il, je fuis rempli » d'eau, & je ne ferois que prolonger mes fouf- » frances...... Non, mon frère, lui dis-je, nous » mourrons enfemble, quand les forces m'aban- » donneront ». Dans cette fainte compagnie, j'étois fi réfigné à la mort, que j'en attendois le moment ; j'y reftai trois heures, & je vis une des deux demoifelles tomber de laffitude & fe noyer;

elle étoit trop éloignée de moi pour que je puſſe la ſoutenir.

Lorſque j'y penſois le moins, j'apperçus la yole aſſez proche de nous; il étoit alors cinq heures du ſoir. Je criai aux rameurs que j'étois leur lieutenant, & leur demandai la permiſſion de partager avec eux notre infortune ; ils m'accordèrent la liberté d'entrer dans leur canot, à la ſeule condition d'aller moi-même les joindre à la nage; il étoit de leur intérêt d'avoir un conducteur pour découvrir la terre, & par cette raiſon, ma compagnie leur étoit trop néceſſaire pour me refuſer cette grace. La condition qu'ils m'impoſoient étoit cependant raiſonnable; ils firent prudemment de ne pas approcher, chacun auroit voulu entrer dans ce frêle bâtiment ; le canot auroit été ſubmergé, & nous aurions tous été enſevelis dans les eaux. Je raſſemblai donc toutes mes forces, & je fus aſſez heureux pour y parvenir à la nage. Peu après j'apperçus le pilote & le maître, que je venois de laiſſer ſur le grand mât, tous deux ſuivre mon exemple ; ils vinrent à la nage vers la yole, & nous les reçûmes. Cet heureux canot fut l'arche qui ſauva les dix perſonnes qui échappèrent ſeules de près de trois cens.

Cependant les flammes dévoroient toujours notre

vaisseau, nous n'en étions éloignés que d'une demi-lieue ; notre trop grande proximité pouvant nous être pernicieuse, nous nageâmes un peu au vent. Peu de tems après, le feu s'étant communiqué à nos poudres de cargaison, je ne saurois exprimer avec quel fracas notre malheureux navire sauta en l'air. Un nuage des plus épais nous déroba la lumière du soleil : dans cette affreuse obscurité, nous n'apperçûmes que de grosses pieces de bois en feu, lancées au milieu des airs, & dont la chûte menaçoit d'écraser nombre de malheureux qui luttoient encore contre les dernières atteintes de la mort. Nous n'étions pas nous-mêmes à l'abri des plus grandes frayeurs ; un de ces débris pouvoit nous atteindre, & engloutir notre frêle nacelle. Mais le Ciel, en nous préservant de ce dernier malheur, nous offrit le plus triste spectacle. Le vaisseau avoit disparu, & ses débris dispersés dans une très-grande étendue, flottoient épars avec les infortunés dont leur chûte avoit terminé le désespoir avec la vie. Nous voyions des hommes, les uns entièrement étouffés, d'autres à-demi brûlés & déchirés, conservant encore assez de vie pour souffrir deux supplices à la fois.

Graces au Ciel, ma fermeté ne m'abandonna pas, je proposai d'aller vers ces débris, pour tâcher de trouver quelques vivres & autres choses nécessaires. Nous avions besoin de tout, & nous étions exposés à mourir de faim, mort plus lente & plus cruelle que celle de nos frères. Nous rencontrâmes plusieurs barrils, où nous espérions trouver une ressource contre ce besoin pressant ; mais nous vîmes avec douleur que c'étoit une partie de la poudre que l'on avoit jettée à la mer pendant l'incendie.

La nuit approchoit ; le Seigneur, qui vouloit notre conservation, nous fit trouver une barrique d'eau-de-vie, environ quinze livres de lard salé, une piece d'écarlate, vingt aunes de toile à quatre fils, une douzaine de douves de barriques & quelques cordes. La nuit nous surprit, & nous ne pouvions pas perdre le tems à attendre le jour, sans nous exposer cent fois à périr parmi les débris dont nous n'avions pu encore nous dégager. Nous nous éloignâmes donc le plus promptement qu'il nous fut possible, pour nous occuper de l'armement de notre nouveau bâtiment. Chacun se mit à travailler avec diligence ; nous fîmes usage de tout, nous enlevâmes le doublage intérieur de notre canot pour en avoir les planches & les cloux ; nous tirâmes de notre toile les fils dont nous avions besoin ; heureusement un matelot avoit deux aiguilles, de nos douves de barriques nous fîmes des fagues que nous doublâmes de toile ; notre écarlate nous fournit une voile ; un aviron nous servoit de mât ; une gaffe de vergue ; une clef devint une poulie de drisse ; une planche un gouvernail, dont la fumelle fut faite d'une gaîne de couteau. Malgré l'obscurité, notre armement se trouva en peu de tems aussi parfait qu'il pouvoit l'être. Il ne s'agissoit plus que de diriger la route ; nous n'avions ni cartes ni instrumens, & nous étions à près de deux cens lieues de terre. Nous nous abandonnâmes à la miséricorde divine, dont nous implorâmes l'assistance par de ferventes prières.

Enfin nous élevâmes notre voile l'amure à bas-bord, & un vent favorable nous éloigna pour toujours de nos frères infortunés. Nous voguâmes dans cet état, huit jours & huit nuits sans appercevoir la terre, exposés tout nuds aux rayons brûlans du soleil & au froid piquant de la nuit. Le sixième jour, une petite pluie nous fit espérer un peu de soulagement à la soif qui nous dévoroit ; nous tâchions de recueillir avec la bouche & les mains le peu d'eau qui tomboit. Nous léchions notre voile d'écarlate ; mais cette étoffe déja imbibée d'eau de mer, en communiquoit l'amertume à la pluie qu'elle recevoit. D'un autre côté, si la pluie avoit été plus forte, elle auroit pu faire tomber le vent qui nous poussoit, & le calme nous auroit fait périr à la fin.

Pour fixer les incertitudes de notre route, nous consultions chaque jour le lever & le coucher du soleil & de la lune; la croix du sud nous annonçoit l'air de vent que nous devions prendre; un très-petit morceau de lard salé nous fournissoit un repas pour vingt-quatre heures; encore fûmes-nous obligés de l'abandonner au quatrième jour, parce qu'il nous occasionna un crachement de sang. Un coup d'eau-de-vie de tems en tems faisoit notre boisson, mais cette liqueur nous brûloit l'estomac sans l'humecter. Nous vîmes beaucoup de poissons volans, mais l'impossibilité de les tirer nous rendoit notre misère encore plus sensible; il falloit nécessairement se contenter de nos provisions. L'incertitude de notre sort, le défaut de nourriture, l'agitation de la mer; tout cela nous causoit une insomnie qui nous accabloit. La nature chez nous sembloit n'avoir plus de fonctions, une foible espérance animoit seule nos forces, & nous empêchoit encore d'envier le sort de nos frères.

Je passai la huitième nuit au gouvernail, j'en tins la barre pendant plus de dix heures, en demandant souvent qu'on me relevât, j'y succombois; mes malheureux compagnons étoient dans le même état d'épuisement, & le désespoir commençoit à s'emparer de nous. Enfin, presqu'anéantis de fatigues, de misères, de faim & de soif; les premiers rayons du foleil nous firent découvrir la terre, le mercredi 3 Août 1752. Il faudroit avoir éprouvé nos malheurs, pour imaginer la révolution que la joie fit en nous. Nos forces fe ranimèrent, nous prîmes nos mefures pour n'être pas emportés par les courans. A deux heures après midi nous abordâmes la côte du Bréfil, & nous entrâmes dans la Baie de Treffon, par les fix degrés de latitude & trois-cent quarante-huit de longitude; une lieue plus loin, nous étions brifés à la Côte-de-Fer.

Notre premier foin, en mettant pied à terre, fut de remercier le Ciel de la faveur qu'il nous accordoit; nous nous précipitions fur cette plage tant defirée, & dans le tranfport de fa joie, chacun de nous s'y rouloit fur le fable. Notre afpect étoit horrible, nos figures ne confervoient encore quelque chofe d'humain, que pour annoncer plus fenfiblement nos malheurs. Les uns étoient tout nuds, les autres n'avoient que des chemifes pourries & en lambeaux; j'avois pris une ceinture d'écarlate pour paroître à la tête de mes compagnons. Cependant, nous ne voyions pas encore le terme de toutes nos peines; délivrés, à la vérité, du plus grand de nos périls, celui d'une navigation incertaine, nous étions encore tourmentés par la faim & la foif, & dans la cruelle incertitude fi nous trouverions cette côte habitée par des hommes compatiſſans. Nous eûmes donc encore recours à l'aſſiſtance du Ciel, & nous ne tardâmes point à en recevoir la plus grande faveur.

Nous délibérions encore vers quel lieu nous dirigerions nos pas, lorſque cinquante Portugais, environ, dont la plupart étoient armés, vinrent au-devant de nous, & nous demandèrent le motif de notre deſcente. Le récit de nos malheurs, & des miſéricordes du Seigneur, fit toute notre réponſe, annonça nos beſoins, & réclama fortement les droits ſacrés de l'hoſpitalité. Leurs tréſors ne faiſoient pas l'objet de notre ambition, le ſimple néceſſaire nous ſuffiſoit. Ces habitans, ſenſibles à nos infortunes, bénirent l'auteur de notre conſervation, & ils s'empreſsèrent à nous conduire dans leurs habitations. Nous trouvâmes ſur notre chemin une rivière où tous mes compagnons coururent ſe jetter pour y appaiſer leur ſoif; ils ſe rouloient dans l'eau avec délices : en effet, ces bains furent par la ſuite un des remedes dont nous fîmes le plus fréquent & en même tems le plus ſalutaire uſage.

Le chef du lieu vint nous prendre, pour nous conduire dans ſa maiſon éloignée d'une demi-lieue de notre deſcente. Cet hôte charitable nous donna des chemiſes & des culottes de toile, nous fit préparer des poiſſons & de la farine de manioc; l'eau des poiſſons nous ſervit de bouillon ; ces mets nous parurent délicieux. Après ce frugal repas, quoique le ſommeil nous fût auſſi néceſſaire, nous nous diſposâmes à rendre à Dieu des actions de graces ſolemnelles. Ayant appris qu'il y avoit une égliſe dédiée à S. Michel, & éloignée d'une demi-lieue, nous nous y rendîmes en chantant les louanges du Seigneur, & nous lui offrîmes l'hommage de notre juſte reconnoiſſance à laquelle nous étions ſi évidemment redevables de notre conſervation. La difficulté des chemins nous avoit cauſé tant de fatigues, que nous fûmes obligés de nous repoſer dans le bourg ; nos malheurs, ſuivis d'un ſpectacle ſi édifiant, attiroient tous les habitans autour de nous, chacun s'empreſſoit à nous apporter des rafraîchiſſemens, du ſucre, de l'eau & des limons. Après quelques momens de repos, nous retournâmes chez notre père hoſpitalier, qui nous donna le ſoir un repas de poiſſon frais & de la farine de manioc. La néceſſité où nous étions d'une nourriture plus fortifiante nous fit acheter un bœuf, que nous eûmes en échange contre vingt-cinq pots d'eau-de-vie.

Nous devions aller à Paraïbo, voyage de quinze lieues, qu'il falloit faire pieds nuds & ſans eſpérance de trouver de bons vivres ; par précaution nous fîmes boucanner notre viande, à laquelle nous joignîmes une provision de farine de manioc. Après trois jours de repos, nous nous mîmes en route, sous la conduite de trois soldats que le capitaine mor ou major commandoit. Après avoir fait sept lieues, nous passâmes la nuit chez un homme qui eut la bonté de nous recevoir. Le lendemain au soir, un sergent suivi de vingt-neuf soldats vint nous trouver pour nous conduire & nous présenter au commandant de la forteresse; ce digne officier nous reçut gracieusement, nous donna un repas, & un canot pour nous rendre à Paraïbo. A minuit nous arrivâmes dans cette ville, un capitaine Portugais nous y attendoit pour nous présenter au gouverneur, dont la réception fut gracieuse; il nous fournit tous les soulagemens possibles pour la vie. Nous y prîmes trois jours de repos. Nous voulions arriver promptement à Fernambouc, pour profiter de l'occasion d'une flotte Portugaise qui devoit incessamment faire voile pour l'Europe; le gouverneur donna de l'argent à un caporal qui nous y conduisît. J'avois les pieds si déchirés qu'à peine pouvois-je me soutenir; on me fit donner un cheval.

Enfin, après quatre jours de marche, nous entrâmes dans la ville de Fernambouc. Mon premier soin fut d'aller avec mes gens me présenter à M. Joseph de Correa, général, qui eut la bonté de me donner audience ; enfuite dom Francifque Miguel, capitaine d'un vaiffeau du roi, nous tranfporta dans fon canot, pour nous procurer l'avantage de faluer le général de la flotte, dom Juan d'*Acofta de Brito*. Je ne faurois exprimer toutes les politeffes dont ce feigneur nous accabla ; rien n'échappoit au zele qu'il avoit de nous être utile. Me voyant nud, il me donna un habillement complet, & le lendemain fon fecond me préfenta au général de la terre, dont les bontés mériteront toujours toute ma reconnoiffance. Il me fit l'honneur de m'admettre à fa table, me fit faire auffi un habit complet, & me donna une épée. Quatre jours après, il m'honora d'une vifite, & répandit fes libéralités fur mon équipage, à qui il fit préfent de dix pieces d'or, que je fis diftribuer proportionnellement au rang de chacun.

Pendant cinquante jours que nous demeurâmes dans cette ville, dom Juan d'Acofta de Brito ne ceffa de me combler d'honnêtetés & de nouvelles faveurs. Il me donnoit fa maifon, fa table, & me procuroit tous les divertiffemens poffibles ; fa générofité s'étendoit fur tous mes compagnons d'infortune ; il la porta jufqu'à les faire mettre en remplacement fur les vaiffeaux de fa flotte, pour leur procurer des appointemens. Sa charité, toujours ingénieufe, lui donnoit chaque jour des occafions de

DES NAUFRAGES. 205

perpétuer son zele ; toute son ambition étoit de nous faire oublier nos malheurs. Il ne voulut jamais confier notre conservation qu'à ses soins & à sa vigilance ; son vaisseau sembloit n'être destiné que pour la sûreté de son convoi & pour nos commodités. On eût dit enfin, que sa commission avoit pour but principal de faire payer mes matelots & de nous procurer tous les avantages & les aisances possibles.

Nous partîmes enfin le 5 d'Octobre, & nous arrivâmes à Lisbonne le 17 Décembre suivant. Cette longue & heureuse traversée annonce assez la sagesse & l'expérience de notre commandant.

Arrivé à Lisbonne, je fus saluer l'intendant des Alguasils. Cet officier m'offrit fort civilement son carrosse, & me conduisit chez M. *du Vernay*, consul de France, auquel je fis une description abrégée de nos malheurs & des politesses de toute la nation Portugaise. Il me fit mener dans sa voiture au palais de notre généreux amiral, qui mit le comble à ses services en me forçant de prendre un appartement dans son hôtel. Après quelques jours de résidence, craignant d'abuser de ses bontés, je me dérobai à ses politesses, & pris une chambre en ville chez un François, assez près du port pour saisir la première occasion de retourner en France.

Le 2 Janvier, M. le consul me procura un petit

bâtiment de Morlaix, sur lequel nous montâmes le maître & moi; mes autres compagnons furent distribués sur d'autres bâtimens. J'arrivai à Morlaix le 2 Février. Tant de fatigues me forcèrent à prendre quelques jours de repos dans cette ville, d'où je me rendis à l'Orient le 10 du même mois, accablé de misère, dénué de tout ce que je possédois au monde, après vingt-huit ans de service; joignez à cela un sang altéré par les maux que je venois d'essuyer.

N.º 8.

NAUFRAGE

Du Vaiſſeau Anglois, le Dodington, *ſur un rocher, en pleine mer, entre le* Cap de Bonne-Eſpérance, & *l'Iſle de* Madagaſcar, *le* 17 *Juillet* 1755 (*).

Le 25 d'Avril 1755, le *Dodington*, commandé par le capitaine *Samſon*, mit à la voile des Dunes en Angleterre : il étoit de conſerve avec *le Pelham, le Hougton, le Streatham* & *le Hedgecourt*, tous vaiſſeaux au ſervice de la Compagnie des Indes orientales. En ſept jours ils ſortirent du canal. Le capi-

---

(*) Cette Relation eſt inſérée dans le Recueil intitulé : Hiſtoires des découvertes faites par les Européens dans les différentes Parties du monde, par M. Barrow, *Paris,* 1766, tome douzième.

taine Samson voyant que son bâtiment navigeoit avec plus de légèreté qu'aucun des autres, ne voulut pas perdre l'avantage qu'il pouvoit retirer de cette supériorité. Il fit voile séparément, & les ayant bientôt perdus de vue, il gagna Bonavista, l'une des îles du Cap-Verd, située à seize degrés de latitude septentrionale. Il y arriva le 20 Mai, & le 21 il jetta l'ancre dans la Baie de Porte-Prior. Il parut alors, ou qu'il s'étoit trompé en croyant son vaisseau meilleur voilier que les autres, ou qu'il avoit perdu du tems par la route qu'il avoit tenue, puisqu'il trouva le Pelham & le Streatham entrés dans la baie deux heures avant lui; le Hougton le suivit de près, mais le Hedgecourt n'arriva que le 26.

Le 27 Mai, le Dodington, le Pelham, le Streatham & le Hougton ayant fait leur provision d'eau, continuèrent ensemble leur voyage, & laissèrent l'Hedgecourt en rade. Ils voguèrent de conserve, faisant route au sud-est quart à l'est, jusqu'au 28; mais le capitaine Samson jugeant qu'on alloit trop à l'est, ordonna que le Dodington portât directement au sud, ce qui le sépara encore des autres. Après sept semaines d'un tems favorable, il reconnut la terre à la hauteur du cap de Bonne-Espérance. Quand il eut doublé ce cap, il repartit des Agulhas le 28 de Juillet; le bâtiment fit cours à l'est l'est pendant vingt-quatre heures, au trente-cinquième degré & demi de latitude méridionale, après quoi le capitaine donna ordre de faire voile est-nord-est.

Il continua de suivre le même cours jusqu'au jeudi 17 du même mois, qu'il toucha à une heure moins un quart du matin. L'officier, dont le journal a servi à former cette relation, dormoit alors dans sa chambre; mais étant éveillé subitement par le choc, il sauta hors du lit, dans la plus grande consternation, & fit toute la diligence possible pour se rendre sur le pont, où toutes les horreurs de sa situation le frappèrent en même tems. Il vit les hommes renversés de côté & d'autre par la violence de la mer qui tomboit sur eux, & le vaisseau qui se brisoit en pieces à chaque houle dont il étoit frappé. Il se traîna en rampant avec la plus grande peine, jusques sur le bas-bord du demi-pont, qui étoit le plus élevé au-dessus de la surface de la mer. Il y trouva le capitaine, qui ne lui dit rien autre chose, sinon; il nous faut tous périr...... Quelques minutes après, un coup de mer les sépara, & il cessa de l'appercevoir. Cet officier voulut gagner l'autre côté du demi-pont, mais il avoit le corps trop brisé par la violence de la mer; & il eut encore le petit os du bras droit caffé. Cependant toutes les parties du vaisseau étoient emportées sous les eaux & mises en pieces.

Dans cette horrile situation, s'attendant à chaque instant d'être englouti par les vagues, il entendit quelqu'un crier : Terre ! terre ! Il jetta aussitôt la vue autour de lui ; mais quoiqu'il vît quelque chose qu'il jugea qu'on avoit pris pour la terre, il crut que ce n'étoient que les vagues opposées aux brisans. En même tems la mer tomba sur lui avec tant de violence, que non-seulement elle l'arracha de son asyle, mais encore elle l'étourdit en le jettant contre une piece du vaisseau. Il demeura évanoui sur les débris, & dans un état d'insensibilité, jusqu'à ce que le jour fût très-avancé ; en recouvrant l'usage des sens, il se trouva attaché sur un clou qui s'étoit enfoncé dans son épaule. Outre la douleur qu'il ressentoit de ses blessures & du brisement qu'il avoit souffert, il étoit si engourdi par le froid, qu'il pouvoit à peine remuer un pied ou une main. Il cria le plus haut qu'il lui fut possible, & fut entendu des hommes qui étoient sur les rochers ; mais ils ne purent lui donner du secours, & il se passa un tems considérable, avant qu'il pût se dégager & se traîner sur le rivage. C'étoit une île formée d'un rocher stérile & inhabité, à trente-trois degrés quarante-trois minutes de latitude méridionale, & à la distance d'environ deux cent-cinquante lieues à l'eſt du cap de Bonne-Eſpérance (*).

L'officier y rencontra M. *Evan Jones*, premier contre-maître ; M. *Jean Collet*, ſecond contre-maître ; M. *Guillaume Wel*, troiſième contre-maître ; M. *S. Powell*, cinquième contre-maître ; *Richard Topping*, charpentier ; *Noël Bothwel* & *Nathaniel Chisholm*, quatrième maître, *Daniel Ladova*, maître-d'hôtel du capitaine ; *Henry Sharp*, domeſtique du chirurgien ; *Thomas Alnold*, negre, & *Jean Magdovel*, domeſtiques du capitaine ; *Robert Breaſley*, *Jean Ding*, *Gilbert Chain*, *Térence Mole*, *Jonas Roſenbury*, *Jean Glaſſ-Taylor* & *Hendrick Scantz*, matelots ; *Jean Yetz*, compagnon ; *Jean Liſter*, *Ralph*, *Sonith* & *Edouard Diſſoy*, mouſſes. Ces hommes, au nombre de vingt-trois, étoient les ſeuls qui reſtoient de deux-cent-ſoixante-dix qu'il y avoit à bord du vaiſſeau, quand il fit naufrage.

(*) Il faut qu'il y ait une erreur dans le calcul de l'auteur du journal ; aucune carte ne préſente ce Rocher dont il eſt queſtion, ſous la latitude de trente-trois degrés quarante-quatre minutes, à deux cens lieues du cap de Bonne-Eſpérance, & à ſix d'aucun continent. La direction priſe le 9 Juillet, & ſuivie juſqu'au 17 à l'eſt nord-eſt, rend cette erreur conſidérable.

Le premier foin fut de chercher dans ce que la mer avoit rejetté des débris du vaiffeau fur le roc, quelques planches ou pieces de bois pour fe couvrir ; & ils réuffirent au-delà de leurs efpérances. Ce dont ils avoient enfuite le plus de befoin étoit du feu, & ils ne pouvoient s'en procurer auffi aifément. Quelques-uns effayèrent d'en allumer en frottant deux morceaux de bois l'un contre l'autre, mais fans aucun fuccès; d'autres cherchèrent entre les rochers s'ils ne trouveroient pas quelque chofe qui pût leur fervir de pierre & de briquet. Enfin, après avoir beaucoup cherché, ils trouvèrent une boîte qui contenoit deux pierres à fufil & un morceau de lime rompue, acquifition inefpérée qui leur donna beaucoup de joie. Cependant la pierre & l'acier leur étoient fort inutiles jufqu'à ce qu'ils euffent quelque matière que l'étincelle allumât & qui leur pût tenir lieu de meche. Ils recommencèrent donc de nouvelles recherches avec autant d'inquiétude que d'activité, & ils rencontrèrent un barril de poudre; mais à leur grand chagrin ils virent qu'elle étoit mouillée. Cependant, après l'avoir bien examinée, ils en trouvèrent au fond du barril une petite quantité qui n'avoit fouffert aucun dommage; ils la broyèrent fur un mauvais bout de toile qui leur fervit très-bien de meche, & ils eurent promptement du feu. L'officier bleffé garda ces précieux matériaux, & ſes compagnons d'infortune allèrent chercher les autres choſes néceſſaires, ſans leſquelles ce rocher n'auroit pu ſervir qu'à retarder leur deſtruction.

L'après-midi, la mer leur apporta une caiſſe de bougies & un barril d'eau-de-vie. Cette reſtitution leur fut très-agréable, particulièrement la liqueur, dont ils burent chacun une petite ration. Quelque tems après, d'autres vinrent dire qu'ils avoient découvert un tonneau preſqu'entièrement plein d'eau fraîche, ce qui leur étoit beaucoup plus utile que l'eau-de-vie. M. Jones apporta quelques pieces de porc ſalé, & enſuite arrivèrent quelques-uns des gens de l'équipage, qui chaſſoient devant eux ſept cochons, qui étoient abordés vivans. On vit auſſi de loin quelques futailles de bierre; d'eau & de farine; mais il ne fut pas poſſible pour lors de les faire monter ſur le rocher.

L'approche de la nuit les obligeoit de penſer à ſe procurer quelque couvert; en conſéquence ils s'occupèrent tous à ſe faire une tente de quelques canevas jettés à terre. Ils y réuſſirent avec aſſez de peine; mais faute d'une quantité ſuffiſante de toile à voiles, elle étoit ſi petite que tous ne pouvoient y être renfermés. Cette île étoit très-fréquentée par une eſpece d'oiſeaux de mer nommés gannets, un peu plus gros qu'un canard. La plus haute partie du rocher étoit couverte de la fiente de ces animaux. Ce fut sur cette partie que les naufragés élevèrent leur tente, dans la crainte d'être submergés ; ils placèrent dessous ceux qui ne pouvoient marcher, & allumèrent du feu près d'eux ; mais comme ils avoient passé tout le jour sans nourriture, la nuit ne leur procura aucun repos. Ils étoient enfoncés d'un pied dans cette fiente ; de plus, la nuit fut si orageuse que le vent écarta tout le feu ; la pluie acheva même de l'éteindre avant qu'ils eussent pu se rassembler.

Le vendredi 18 Juillet, ceux qui pouvoient marcher allèrent visiter les environs du rocher, pour reconnoître ce que la mer y avoit apporté des débris de leur bâtiment ; mais, à leur grand chagrin, ils trouvèrent que tous les tonneaux qu'on avoit vus le soir précédent s'étoient brisés contre le roc, excepté un de bierre & un de farine. Peu de tems après qu'ils les eurent mis en sûreté, la marée monta & mit fin à leur travail. Tous se rassemblèrent pour faire leur premier repas, & l'on fit griller quelques morceaux de porc sur les charbons pour leur dîner. Quand ils s'assirent pour prendre ce repas, qu'ils avoient coutume de faire dans la joie & la satisfaction que procure l'abondance actuelle & l'espérance de celle à venir, la désolation & l'éloignement de tout secours les frappa d'un sentiment si vif sur leur condition déplorable, qu'ils éclatèrent en lamentations, tendant leurs mains & regardant autour d'eux avec l'air farouche du désespoir.

Avant d'offrir au lecteur le récit du projet singulier conçu par ces naufragés, & mis à exécution contre toute apparence, il fera volontiers avec nous une réflexion bien consolante sur les ressources de l'esprit humain dans les positions les plus critiques. Tel est l'effet que produit sur nous le choc subit d'un malheur considérable & inattendu, de faire succéder à l'accablement & à une espece de stupeur léthargique, une agitation violente qui entraîne rapidement notre imagination sur une multitude d'objets qu'elle rejette sans examen, jusqu'à ce que, forcée de revenir sur ses pas, elle s'arrête à celui qui se présente d'une manière plus saillante, sans être souvent le plus propre à lui faire atteindre le but où elle tend. Une fois fixée, elle réveille l'espérance comme assoupie au fond de notre cœur; celle-ci s'élance vers l'objet, lui trouve des possibilités, que l'esprit saisit & combine; & de ce concours heureux naissent ces prodiges de l'industrie humaine, enfans de la nécessité, qui nous arrachent, comme par miracle, aux positions les plus désespérées. Mais aussi, il seroit impossible de méconnoître la main bienfaisante d'une Providence attentive à notre conservation, qui nous douant de la faculté sublime de penser, nous fournit les moyens d'exécuter ce que notre esprit n'a fait d'abord que concevoir. Nous en allons voir un exemple frappant, dans le projet presque ridicule, auquel les malheureux dont nous donnons l'histoire, s'arrêtèrent pour sortir de leur stérile habitation, celui de construire une chaloupe, avant d'avoir le bois & les outils nécessaires; & nous bénirons avec eux le Ciel qui leur fournit des matériaux qu'ils n'attendoient que de sa bonté.

Un de ces infortunés jettant les yeux sur le charpentier, s'avisa de dire que, puisqu'il étoit avec eux, ils pourroient construire une chaloupe, pourvu qu'ils eussent les matériaux nécessaires. Cette réflexion ranima à l'instant l'espérance de tous les autres; il n'y en eut pas un seul qui ne tournât les yeux sur le charpentier. Celui-ci les assura qu'il ne faisoit aucun doute de pouvoir construire une chaloupe qui les conduiroit à un port sûr, si, comme on le disoit, il pouvoit avoir des outils & des matériaux. A la vérité, on ne voyoit alors aucune apparence de s'en procurer, non-plus que tout ce qui étoit nécessaire pour avitailler cette chaloupe, en supposant qu'on la pût construire. Cependant, aussitôt qu'ils eurent pensé que leur délivrance n'étoit pas totalement impossible, ils commencèrent à s'imaginer qu'elle n'étoit ni hors de probabilité, ni difficile. Dès ce moment leur chagrin s'adoucit, ils mangèrent avec moins de répugnance, & la chaloupe devint le seul objet de leur conversation ; non-seulement ils s'entretenoient de la grandeur de ce bâtiment, ainsi que de la manière de le manœuvrer, mais ils disputoient entr'eux à quel port on le conduiroit, soit au Cap, soit à celui de Delagoa.

Aussitôt qu'ils eurent fini leur repas, les uns allèrent à la quête des outils, & les autres travaillèrent à accommoder la tente ; mais on ne trouva rien ce jour, qui pût servir à la construction de la chaloupe.

Le samedi 19 Juillet, ils retirèrent quatre busses d'eau, un tonneau de farine, un muid d'eau-de-vie, & une de leurs petites chaloupes que le flot avoit jettée sur le roc en très-mauvais état ; mais ils ne virent encore aucuns outils, à l'exception d'une ratissoire.

Le dimanche 20 Juillet, ils eurent le bonheur de trouver un panier dans lequel il y avoit des limes, des aiguilles à voiles, des tarières & une carte marine. Ils trouvèrent aussi deux quarts-de-cercle, une doloire de charpentier, un ciseau, deux lames d'épée, & une cassette du trésor. Ils firent cette recherche de grand matin, parce que la mer ayant été très-forte le jour précédent, il y avoit lieu de croire qu'elle leur ameneroit quelques débris du vaisseau. A dix heures ils s'assemblèrent pour la prière, & ne sortirent ensuite qu'après le dîner. Ils trouvèrent plusieurs paquets de lettres qui appartenoient au roi & à la Compagnie ; ils les firent bien sécher & eurent soin de les mettre à part.

Le même jour, en cherchant sur le rivage, ils trouvèrent le corps d'une femme, qu'ils reconnurent pour celui de M. *striff Collet*, femme du second contre-maître qui étoit à peu de distance. La tendresse de ces deux époux étoit extrême ; M. Jones, premier contre-maître, prit en particulier M. Collet, & trouva moyen de l'emmener de l'autre côté du rocher, pendant que les autres contre-maîtres, aidés du charpentier & de quelques matelots, creusèrent une fosse dans la fiente d'oiseaux, & y déposèrent le corps, en récitant la formule pour les enterremens, qu'ils lurent dans un livre françois que la mer avoit apporté du vaisseau. Après avoir rempli ce devoir de l'humanité, & caché à M. Collet une vue qui l'auroit affecté trop sensiblement, & lui auroit pu même être funeste, ils trouvèrent moyen, quelques jours après, de lui découvrir peu-à-peu la conduite qu'ils avoient tenue,

& de lui donner l'anneau de mariage qu'ils avoient ôté du doigt de sa femme. Il le reçut avec la plus grande émotion, passa ensuite plusieurs jours à élever un monument sur sa sépulture, en entassant toutes les pierres quarrées qu'il put trouver ; & mit ensuite sur le sommet une planche d'orme, où il grava le nom & l'âge de sa mort, & un abrégé de l'accident funeste qui en avoit été la cause.

Le lundi 21 Juillet, ils trouvèrent un peu d'eau fraîche, du porc, du bois, des planches, des cordages & du canevas, qu'ils rassemblèrent avec joie, pour la construction & l'approvisionnement de la chaloupe, quoique jusqu'alors ils manquassent de plusieurs outils, sans lesquels il étoit impossible que le charpentier pût travailler. Il venoit de finir une scie, mais il n'avoit ni marteau ni clous. Dans cette conjoncture, un des matelots, nommé *Hendrick Scantz*, Suédois, trouva un vieux soufflet, l'apporta à ses compagnons, leur dit qu'il avoit été forgeron, & qu'avec ce soufflet, & une forge qu'ils pourroient faire sous sa direction, il fourniroit au charpentier tous les outils qui lui seroient nécessaires, ainsi que des clous. Il ajouta qu'il y voyoit d'autant plus de possibilité, qu'il y avoit beaucoup de fer attaché au bois qu'on pouvoit brûler des débris du vaisseau. Cette offre fut reçue avec des transports de joie. Le forgeron se mit aussitôt à raccommoder le soufflet, & les trois jours suivans furent employés à élever une tente & une forge. On rassembla aussi tous les bois & toutes les planches qui pouvoient servir au charpentier, qui de son côté s'occupa à mettre en état le peu d'outils qu'il avoit, afin de commencer la chaloupe le plutôt qu'il lui seroit possible.

Le jeudi 24 Juillet, le charpentier, aidé du quartier-maître *Chisholm*, commença à travailler à la quille de la chaloupe, qu'on résolut de faire de trente pieds de long sur douze de large. Le même jour le forgeron finit sa forge & rassembla beaucoup de sapin pour le feu nécessaire. Depuis ce jour, le charpentier & le forgeron travaillèrent avec toute la diligence possible; ce dernier eut le bonheur de trouver l'anneau & la noix d'une ancre d'affourche, qui lui servit à faire une enclume; il fournit des ciseaux, des haches, des marteaux, des clous, & tout ce qui étoit nécessaire au charpentier, qui de son côté s'en servit avec autant d'adresse que de diligence, jusqu'au 31 qu'il tomba malade.

La vie de tous les naufragés dépendoit de celle du charpentier; aussi attendirent-ils le retour de sa santé avec autant d'inquiétude que d'impatience. Mais, à leur joie inexprimable, il fut si promptement

DES NAUFRAGES. 221

rétabli, que le 2 d'Août il put se mettre à l'ouvrage.

Cependant les munitions qu'ils avoient sauvées du naufrage étoient si près d'être épuisées, qu'ils furent obligés de se réduire à deux onces de pain par jour pour chaque homme, & qu'il ne leur restoit de porc salé que la quantité nécessaire pour avitailler la chaloupe : ils se trouvoient aussi avec très-peu d'eau. Dans cette disette ils eurent recours à divers expédiens ; ils creusèrent un puits, dans l'attente de trouver quelque source, mais ce fut inutilement : ils essayèrent de tuer quelques-uns des gannets qui venoient se percher sur le haut du roc, ce qu'ils firent avec assez de succès ; mais ils en trouvèrent la chair rance, d'un goût de poisson, & noir comme des prunelles sauvages : ils firent un radeau de ceux qu'on nomme catamarans, dans l'intention de s'en servir pour aller à la pêche avec les hameçons & les lignes que la mer avoit rejettés à terre. Ils tuèrent aussi quelques veaux marins, mais tous ceux qui en mangèrent en furent malades ; ce qui les mit dans la nécessité de tuer un de leurs porcs.

Ils réussirent si bien à pêcher avec leur radeau, qu'ils en mirent quelquefois deux en mer. Cependant M. Collet & M. Yets, l'un des compagnons, furent en grand danger d'être entraînés en haute mer fur un de ces radeaux, & d'y périr. Le 20 d'Août, ils pêchèrent l'après-midi jufqu'à quatre heures, qu'ils voulurent regagner leur rocher; mais le vent s'étant élevé tout-à-coup de l'oueft, & très-frais, au lieu d'approcher du rivage, ils fu- repouffés fort loin en mer. Ceux qui étoient à terre voyoient leur détreffe, mais ils ne favoient comment pouvoir leur donner du fecours. Ils fe hafardèrent cependant à envoyer un autre radeau avec des cordes, dans l'efpérance qu'ils pourroient s'y amarrer jufqu'à ce que le vent fût plus modéré; mais la mer étoit fi forte, que ce dernier radeau fut renverfé jufqu'à trois fois, & que les hommes furent obligés de revenir à la nage. Ils voyoient leurs compagnons emportés au loin par les vagues, & ils étoient au défefpoir de ne pouvoir leur prêter aucun fecours, lorfque le charpentier leur dit qu'il alloit fi bien ferrer la petite chaloupe, qu'elle ne prendroit pas plus d'eau qu'un homme n'en pourroit vuider. Cette promeffe renouvella leurs efpérances, & il n'y en eut pas un qui ne fût difpofé à s'y embarquer pour délivrer fes amis. En un quart-d'heure la chaloupe fut prête; elle joignit bientôt le radeau, & prit à bord Collet & Yets. Ils trouvèrent que l'eau les gagnoit prodigieufement malgré tous leurs efforts; & quand ils abordèrent au rocher, la chaloupe en étoit fi remplie, qu'elle auroit été infailliblement submergée si elle fût resté quelques momens de plus à la mer. Cet accident fit une telle impression, que personne n'osoit plus se servir des radeaux pour pêcher; mais le charpentier s'occupa du soin de rétablir la petite chaloupe, qu'il mit promptement en état de service.

Leur succès à la pêche étoit fort incertain, & souvent il leur arrivoit de ne rien prendre. Les secours qu'ils trouvoient à terre n'étoient pas moins incertains; quelquefois les gannets venoient en quantité prodigieuse, comme un nuage, d'autres fois il se passoit plusieurs jours sans qu'on en vît un seul. Les Anglois desiroient beaucoup de trouver quelque moyen pour empêcher que ce qu'ils prenoient ne se corrompît, afin de conserver le superflu d'un jour heureux pour ceux où il leur arriveroit de ne prendre ni gannets ni poisson. Ils firent plusieurs épreuves pour conserver les uns & les autres, en les fumant; mais ce fut sans succès. Ils voulurent essayer à faire du sel, mais cette expérience fut près de leur devenir à tous très-fatale. Le forgeron ayant accommodé un vase de cuivre pour cet usage, ils commencèrent aussitôt à s'en servir, sans penser que leur opération en chargeroit la surface de verd-de-gris, & que cette solution ou rouille de cuivre étoit un poison. Ils firent du sel; mais la substance qui le rendoit nuisible s'y répandit avec une telle force, qu'il en devint d'un goût insupportable. On fut donc obligé de le jetter; ceux qui avoient voulu en goûter furent saisis de violentes coliques, de sueurs froides & de convulsions, dont ils n'échappèrent qu'avec beaucoup de peine.

Le mercredi 3 Septembre, il y avoit près de sept semaines qu'ils habitoient ce rocher stérile, où ils s'étoient sauvés le 17 Juillet, & pendant ce séjour ils avoient remarqué plusieurs fois une grande fumée du côté de la terre-ferme; ce qui leur faisoit desirer ardemment d'y envoyer la chaloupe, afin de connoître quel secours on en pourroit tirer. En conséquence *Bothwel*, *Rosenbury* & *Taylor* partirent ce jour-là pour aller à la découverte pendant la nuit, les autres firent un grand feu sur le haut du rocher, pour leur servir de signal.

Pendant qu'ils attendoient le retour de la chaloupe, ils tombèrent tous dans la plus grande consternation, par un accident qui arriva au charpentier, qui eut le malheur de se couper la jambe avec un de ses outils. La quantité du sang qu'il perdoit, n'ayant ni chirurgien pour le panser, ni rien de ce qui pouvoit être nécessaire pour appliquer à la blessure, fit craindre quelque tems pour sa vie. Enfin

après

après beaucoup de peines le sang fut étanché, & la coupure se guérit peu-à-peu.

Le samedi 6, le tems ayant été très-beau pendant quarante-huit heures, ils attendoient le retour de leur chaloupe. A midi, ils commencèrent à être fort inquiets de ne la pas voir ; mais lorsqu'ils s'asseyoient pour dîner, ils furent agréablement surpris par les cris de deux des hommes, qui couroient sur le rocher en criant : La chaloupe ! la chaloupe ! Ils se levèrent tous très-joyeux d'entendre ce cri, & coururent pour la voir arriver, dans la plus grande espérance d'un heureux succès ; mais ils reconnurent bientôt qu'elle n'étoit conduite que par un seul homme qui faisoit agir les deux rames, d'où ils conclurent que les deux autres étoient péris ou retenus. Ils eurent quelques momens après la satisfaction d'en voir un second qui se levoit du fond de la chaloupe, & ils jugèrent qu'il y avoit été pour y prendre quelque rafraîchissement ; la chaloupe s'approcha un peu plus, quoiqu'elle n'avançât que très-lentement. Le dîné fut entièrement oublié, & après qu'ils furent restés une heure sur le rivage, dans la plus grande impatience, la chaloupe vint enfin y aborder. Les deux hommes étoient Rosembury & Taylor, qui, en mettant pied à terre, se jettèrent à genoux pour remercier Dieu, de ce qu'il leur avoit fait la grace

Tome III. P

d'aborder encore une fois en sûreté sur ce rocher, qu'ils regardoient, quoique nud & stérile, comme un asyle contre un état beaucoup plus fâcheux. Toutes leurs forces ayant été employées à ramener la chaloupe, elles les abandonnèrent tout-à-coup, & ils ne purent se lever de terre sans le secours de leurs compagnons.

Aussitôt qu'ils eurent gagné la tente, chacun s'empressa de leur procurer quelque rafraîchissement, parce qu'on avoit remarqué que la chaloupe étoit également vide de provisions & d'eau. On leur prépara promptement un peu de poisson, & voyant qu'ils étoient épuisés de veilles & de travail, on ne les interrompit point par des questions; on attendit même avec une patience bien extraordinaire dans une pareille occasion, la fin d'un sommeil profond auquel ils furent contraints de céder après leur repas. A leur réveil, ils satisfirent la juste curiosité de leurs compagnons, par le récit des aventures de leur voyage.

Le jour de leur départ, vers trois heures après midi, ils avoient tourné vers une pointe, environ à six lieues à l'est du rocher; à mesure qu'ils en approchoient, ils avoient remarqué que cette pointe se partageoit en deux, ce qui leur avoit fait espérer de trouver un port dans son ouverture; mais ils avoient été trompés dans leur attente, & avoient trouvé toute la côte entourée de brisans. Vers cinq heures, n'ayant encore vu qu'un seul des naturels du pays, ils essayèrent de gagner le rivage; mais dans le moment qu'ils entrèrent dans les lames, leur chaloupe fut renversée, & ils eurent le malheur de perdre Bothwel, qui périt dans les flots. Les deux autres gagnèrent le rivage dans une foiblesse & un épuisement extrêmes, n'ayant d'autres provisions qu'un petit barril d'eau-de-vie. Lorsqu'ils eurent repris un peu de force, ils se traînèrent le long de la côte pour avoir leur chaloupe, parce qu'ils ne pouvoient trouver aucun autre abri contre les bêtes féroces dont ils avoient lieu de craindre les attaques pendant la nuit. Après l'avoir cherchée pendant quelque tems, ils la trouvèrent; mais ils étoient trop foibles pour la pouvoir relever. La nuit survint, & ils furent obligés de demeurer sur le sable, sans autre couvert que celui de quelques branches d'arbres, & d'y attendre le jour. Aussitôt qu'il parut, ils allèrent chercher la chaloupe; mais les vagues l'avoient écartée de l'endroit où ils l'avoient laissée.

Comme ils marchoient le long de la côte, ils virent un homme, & s'avancèrent vers lui; mais il prit aussitôt la fuite dans un bois peu éloigné du rivage, & qui leur parut très-épais; ils ne l'y suivirent pas. Peu de tems après, ils trouvèrent le corps du malheureux Bothwel, qui avoit été tiré sur le sable à une distance assez considérable de la mer, & déchiré en pieces, vraisemblablement par quelques bêtes féroces ; cette vue leur causa le plus grand effroi. Cependant ils retrouvèrent leur barque ; mais la crainte de passer encore une nuit à terre les détermina à songer à leur retour. Ils en furent empêchés par un vent frais venant de l'ouest; & avant qu'ils eussent pu revirer, la chaloupe fut encore renversée avec eux, & poussée sur le rivage. Après avoir nagé avec de violens efforts, ils eurent le bonheur de gagner la terre ; comme ils n'avoient rien mangé de ce jour, ils se trouvèrent accablés de faim & de fatigue. Ils trouvèrent alors un fruit qui ressembloit à une pomme, ils en cueillirent avec avidité, & en mangèrent de même, sans en connoître ni le nom ni la qualité ; il ne leur en arriva cependant aucun accident.

Après s'être rafraîchis par ce repas de l'enfance du monde, ils travaillèrent à mettre leur chaloupe à terre, & se glissèrent dessous pour y dormir à l'abri de l'ardeur du soleil & de la voracité des bêtes féroces. Ceux qui connoissent la force irrésistible du sommeil, après une longue veille & un travail excessif, auront peine à croire que leur repos fut très-court ; il le fut cependant, leur situation étant très-incommode & peu sûre. Ils s'éveillèrent avant le jour, & regardant par-deſſous le bord de leur chaloupe, auſſi-tôt qu'ils purent diſcerner les objets, ils virent les pattes de pluſieurs animaux qu'ils jugèrent être des tigres, qui paſſoient & repaſſoient. Ce fut pour eux un motif de demeurer dans la même ſituation juſqu'à ce qu'il fit grand jour. Ils regardèrent une ſeconde fois, & reconnurent le pied d'un homme. A cette vue ils ſortirent de deſſous la barque, au grand étonnement du ſauvage, & de deux autres qui étoient à quelque diſtance avec un jeune garçon. Quand ils ſe furent raſſemblés, & qu'ils furent un peu remis de leur première ſurpriſe, ils firent ſigne aux Anglois de ſe retirer, ce que ceux-ci s'efforcèrent de faire; mais ils étoient ſi fatigués qu'ils ne pouvoient marcher que très-lentement.

Ils n'étoient pas encore fort éloignés de la chaloupe, quand un très-grand nombre de naturels vint ſur eux avec des lances. Roſembury s'étoit emparé du mât de la chaloupe, & d'un piſtolet que la mer avoit jetté ſur le rivage; voyant que les ſauvages venoient ſur lui, & ſe trouvant hors d'état de courir, il eut l'imprudence de ſe tourner vers eux, d'employer toutes ſes forces, & de s'avancer d'un air menaçant, dans la penſée qu'il les effraieroit & qu'ils prendroient la fuite dans les bois. Il fe trompa dans fon attente ; au lieu de fe retirer, ils l'environnèrent & commencèrent à aiguifer leurs lances fur la terre. Taylor jugeant que la voie des fupplications étoient la feule qui pût les fauver d'un péril auffi grand, fe jetta à genoux, & leur tendit les bras d'un air foumis, tandis que Rofembury s'enfuyoit vers la mer. Les fauvages entourèrent auffitôt Taylor, & commencèrent à le dépouiller. Il fe laiffa ôter tranquillement fes bas & fa chemife ; mais quand ils voulurent lui enlever le refte de fon habillement, il fit quelque réfiftance, & les pria par fes geftes de ne le pas mettre entièrement nud; ce qui les porta à s'arrêter. Ils firent enfuite figne à Rofembury, qui nageoit toujours dans la mer, de venir à eux ; mais il le refufa, croyant qu'ils vouloient le tuer. Ils lui montrèrent Taylor, pour lui faire voir qu'ils n'en vouloient point à fa vie ; alors il s'approcha d'eux, leur jetta fon piftolet & toutes fes hardes, à l'exception de fa chemife, après quoi il fe hafarda à fe livrer entre leurs mains. Ils ne lui firent aucune violence, feulement ils tinrent devant lui le mât de fa chaloupe & le piftolet, comme pour fe moquer de la folie qu'il avoit eue de vouloir les épouvanter. Ils parurent être fatisfaits d'avoir les habits, qu'ils partagèrent entr'eux.

Enfin ils commencèrent à piller la barque, prirent

toutes les cordes qu'ils y purent trouver, ainsi que le crampon de fer qui servoit à suspendre le gouvernail, & commencèrent à rompre la pouppe, dans l'intention d'avoir le fer qu'ils y voyoient. A moins de briser la tête aux malheureux Anglois, il étoit impossible de leur faire plus de mal; aussi commencèrent-ils à répandre un torrent de larmes, quand ils virent qu'on alloit détruire leur petit bâtiment. Ils supplièrent les Sauvages, avec toutes les marques d'une si grande douleur, qu'ils laissèrent la chaloupe telle qu'ils l'avoient trouvée. Encouragés par cette apparence d'attendrissement & de bonté, pressés d'ailleurs par le besoin, les Anglois leur demandèrent par signes quelque chose à manger; ils les comprirent, leur donnèrent quelques racines, & leur firent signe de partir. Les Anglois remirent leur barque en mer & se jettèrent dedans; mais le vent qui souffloit fortement de l'ouest les empêcha de s'éloigner du rivage. Les Sauvages voyant qu'ils vouloient leur obéir, mais qu'ils ne pouvoient le faire, les couvrirent de leur chaloupe pour qu'ils pussent reposer, & les laissèrent comme ils les avoient trouvés. Le lendemain matin, le tems étant devenu très-beau & le vent s'étant tourné à l'est, ils remirent encore leur barque en mer, & réussirent enfin à regagner le rocher.

Depuis le tems dont nous venons de parler, jufqu'au 28 Septembre, le charpentier & le forgeron continuèrent à travailler à la chaloupe. Tous étoient très-actifs à ramaffer ce que la mer apportoit de tems-en-tems des débris du naufrage, particulièrement les cordages & le canevas, pour gréer la chaloupe; ils trouvèrent auffi quelques tonneaux d'eau fraîche, qu'ils eurent grand foin de joindre aux autres provifions pour tenir la mer. Le même jour, après avoir fait la prière, devoir dont ils s'acquittèrent toujours régulièrement & en commun chaque dimanche, les officiers découvrirent que la caffette du tréfor avoit été ouverte, & qu'on avoit enlevé & caché la plus grande partie de ce qu'elle contenoit.

On fera peut-être furpris de ce que des gens que le danger avoit rendus dévots, devinffent coupables de larcin; mais il faut remarquer à ce fujet, que lorfqu'un vaiffeau périt, les matelots perdent leur paie & le capitaine fon commandement; que toute diftinction & fubordination ceffe, & que tout ce qui eft jetté à terre du débris eft regardé comme un bien commun. Ainfi, ces hommes qui jugèrent à propos de prendre fecrétement du tréfor ce qu'ils regardoient comme leur part, ne crurent point commettre un vol, leur intention étant feulement de mettre en fûreté ce qu'ils craignoient que les officiers ne vouluſſent s'approprier à leur détriment; & ce moyen caché de ſe payer par ſes mains, prévenoit toute diſpute, dont les ſuites ne pouvoient être que funeſtes dans la circonſtance actuelle.

Cependant, lorſque les officiers eurent reconnu ce qui s'étoit paſſé, & qu'ils virent que perſonne ne vouloit dire qu'il en eût connoiſſance, ils propoſèrent d'écrire une formule de ſerment, & de le faire prêter à chacun en particulier, en commençant par eux-mêmes. Le plus grand nombre s'y oppoſa, regardant ſans doute le ſerment comme inutile & comme impie, lorſqu'il s'agiſſoit de ſe purger d'un crime dont ils déſavouoient la nature; ceux d'entr'eux que l'épreuve n'épouvantoit pas n'étoient pas les plus forts. Ainſi l'affaire s'aſſoupit, & il n'y eut ni perquiſitions ni remontrances.

Le 6 d'Octobre, ils trouvèrent un fuſil de chaſſe, ce qui leur cauſa beaucoup de joie; le canon en étoit fauſſé, mais il fut bientôt racommodé par le forgeron, & l'on s'en ſervit avec ſuccès pour tuer des oiſeaux, qu'on ne pouvoit avoir auparavant qu'en les abattant à coups de bâton.

Le Vendredi 10 Octobre, ils revirent les gannets qui les avoient abandonnés depuis quelque tems, & qui volèrent alors en grand nombre autour du rocher. Les Anglois eſpérèrent qu'ils y dépoſeroient leurs œufs, & leurs eſpérances ne furent pas trompées, ils eurent des œufs en abondance jufqu'au commencement de Janvier, où le tems de la ponte fut entièrement paffé.

Le Dimanche 19 Octobre, M. Collet, M. Webb & deux autres fe hafardèrent encore à monter fur un radeau ; mais le vent s'étant élevé très-frais, le radeau fut rompu & ils furent jettés de l'autre côté des rochers. Le vent augmentant toujours & la mer étant très-haute, il fut impoffible de mettre la chaloupe à l'eau ; enforte qu'ils furent obligés de demeurer toute la nuit avec les veaux marins fur ces rochers, fans aucun couvert ni rafraîchiffement. Quoique leur fituation fût très-défagréable, ils trouvèrent un grand motif de confolation, en penfant qu'elle auroit été beaucoup plus affreufe, fi les vagues, au lieu de les jetter fur ces rochers, avoient emporté leur radeau en pleine mer. Le vent ne commença à tomber que le lendemain à midi; on envoya auffi-tôt la chaloupe ; mais comme les vagues étoient encore fort élevées, on ne put les amener que deux à la fois, en laiffant le radeau derrière. Le tems devint alors pluvieux, ce qui leur fut très-agréable, d'autant que cela fervit à augmenter leur provifion d'eau pour la mer. Ils étoient alors dans une grande difette de pain, quoiqu'ils fe fuffent reftreints depuis longtems à une très-petite ration. Pour dernière refsource, ils songèrent à bâtir un four, ayant plusieurs barriques de farine que la mer avoit jettées sur le rocher après leur naufrage. Ils réussirent au-delà de leur attente, & firent d'assez bon biscuit; mais le voyant bientôt prêt à finir, ils furent encore obligés de se réduire à quelques onces seulement par jour. Ils se privèrent aussi d'eau-de-vie, parce que la petite quantité qui restoit étoit scrupuleusement conservée pour l'usage du charpentier; pour surcroît de désagrément, il leur restoit si peu d'eau, qu'ils se réduisirent chacun à une pinte par jour.

Malgré ce fâcheux état, ils eurent tous le bonheur de conserver leur santé & leur vigueur. Le 16 Février 1756, ils lancèrent à l'eau leur chaloupe qu'ils nommèrent *l'Heureuse Délivrance*. Le 17, ils embarquèrent la petite quantité de provisions qu'ils avoient rassemblées. Enfin, le 18 ils mirent à la voile, & quittèrent le rocher, qu'ils nommèrent l'*Isle des Oiseaux*, après y avoir demeuré sept mois entiers.

Toutes leurs provisions consistoient en deux Buffes & quatre muids d'eau, deux cochons vivans, une tinette de beurre, environ quatre livres de biscuit pour chaque homme, & d'autres provisions salées, pour dix jours, en se réduisant chacun à deux onces par jour; encore étoient-elles presque toutes gâtées.

Le 18, à une heure après-midi, ils levèrent l'ancre avec une légère brise de l'ouest, dans l'intention de gagner la rivière de Sainte-Lucie vers la côte de Natal, pour laquelle ils mirent à la voile. Mais le malheur qui les suivoit leur fit éprouver pendant vingt-cinq jours toutes les contrariétés possibles; sans provisions, & emportés par des courans que le vent le plus favorable ne pouvoit leur faire surmonter. Leur état devenant de plus en plus misérable, ils perdirent toute espérance d'arriver à la rivière de Sainte-Lucie; enfin, voyant que les courans les emportoient fortement au sud-ouest, quoique le vent fût presque toujours de l'est, ils se déterminèrent à changer de cours, & à essayer de gagner le cap de *Bonne-Espérance*. En conséquence, le 2 Mars ils portèrent de ce côté-là. Le lendemain, le tems leur parut brouillé, & ils jugèrent qu'ils étoient menacés de quelques vents furieux venant de l'Ouest.

Ils ne se trompoient pas dans leurs conjectures; le vent augmenta prodigieusement jusqu'au 4 du mois, où ils essayèrent de prendre quelque repos; mais la mer étoit si grosse, qu'ils craignoient que chaque houle ne mît en pieces leur petit bâtiment. Ils furent donc encore obligés de continuer à manœuvrer, & de courir fous leur voile de perroquet. Quelquefois les raffales étoient si violentes, que la mer paroissoit comme un précipice au-dessous de leur pouppe. Ils continuèrent d'être ainsi emportés par les vents, jusqu'au matin du 5 que le tems se remit au beau.

Le 7, ils eurent un calme, & jettèrent l'ancre environ à trois quarts de mille du rivage de la côte de Natal (1), où ils virent bientôt plusieurs naturels qui descendoient des montagnes. Cette vue les encouragea à essayer s'ils pourroient débarquer. *Thomas Alnold*, domestique noir, avec deux matelots, furent envoyés dans un canot, & on lui donna un collier de grains d'ambre pour en faire présent aux sauvages. Aussitôt que la chaloupe fut près du rivage, Alnold sauta dans la mer & s'y rendit à la nage, pendant que la chaloupe retourna au vaisseau qui continuoit de voguer à quelque distance, pour trouver un endroit où l'on pût débarquer. Alnold accompagné d'environ quarante des naturels, suivit le vaisseau jusqu'à l'endroit du débarquement, & l'on renvoya le canot pour le reprendre. Il dit aux Anglois que lorsqu'il étoit arrivé à terre, les sauvages avoient d'abord paru fort réservés avec lui ; mais qu'ensuite ils s'étoient tous assis & l'avoient fait asseoir près d'eux ; qu'il avoit présenté le collier d'ambre au plus âgé, & que celui-ci l'avoit reçu avec des marques de politeſſe. Il leur avoit fait connoître par ſignes qu'il avoit beſoin de nourriture, & ils lui avoient donné du bled d'Inde, des fruits & de l'eau dans une calebaſſe. Il ajouta que les ſauvages avoient envoyé dans le pays, pour faire venir des moutons, des bœufs & autres denrées. Il marqua beaucoup d'envie de retourner auprès d'eux, mais comme le vent continuoit à venir de l'oueſt, on envoya ſeulement le canot, qui revint bientôt avec autant de bois qu'on en avoit beſoin pour quatre jours.

Ils continuèrent à ſuivre la côte juſqu'au 10 Mars, que le vent ſe tourna à l'eſt, alors ils jettèrent l'ancre environ à un demi-mille du rivage. Le ſoir, pluſieurs des Sauvages vinrent ſur le bord de la mer, d'où ils appeloient l'équipage & lui faiſoient des ſignes pour l'encourager à deſcendre; mais le débarquement parut impoſſible. Le matin, les naturels répétèrent leur invitation, en amenant devant eux un grand nombre de chevres & de bœufs. Cette vue étoit bien agréable pour des hommes que la faim réduiſoit aux abois; mais, nouveaux Tantales, ils périſſoient de faim devant ces abondantes proviſions qu'ils ne pouvoient atteindre. Telle fut leur ſituation juſqu'au 14, où deux matelots demandèrent qu'on les mît à terre à tout haſard, & qu'on leur permît d'aller vivre avec les naturels, plutôt que de mourir de faim à bord, parce que depuis deux jours ils n'avoient pris aucune nourriture. On les envoya dans le canot, & ils furent mis à terre avec beaucoup de difficultés.

Le soir du même jour, le vent étoit très-foible & paroissoit disposé à tourner à l'ouest, ce qui causoit beaucoup de chagrin aux Anglois à cause de leurs compatriotes qui étoient à terre, craignant qu'il ne devînt trop fort, & que le bâtiment ne pût demeurer sur son ancre jusqu'au matin. On fit de fréquens signaux pendant toute la nuit, en élevant des lumières, afin de les faire venir au bord de la mer, & de les reprendre avant que la lame fût trop forte. On n'en eut aucune connoissance jusques vers six heures du matin; mais il n'étoit plus possible, le vent étoit devenu trop fort & la lame trop élevée. On leur fit signe de suivre le rivage, dans l'espérance de trouver un endroit plus favorable pour les reprendre à bord, & la barque mit à la voile, rangeant toujours la côte.

A peine avoit-elle fait deux lieues, qu'on vit une place très-commode; aussitôt on porta au rivage, on jetta l'ancre à cinq brasses, & on mit en mer le canot avec quatre hommes, dont deux devoient aller à la recherche de ceux qui étoient descendus la veille; & les deux autres furent chargés de sonder l'embouchure d'une rivière que l'on avoit en vue, & où l'on croyoit trouver assez d'eau pour que la barque pût franchir la barre. Environ trois heures après, on revit les deux hommes avec les quatre premiers; mais ils n'osèrent revenir à bord, parce que la vague étoit trop forte pour s'exposer à mettre le canot à la mer.

Les gens de l'équipage passèrent la nuit dans de grandes inquiétudes; au point du jour ils levèrent l'ancre, & s'approchèrent encore du rivage; mais voyant que leurs compagnons n'osoient se hasarder, ils leur crièrent de revenir aussitôt, ou de leur faire savoir si l'entrée de la rivière étoit praticable; qu'autrement ils seroient forcés de les abandonner, parce qu'on manquoit de provisions & qu'on ne voyoit aucune apparence d'en avoir en cet endroit. Ces menaces eurent l'effet qu'on en attendoit; deux hommes se hasardèrent à revenir dans le canot, malgré la hauteur extrême de la lame. Quand ils furent à bord, ils dirent que les sauvages les avoient très-bien reçus, qu'ils leur avoient donné à manger du bœuf & du poisson, leur avoient fait boire du lait, & les avoient conduits par les montagnes, depuis l'endroit où ils avoient débarqué jusqu'à celui où ils avoient trouvé leurs compagnons. Le vent, qui souffloit alors de l'est, ne leur permettoit pas de rester en cet endroit,
mais

mais il favorisoit leur entrée dans la rivière, où ils avoient appris qu'il y avoit assez d'eau pour la barque. Ils levèrent l'ancre à onze heures du matin, & s'avancèrent vers la rivière, tenant toujours le canot devant pour sonder; mais quand ils furent à la barre, ceux du rivage leur firent signe de revirer; ils le firent & jettèrent l'ancre; le canot revint à bord, & leur dit qu'il n'y avoit alors que huit pieds d'eau sur la barre, & qu'il falloit attendre la marée pour la passer. A deux heures après midi ils remirent à la voile, entrèrent facilement dans la rivière & mouillèrent à deux brasses & demie de profondeur.

Leur premier soin fut de se concerter sur la manière dont ils pourroient trafiquer avec les naturels, pour se procurer les provisions & les autres denrées qui leur manquoient, n'ayant jamais entendu parler d'aucun commerce des Européens sur cette côte. Le conseil ne fut pas long, d'autant qu'ils avoient très-peu d'effets à échanger; ils consistoient seulement en boutons de laiton, quelques verroux, des clous & des cercles de fer, dont ils firent des anneaux, comme les sauvages en portent ordinairement aux bras & aux jambes, & qu'ils nomment bangles. Ils les descendirent sur le rivage, les montrèrent aux naturels & leur firent entendre, le mieux qu'il leur fut possible, ce qu'ils demandoient à échanger pour ces bagatelles. Les signes qu'ils employèrent furent compris, & les sauvages amenèrent promptement aux Anglois deux petits bœufs qu'ils leur vendirent pour une livre de cuivre & trois ou quatre boutons du même métal. Chacun des bœufs péſoit cinq ou six cens, & la chair en étoit excellente.

Ces Africains parurent très-contens de leur marché, & promirent d'amener un plus grand nombre de bétail. Ils apportèrent auſſi du lait en grande quantité & à très-bas prix, ne demandant qu'un bouton pour environ trente ou quarante pintes; on leur acheta au même prix, quelques meſures d'un petit grain qui reſſemble au froment de Guinée; les Anglois le brisèrent entre deux pierres, en firent une eſpece de pain qu'ils firent cuire ſur des cendres chaudes, dans l'eſpérance de le conſerver juſqu'à ce qu'ils en trouvaſſent de meilleur; mais leur attente fut trompée, car il ſe moiſit en trois jours. Ils firent bouillir du même grain avec leurs autres mets, ce qui leur fit une très-bonne nourriture.

L'équipage reſta environ quinze jours dans cet endroit; & pendant ce tems les Anglois pénétrèrent juſqu'aux habitations des naturels du pays, à dix ou douze milles du rivage; ce ſont des huttes couvertes de jonc marin, & très-propres au-dedans. Ils furent invités plusieurs fois d'y passer la nuit tant que dureroit leur séjour sur cette côte. Les habitans leur témoignèrent toujours beaucoup d'amitié; ils mangeoient souvent avec eux, & paroissoient prendre goût à la manière Européenne d'apprêter les viandes. Mais ils préféroient les intestins des animaux, qu'ils mangeoient cruds après les avoir nettoyés assez imparfaitement. Ils prenoient aussi beaucoup de plaisir à venir à bord de la barque, remontoient souvent la rivière dans le canot avec les Anglois. Ils ne témoignoient aucune jalousie de leurs femmes; au contraire, ils les amenoient souvent, avec leurs sœurs & leurs filles, auprès des étrangers, & les laissoient avec eux des jours entiers, pendant qu'ils se promenoient dans les bois.

Le principal exercice de ces sauvages est la chasse; ils n'ont d'autres armes que des especes de lances, & deux bâtons courts avec un gros nœud au bout: ils s'en servent pour assommer leur proie quand elle est blessée avec la lance. Leur adresse à manier cette arme étonna les Anglois; ils atteignoient à quinze ou vingt toises un épi qu'ils prenoient pour but. Ils avoient encore un autre exercice qu'ils pratiquoient particulièrement lorsqu'ils se rencontroient, ou quand ils se séparoient, c'étoit de danser, ou plutôt de sauter en rond, en faisant des grimaces & des cris affreux, en imitant quelquefois le cri de différens animaux, & brandissant fortement leurs lances.

Ces sauvages ne portoient point d'habillement, ou au moins fort peu durant le jour ; la nuit ils se couvroient d'une peau de bœuf qu'ils avoient l'art de passer & de rendre assez souple. Leur parure consistoit en une queue de bœuf pendante de la ceinture aux talons, à laquelle étoient attachées de petites coquilles de mer ; ils portoient aussi des morceaux de peau autour des genoux, des bras & des jambes. Un mélange de terre rouge & de suif couvroit presqu'entièrement leurs cheveux qui sont courts & crêpus ; ils se frottoient aussi tout le corps de graisse.

Les Anglois furent très-surpris de trouver au milieu de ce peuple absolument noir, un jeune-homme de douze à quatorze ans, entièrement blanc, & dont les traits tenoient beaucoup de ceux des Européens, avec de beaux cheveux déliés, en un mot, ne ressemblant en rien aux naturels du pays. Ils remarquèrent qu'on regardoit cet enfant comme un domestique ; les sauvages lui faisoient faire leurs commissions, & ne vouloient pas qu'il mangeât avec eux ; il attendoit qu'ils eussent fini leur repas pour prendre le sien ; ce qui parut d'autant plus singulier, qu'ils sembloient vivre avec beaucoup d'amitié les uns envers les autres ; & quand ils avoient quelque chose à manger, en si petite quantité que ce fût, celui qui en étoit possesseur le partageoit également avec tous ceux qui étoient présens, & marquoit une grande satisfaction à le faire.

La rivière est remplie de manattes ou vaches de mer, qui ne causent aucun dommage ; elles viennent ordinairement à terre pendant la nuit, & se nourrissent particuliérement d'herbes. Les naturels en tuent souvent quand elles dorment, & en font leur nourriture. Ils avoient aussi des dents d'éléphant, qu'ils auroient données pour peu de chose ; mais la barque étoit trop remplie pour les y mettre.

Quand les Anglois eurent rassemblé une quantité assez considérable de provisions, ils levèrent l'ancre le 29 à cinq heures du matin, & gagnè promptement la barre ; ils y virent les lames si élevées, qu'elles montoient presque dans leur barque, & empêchoient leur voile de prendre le vent, ce qui les mettoit en grand danger d'être jettés sur les rochers. Cependant ils eurent le bonheur de passer cette barre, & mirent à la voile pour la rivière de Sainte-Lucie.

Il ne leur arriva rien d'important jusqu'au 6, qu'ils entrèrent enfin dans cette rivière desirée.

Quand ils furent à terre, ils virent qu'ils avoient à trafiquer avec des peuples très-différens de ceux qu'ils avoient quittés. Quand ils leur montrèrent qu'ils vouloient commercer avec eux, ces sauvages leur firent connoître qu'ils n'avoient besoin que d'une petite espece de grains de verre. Cependant lorsque les Anglois leur eurent fait voir des boutons de cuivre, ils leur amenèrent aussitôt quelques bœufs, des oiseaux, des pommes-de-terre, des courges & quelques autres denrées. On ne put acheter des bœufs, parce que les sauvages demandoient en échange des anneaux de cuivre assez larges pour leur servir de colliers, mais ils trafiquèrent des oiseaux & des courges à fort bas prix, puisqu'ils donnoient cinq ou six grosses volailles pour un petit morceau de toile qui n'auroit pas valu plus de quatre sols en Angleterre.

Les Anglois demeurèrent trois semaines en cet endroit; ils les employèrent à parcourir le pays, à voir les habitations des sauvages & leur manière de vivre, & à faire leurs efforts pour les engager à trafiquer pour ce qui leur étoit le plus nécessaire. Ces sauvages paroissoient faire la plus grande estime du cuivre; on leur montra une poignée de ce métal qui avoit servi à quelque vieux coffre, ils offrirent aussi-tôt des bœufs pour l'avoir; le marché fut bientôt conclu, & ils les ame-

nèrent à la barque. Ce peuple parut très-orgueilleux, bien différent de l'honnêteté de celui qu'on avoit quitté. On découvrit que leur principal chef, qu'on avoit déja payé pour loger une nuit dans une de fes huttes, avoit dérobé quelques morceaux de fer que les Anglois avoient mis dans un panier, pour fervir à leur dépenfe jufqu'à ce qu'ils remontaffent dans la barque. Ils reftèrent deux ou trois jours avec eux dans l'intérieur du pays, & on ne put jamais les engager à manger avec les Anglois. Ils différoient auffi beaucoup des premiers fauvages dans leur manière de préparer les mets, ce que ces derniers faifoient d'une manière moins dégoûtante. Ils étoient auffi très-propres fur leur perfonne, & commençoient toujours le matin par fe laver en entier, ce qui paroiffoit être chez eux un acte de dévotion, au lieu qu'on n'avoit rien remarqué de femblable dans les premiers. Ils ne portoient auffi aucune efpece d'ornemens pareils à ceux des autres. Leurs armes étoient cependant les mêmes, ainfi que leurs divertiffemens. Ils mettoient leur principale parure dans leurs cheveux, qu'ils entretenoient très-propres, & veilloient avec grand foin fur leurs femmes. » Nous y trouvâmes, » dit l'officier Anglois, quelques hommes qui ve-
» noient de Dellagoa, & qui avoient de l'ambre

» gris, avec beaucoup de dents d'éléphans pour
» trafiquer ».

Les Anglois, voyant qu'il faifoit un bon vent d'ouest, & que le tems étoit favorable, levèrent l'ancre le 18, à fept heures du matin, & mirent à la voile un qart-d'heure avant la marée haute. Lorfqu'ils étoient prefqu'à la barre, quelques-uns eurent l'imprudence de laiffer tomber la voile & de jetter le grappin fur un banc de fable. Alors neuf hommes fe mirent dans le canot, & ramèrent vers le rivage, en jurant qu'ils aimoient mieux rifquer de vivre avec les fauvages, que d'être noyés en effayant de paffer la barre. Ceux qui demeuroient à bord étoient indécis ou d'effayer de paffer outre, ou de retourner à terre; mais le bâtiment ne pouvoit retourner, parce que le vent & la marée concouroient à le faire fortir de la rivière, enforte qu'il y avoit tout lieu de craindre qu'à demi-marée, il ne touchât la terre & ne fût mis en pieces. Enfin, dans l'efpérance de fauver la barque & de conferver leurs vies, ils levèrent l'ancre, & furent bientôt emportés fur des brifans. Leur état étoit le plus critique, il n'y avoit que huit pieds d'eau, & le bâtiment en tiroit cinq. Après être demeurés environ une demi-heure entre la vie & la mort, la furface de la mer leur parut tout-à-coup unie comme une table, & ils sortirent sans accident de la rivière de Sainte-Lucie. Ceux qui les avoient quittés, dont plusieurs étoient presque nuds, continuèrent leur route à pied en suivant le rivage.

Les Anglois continuèrent à voguer jusqu'au 20 ; ce jour, ils jettèrent l'ancre à quatre heures après midi dans la rivière de Dellagoa, à neuf brasses de profondeur. Ils y trouvèrent le senaut *la Rose*, commandé par le capiraine *Chandeler*, qui trafiquoit pour du bœuf & des dents d'éléphant, & quelques-uns d'entr'eux lui demandèrent de leur accorder le passage pour Bombay (2).

Après être demeurés trois semaines en cet endroit, ils virent une petite chaloupe du pays qui remontoit la rivière, & dans laquelle étoient trois des hommes demeurés à celle de Sainte-Lucie. Ils leur dirent que les six autres étoient de l'autre côté de la baie de Dellagoa, où ils attendoient l'occasion d'une chaloupe pour revenir à bord. Les officiers de la barque jugèrent qu'ils étoient dans l'endroit le plus commode pour mettre en sûreté le trésor, les paquets & tous les autres effets. En conséquence ils mirent quatre ou cinq de leurs hommes à terre, & en firent monter deux à bord du senaut. M. Jones revint ensuite avec la pinasse du capitaine Chandeler, bien équipée & bien armée ; il y mit tout l'argent, la vaisselle &

les paquets qu'il put trouver, & les amena à bord du fenaut, pour être conduits à Madras. Ceux qui étoient demeurés dans la barque, craignant qu'on ne fît une feconde vifite, qui leur auroit été très-défagréable, faifirent l'occafion de s'échapper pendant la nuit.

Le 25 Mai, la Rofe leva l'ancre, & fit voile pour Madagafcar, afin d'y completter fa cargaifon, ce qu'il n'avoit pu faire, à caufe d'un différend furvenu entre le capitaine Chandeler & les fauvages, qui lui avoient d'abord vendu plus de cent têtes de bétail, & les avoient enfuite emmenés. Le jour qu'ils quittèrent la terre, ils virent une voile, c'étoit la barque, qui vint auffitôt à eux; deux de ceux qui la montoient pafsèrent à bord du fenaut; le charpentier, qui en étoit un, engagea le capitaine Chandeler à acheter la barque pour cinq cens roupies, dont le capitaine fit fon billet. Ils avoient pris les fix autres hommes demeurés à la rivière de Sainte-Lucie, mais trois étoient déja morts, & deux très-malades de la fatigue qu'ils avoient foufferte en voyageant par terre; ces derniers moururent auffi quelques jours après. Chandeler fit voile pour Madagafcar, de conferve avec la barque, & découvrit cette île après vingt-deux jours de cours; il y jetta l'ancre le 14 Juin, à Morondova. Le 16 y arriva *le Caernarwon*, commandé

DES NAUFRAGES. 251

par *Norton Hutchinson*, chargé en Europe pour la Chine.

Comme les paquets & le trésor échappés du naufrage étoient destinés pour Madras, Jones & ses compagnons les passèrent avec eux sur le Caernarwon. Ils quittèrent Morondova le premier de Juillet, & arrivèrent le premier Août à Madras (3), où ils remirent les paquets, le trésor & tous les effets particuliers.

NOTES.

(1) LES différentes relations des voyages en Afrique & aux Indes offrent peu de lumières sur la *Terre de Natal*, où les vaisseaux Européens abordent rarement, soit parce que la côte est de trop difficile accès, soit par le peu de commerce qu'on trouve à y faire. Les capitaines Roggers & Hamilton, Anglois, sont les seuls qui s'étendent un peu sur l'état moderne de ce pays. Nous croyons que le lecteur nous saura gré de lui donner, d'après eux, une notion succincte des peuples qui ont aidé au rétablissement du malheureux équipage du *Dodington*.

LA TERRE DE NATAL fait partie de la Caffrerie, grande contrée à l'eſt de l'Afrique; ſes bornes ſont, au nord, la rivière de Dellagoa; à l'eſt, la mer des Indes; au ſud, le pays des Hottentots; ſes limites à l'oueſt ſont inconnues. Ceux qui habitent les bords de la Dellagoa trafiquent avec les Portugais de Mozambique, qui s'y rendent dans de petits bateaux, & y achetent des dents d'éléphans, qui s'y trouvent en quantité. Quelques Anglois y ont auſſi pénétré dans la même vue. En général, toute la côte, depuis le Cap de Bonne-Eſpérance juſqu'qu'à Agoa eſt d'un abord ſi difficile & ſi dangereux, que les vaiſſeaux Européens s'en éloignent. La partie de ce pays qui regarde la terre préſente des plaines & des bois, mais l'intérieur eſt hériſſé de montagnes fort hautes & très-eſcarpées. La Terre de Natal s'étend depuis le vingt-huitième degré juſqu'au trente-unième & demi de latitude méridionale.

Les différens peuples qui habitent ce pays, demeurent enſemble dans de petits villages compoſés de familles alliées les unes aux autres; le plus âgé d'entr'eux les gouverne tous. Ils ſont fort affables & obligeans envers les étrangers. Leur principale occupation eſt l'agriculture, & ils nourriſſent beaucoup de vaches & de chevres, dont ils prennent un grand ſoin. Ils ne connoiſſent ni arts ni métiers, chacun fait pour ſoi ce qui lui eſt néceſfaire pour la vie ou l'ornement. Les hommes bâtissent les maisons, chaffent, plantent, & gouvernent toutes les affaires du dehors; les femmes s'occupent à traire les vaches, apprêtent à manger, & ont soin de tout ce qui regarde le ménage. On a observé que les maris n'étoient point jaloux de leurs femmes, contre l'ordinaire de presque toutes les nations sauvages de cette côte. Ces peuples se nourrissent mieux que les Hottentots & les autres nations qui habitent l'intérieur de l'Afrique; leur aliment ordinaire est du pain fait avec du bled de Guinée; ils y joignent du bœuf, du poisson, du lait, des canards, des poules, des œufs, &c. Le lait est leur boisson; ils l'aiment mieux lorsqu'il est un peu aigri.

Dampierre qui a donné, d'après le capitaine Roggers, à la fin du tome 2 de son *Voyage autour du Monde*, quelques observations sur la Terre de Natal, prétend que les naturels de ce pays ont encore pour voisins, du côté sud sud, outre les Hottentots, un petit peuple sauvage appelé par les Anglois, *le Peuple aux Buissons sauvages*: ceux-ci demeurent dans des cavernes ou trous de rochers; ils sont basannés, petits de taille, leurs cheveux sont crépus & frisés; ils ont pour armes des fleches empoisonnées, & l'on dit qu'ils ne font aucune grace à leurs ennemis.

(2) *BOMBAY*, petite île de la mer des Indes, dans le Décan. Elle eſt ſituée au dix-neuvième degré de latitude ſeptentrionale. Cette île tire ſon nom de la bonté de ſon port. Elle appartenoit autrefois aux Portugais, qui l'ont cédée au roi d'Angleterre en 1662. Elle a été donnée depuis à la Compagnie des Indes, à cauſe de ſa ſituation avantageuſe pour la ſûreté des vaiſſeaux & la facilité de ſon commerce. Les cocos viennent en abondance dans cette île, il s'y en fait un grand débit. Les eaux ſtagnantes de Bombay & l'air qu'on y reſpire rendent ſon ſéjour mortel aux Européens; ſur vingt enfans, à peine deux atteignent-ils l'âge mûr; & il eſt paſſé en proverbe parmi les Anglois, que deux mouſſons font dans cette île l'âge d'un homme. De-là vient la difficulté de la peupler, & l'obligation où eſt la Compagnie d'y envoyer continuellement de nouvelles familles. La rade eſt commandée par une forvvtereſſe régulière, pourvue d'artillerie & d'une bonne garniſon. La Compagnie entretient à Bombay un gouverneur qui regle & décide tout pour le civil & le militaire. Les Portugais ſont en grand nombre dans l'île, ils y ont le libre exercice de la religion catholique. Bombay eſt le ſecond des trois gouvernemens généraux des étabIiſſemens Anglois dans l'Inde; *Madras* eſt le premier, & *Golgotha* le troiſième.

DES NAUFRAGES. 355

(3) *MADRAS*, belle, grande & très-riche ville des Indes sur la côte de Coromandel, avec un fort pour sa défense, nommé *le Fort Saint-Georges*. Elle est située dans une plaine très-fertile, & appartient à la Compagnie Angloise. Le commerce considérable qui s'y fait attire dans cette ville un concours prodigieux de marchands & de voyageurs de toutes les nations. On y compte cent mille habitans, dont les trois quarts sont des naturels du pays. Dans ce nombre il se trouve plus de vingt mille catholiques, sous la direction des Capucins. Ils sont même les juges des différends qui surviennent parmi eux. Ces religieux sont fort aimés & protégés, ils exercent publiquement les fonctions de leur ministère.

N.° 9.

NAUFRAGE

Du Sloop, le Betſey, *commandé par le capitaine Philippe* AUBIN, *ſur la côte de* la Guyanne Hollandoiſe, *dans l'Amérique méridionale, en* 1756 (*).

JE mis à la voile le premier d'Août 1756, & je partis de la baie de Carlile (**) pour aller à Surinam, établiſſement Hollandois dans le continent. Mon ſloop ou bateau Bermudien, d'environ quatre-

---

(*) Cette Relation a été publiée par le capitaine AUBIN lui-même, & inſérée dans le Journal Anglois, n°. 18, 30 Juin 1776, *Paris*, chez *Ruault*.

(**) La Baie de Carlile eſt à la rade de la ville de Bridgetown, dans la partie méridionale de la Barbade, une des Antilles poſſédée par les Anglois.

vingt

vingt tonneaux, bâti tout de cedre, étoit chargé par MM. *Rofco* & *Nyles*, négocians de Bridgetown dans l'île de la Barbade ; il portoit une cargaifon de provifions de toute efpece, & des chevaux. La colonie Hollandoife, fentant le befoin qu'elle a de faire recrue de ces animaux, a fait une loi, que nul vaiffeau Anglois ne fera reçu à commercer avec elle, fi les chevaux ne font pas partie de fa cargaifon. Les Hollandois font fi exacts fur l'obfervation de cet article, que fi par hafard les chevaux viennent à mourir dans la traverfée, le maître du navire eft obligé de conferver les oreilles & le fabot de ces animaux, & de jurer en entrant dans le port de Surinam, que lorfqu'il s'eft embarqué, ils étoient vivans & deftinés pour la colonie.

La côte de Surinam, Berbifche, Démerari, Orinoco, & tous les environs, font des terres baffes & noyées par de larges fleuves qui vont fe décharger dans la mer. Le fond, tout le long de cette côte, eft formé d'une vafe comme de la glaife, dans laquelle les ancres enfoncent jufquà trois & quatre braffes de profondeur, quelquefois la quille touche fans que le bâtiment s'arrête. Le sloop étant à l'ancre à trois lieues & demie en mer, fur cinq braffes de fond, l'embouchure de la rivière de **Démerary** portant fud quart de fudouest, & cela dans la saison des pluies, tout mon équipage puisa dans la mer, & but de l'eau aussi douce & aussi bonne que celle des rivières. Le courant qui est occasionné par les vents alisés & le grand nombre de rivières qui se jettent dans la mer, portoit quatre mille par heure, vers l'ouest & le nord-ouest.

Les courans qui regnent continuellement le long de ces côtes, obligent tout vaisseau chargé pour les ports de ce continent à se tenir au moins à quarante ou cinquante lieues au vent du port où il veut aborder, s'il ne veut pas être trompé par la force des courans, ce qui l'obligeroit de pousser sa bordée vers le nord, pour s'en affranchir & regagner l'est.

Je louvoyois entre la latitude de dix ou douze degrés nord, le 4 Août au soir, avec une brise fraîche qui m'obligea de prendre un ris dans mes voiles; sur le minuit, voyant que le vent devenoit plus fort à mesure que la lune, qui étoit alors sur son déclin, s'élevoit dans le ciel, & que mon bateau qui étoit très-chargé fatiguoit excessivement, je ne voulus pas me coucher avant d'avoir vu le tems assuré. Je dis à mon second, nommé *William*, de m'apporter une bouteille de bierre; tous deux assis, moi sur une cage à poules, & William sur le pont ou tillac, tenant près de lui la bouteille

& le verre, nous contions des histoires pour passer notre quart, suivant la coutume des marins de toutes les nations. Tout-à-coup le bateau vint au vent ; je dis à un matelot de mettre la barre au vent, il me repondit qu'elle y étoit depuis quelque tems. Je dis à mon second d'aller voir si la corde de la roue n'étoit pas embarrassée ; il me répondit que non. J'ordonnai à l'autre matelot d'aller en avant & de traverser l'écoûte du foc, pour la faire arriver ; mais au moment où il y alloit, le bateau donna de l'avant à la lame, & plongea ; il s'emplit tellement d'eau dans l'avant qu'il ne put se relever au-dessus de la lame, qui passoit sur nous jusqu'à la hauteur des bois des ancres, & nous mit dans l'eau jusqu'au cou ; elle emporta même tout ce qu'il y avoit dans la chambre. La moitié des gens de l'équipage, qui étoit de neuf hommes, fut noyée dans leurs lits, sans que nous ayions entendu aucun cri, aucun souffle de leur part. Aussi-tôt que cette lame fut passée, je pris la hache qui étoit suspendue auprès de la cambuse ou place à feu, afin de couper les haubans & d'empêcher le bateau de chavirer ; mais inutilement. Le bateau chavira & fut retourné, les mâts & voiles dans l'eau ; les chevaux culbutèrent les uns sur les autres, avec leurs hangars, & furent submergés ; ce qui forma le spectacle le plus triste.

Je n'avois qu'une petite chaloupe d'environ douze à treize pieds de long; elle étoit fixée avec un cable roulé dedans, entre la pompe & le bord du navire. La Providence voulut pour notre salut, qu'elle n'eût pas eu besoin d'être amarrée; mais alors nous n'avions aucun espoir de la revoir jamais, ce gros cable étant douillé dedans, ce qui l'empêchoit de venir sur l'eau, joignez à cela le poids des chevaux & de leurs hangars, tous embarrassés l'un sur l'autre.

Dans cette effroyable situation, me tenant au hauban & me dépouillant de mes habits, en cherchant des yeux quelque écoutille, quelque planche ou coffre vuide pour conserver ma vie aussi long-tems qu'il plairoit à Dieu; j'apperçus mon second & mes deux autres matelots qui se tenoient attachés à une corde, & crioient à Dieu de recevoir leur ame. Je leur dis que l'homme qui n'étoit pas résigné à mourir lorsqu'il plaisoit à son créateur de le retirer du monde, n'étoit pas fait pour vivre. Je leur conseillai de se déshabiller comme j'avois déjà fait moi-même, & de tâcher de saisir le premier objet qui pourroit leur aider à conserver quelques tems leur vie. Le sieur William, mon second, suivit mon conseil, il se mit tout nud & se jetta à la nage, cherchant ce qu'il pourroit trouver. Un moment après il me crie: Voici la chaloupe! voici la chaloupe la quille en haut!.. Aussitôt je nage à lui & je le trouve tenant la chaloupe par la quille, entre le guis & la grande voile. Nous voilà à faire tous nos efforts pour la retourner; mais en vain: à la fin cependant, William, qui étoit plus pésant & plus robuste, s'avisa d'arc-bouter ses pieds sur la préceinte ou bord de la chaloupe, en tenant la quille avec les mains, & de son pied joint à son effort, il vint presque à bout de la retourner; moi, j'étois au vent & la poussois & la soulevois de mes épaules par le côté opposé. Enfin, secondés par la lame, nous la retournâmes; mais elle étoit pleine d'eau. Je montai dedans & je me mis à la haller sous la tête du mât du bateau, par la balancine du guis. Le mât du bateau s'élevoit hors de l'eau de la longueur d'environ quinze à vingt pieds, à chaque fois que le bateau étoit entre les lames de la mer. Je fis avec le bout de la bosse ou amarre de la chaloupe, un tour qui embrassoit la tête du mât du bateau, tenant moi-même l'autre bout de la bosse; chaque fois que le mât s'élevoit hors de l'eau il enlevoit la chaloupe & moi hors de la mer; je laissois ensuite aller la bosse, & dans ce mouvement la chaloupe se vuidoit aux trois quarts; mais n'ayant rien pour la dégager de dessous le mât & les haubans, ceux-ci me retomboient fur le corps, renfonçoient la chaloupe & moi dans l'eau.

Après avoir effayé de l'épuifer d'eau plufieurs fois, fans rien gagner que d'être cruellement brifé & bleffé, & ne voyant plus rien de mon bateau ni de l'équipage, je me mis à haller la chaloupe toujours pleine d'eau, vers le bateau par les haubans ; mais le bateau étoit alors fi fubmergé, qu'on n'en voyoit plus qu'une partie de l'arrière, fur laquelle étoit mon fecond & mes deux autres matelots qui fe tenoient par la corde de la corne du guis. Je me jettai à l'eau avec la boffe de la chaloupe dans ma bouche, & nageai à eux pour leur en donner le bout à tenir, afin de haller tous enfemble la chaloupe par deffus l'arrière du bateau où ils étoient; nous réunîmes tous nos efforts, & en ce moment je manquai d'avoir la cuiffe caffée par une fecouffe de la chaloupe, me trouvant entre elle & le bateau. Enfin nous parvenons à la haller fur l'arrière du bateau ; mais nous eûmes le malheur dans cette manœuvre de la créver par le fond. Auffi-tôt que ma cuiffe fut un peu dégourdie du coup, je fautai dedans avec un des matelots, & je bouchai le trou avec un morceau de fa groffe chemife. Ce fut un grand bonheur pour nous que ce matelot ne fût pas nager ; on va voir combien de fervices nous rendit fon ignorance : fans lui nous euffions péri. Ne pouvant nager, il n'avoit pas songé à se déshabiller, ainsi il conserva sa grosse chemise de toile, un couteau qui se trouvoit dans sa poche, & un énorme chapeau à la Hollandoise sur sa tête. Aussitôt que la chaloupe fut dégagée de la plus grande partie de l'eau, & attachée par la bosse à la corne du guis du bateau, un chien que j'avois vint à moi le long de la chaloupe; Je le pris avec moi, en remerciant la Providence qui m'envoyoit en lui des vivres pour le tems de la nécessité. Un instant après que le chien fut entré, la bosse qui avoit servi à haller la chaloupe hors de l'eau plusieurs fois par la tête du mât, fut cassée tout à coup par une secousse du bateau, & je me trouvai en dérive. J'appelai mon second & l'autre matelot, ils vinrent en nageant derrière la chaloupe; mon second avoit par bonheur trouvé un petit mât de hune de réserve, qui servoit à hisser la flamme, & qui nous servit de gouvernail; nous leur aidâmes à entrer tous deux dans la chaloupe, & bientôt nous perdîmes de vue notre malheureux bateau.

Il étoit alors quatre heures du matin, à ce que j'estimai par l'aube du jour qui ne tarda pas à paroître, ensorte que depuis le moment où nous fûmes forcés de l'abandonner il s'étoit écoulé environ deux heures. Ce qui l'empêcha de couler bas plus promptement, c'est que j'avois chargé environ cent cinquante barrils de biscuit qui étoient dans des barriques presque étanches, autant & même plus de barrils de farines, avec trois cents ferkins ou poids de soixante livres de beurre; toutes matières qui flottent sur l'eau, & qui ne s'en pénétrent que lentement & par degrés. Aussi-tôt que nous fûmes en dérive, nous tînmes la chaloupe vent arrière du mieux que nous pûmes, & dès qu'il fut jour j'apperçus plusieurs effets qui dérivoient où nous avions fait naufrage. Je vis mon coffre d'habits & de linge qui avoit été emporté de la chambre par l'eau de a mer. Je sentis un mouvement de joie. Il y avoit dans le coffre plusieurs bouteilles d'eau d'orange & de citron, quelques livres de chocolat & de sucre, &c. Penchés sur le bord de notre chaloupe, nous saisîmes ce coffre & fîmes tous nos efforts pour tâcher de l'ouvrir sur l'eau; car il ne falloit pas songer à le faire entrer dans la chaloupe, il étoit trop grand & trop lourd, & il l'auroit submergée. Jamais, quoi que nous fissions, nous ne pûmes forcer le couvercle & l'ouvrir; il fallut l'abandonner à la mer, avec toutes les bonnes provisions qu'il renfermoit; & pour comble de misère, nous avions par cet effort presque rempli d'eau notre chaloupe, & manqué plus d'une fois de la submerger.

Nous eûmes pourtant le bonheur de ramasser

treize oignons sur les flots ; nous en voyions bien d'autres, mais que nous ne pûmes attraper. Ces treize oignons & mon chien, sans une seule goutte d'eau douce ni de liqueur quelconque, voilà sur quoi il nous falloit subsister, étant, suivant mon estime, à plus de cinquante lieues de terre, & n'ayant pour nous conduire ni mât, ni voiles, ni avirons, ni aucune autre espece d'ustensile que le couteau du matelot qui ne savoit pas nager, sa chemise, dont nous avions déja coupé un morceau pour mettre au fond de la chaloupe, & ses grandes culottes. Dès ce jour nous coupâmes le reste de sa chemise en lisières, & nous en fimes des tresses & des cordes ; ensuite nous nous mîmes à l'ouvrage tour-à-tour pour détacher des planches de la doublure de la chaloupe, en coupant & cernant à force de tems & de patience autour de la tête des cloux qui les attachoient. De ces planches nous fimes une espece de mât que nous liâmes au banc de devant ; nous fimes une vergue d'un morceau de planche, & nous y attachâmes les deux jambes de la grande culotte, qui nous servirent de voiles & nous aidèrent à tenir la chaloupe vent arrière, en gouvernant avec le petit mât dont j'ai déja parlé.

Comme les morceaux de planches que nous avions détachés de l'intérieur de la chaloupe étoient trop courts, & ne fuffifoient pas pour en garnir les bords tout à l'entour, lorsque la mer étoit extrêmement agitée dans le fort de la brife, nous fûmes obligés, pour empêcher les vagues d'entrer dans la chaloupe, de nous coucher plufieurs fois en long fur les bords, le dos & les épaules oppofés à l'eau, chacun de fon côté, & de repouffer ainfi la lame avec nos corps, tandis que notre autre matelot épuifoit l'eau continuellement avec le chapeau Hollandois. La chaloupe faifoit toujours eau par le fond qui avoit été crévé, comme je l'ai dit, & nous ne pouvions le boucher exactement.

C'eſt dans cette trifte fituation que tous les quatre, auffi nuds que des vers, nous tenions la chaloupe vent arrière du mieux qu'il nous étoit poffible. La nuit du premier jour depuis notre naufrage étoit prefque venue, avant que nous euffions fini d'arranger notre efpece de voile ; elle devint tout-à-fait noire, & nous tînmes affez bien notre canot vent arrière, faifant environ une lieue ou trois nœuds par heure. Le deuxième jour fut plus calme & plus tranquille ; nous mangeâmes chacun un oignon à différentes fois, & déja nous commencions à fentir la foif. La nuit du fecond jour, le vent devint violent & variable, & quelquefois fouffloit du Nord, ce qui me donnoit de grandes inquiétudes, étant obligé de gouverner pour tenir la chaloupe vent arrière, & ne pouvant guère espérer de salut qu'en allant de l'est à l'ouest.

Le troisième jour, nous commençâmes à souffrir excessivement, non-seulement de faim & de soif, mais de l'ardeur du soleil, qui nous avoit si fort rôti le corps, que depuis le cou jusqu'aux pieds nous avions la peau aussi rouge & aussi pleine d'ampoules, que si nous avions été brûlés au feu. Alors je pris mon chien & lui plongeai le couteau dans la gorge. Je ne peux m'empêcher de pleurer encore en y songeant; mais dans le moment je n'éprouvai aucun sentiment de pitié pour lui. Nous reçûmes son sang dans le chapeau, en mettant tous nos mains au-dessous, recueillant ce qui se perdoit, & le buvant à mesure; nous bûmes ensuite tour-à-tour ce qu'il y en avoit dans le chapeau, & nous nous sentîmes rafraîchis. Le quatrième jour, la brise étoit très-forte & la mer très-grosse, ensorte que nous fûmes sur le point de périr plus d'une fois; c'est sur-tout ce jour-là qu'il nous fallut faire des planches de nos corps, pour hausser les bords de la chaloupe & repousser les lames. Sur le midi de ce jour, nous eûmes une lueur d'espérance qui finit bien désagréablement.

Nous vîmes un sloop, capitaine *Southey*, qui, comme mon bateau, appartenoit aussi à l'île de la

Barbade, & alloit à Démerary; nous voyions l'équipage se promener sur le tillac, nous poussions des cris; mais nous ne fûmes apperçus ni entendus d'aucun d'eux. Forcés par la violence du vent de tenir notre chaloupe vent arrière, dans la crainte de sombrer, (couler bas) nous l'avions dépassé d'un grand espace, avant qu'il vînt à notre hauteur; lui, venant directement du nord, & nous tirant vers l'ouest. Ce capitaine étoit de mes amis. La perte de cette occasion découragea tellement mes deux matelots, qu'ils ne vouloient plus travailler pour sauver leur vie. L'un d'eux, quoi que je lui pusse dire, ne faisoit plus rien & ne vuidoit plus l'eau qui nous gagnoit, je le priai, je me mis à ses genoux; rien ne le touchoit. Alors mon second & moi nous les persuadâmes, en les menaçant de les tuer sur le champ avec la barre ou mât qui nous servoient à gouverner, & de nous tuer ensuite après pour mettre fin à nos maux: cette menace fit impression sur eux, ils reprirent un peu de courage, & se remirent à épuiser l'eau comme auparavant.

Ce jour, je montrai l'exemple aux autres de manger un morceau de chien avec un peu d'oignon; j'eus bien de la peine à en avaler quelques bouchées; mais une heure après, je sentis que ce peu de nourriture m'avoit rendu quelque vigueur.

Mon second, qui étoit d'une conſtitution beaucoup plus forte que moi, en mangea davantage, ce qui me faiſoit bien plaiſir ; l'un des deux matelots en mangea auſſi ; l'autre, nommé *Commings*, ou ne voulut pas, ou ne put en avaler.

Le cinquième jour fut plus calme, & la mer beaucoup plus douce. Au point du jour, nous apperçûmes un énorme requin auſſi gros que notre chaloupe, qui nous ſuivit pendant pluſieurs heures comme une proie qui lui étoit deſtinée. Nous trouvâmes auſſi dans notre chaloupe un poiſſon volant qui y étoit tombé la nuit ; nous le partageâmes en quatre, & nous le mâchâmes pour nous humecter la bouche. Ce fut ce jour-là que dans la faim & le déſeſpoir qui nous preſſoit, William, mon ſecond, eut la généroſité de nous offrir, de nous exhorter à lui couper un morceau de la feſſe pour nous rafraîchir avec le ſang & nous ſuſtenter. Dans la nuit, nous eûmes pluſieurs groſſes ondées de pluie avec un petit vent. Nous voulûmes recueillir un peu de cette eau du Ciel, en tordant les jambes de la grande culotte ; mais lorſque nous vînmes à la recevoir dans notre bouche, nous la trouvâmes auſſi ſalée que celle de la mer ; les habits du matelot avoient été trempés tant de fois de l'eau de la mer, qu'ils en étoient reſtés plein de ſel, ainſi que le chapeau. Nous n'eûmes donc d'autre reſſource que d'ouvrir notre bouche vers le Ciel; & de recevoir les gouttes de pluie ſur notre langue pour la rafraîchir; & après que la pluie fut paſſée, nous rattachâmes la grande culotte à la vergue.

Le ſixième jour, les deux matelots, malgré mes raiſons, burent de l'eau de mer, ce qui les purgea ſi violemment, qu'ils tombèrent bientôt dans une eſpece de délire, & qu'ils ne nous furent plus d'aucun ſervice à William & à moi. Lui & moi, nous tenions chacun un clou dans notre bouche, & de tems-en-tems nous nous arroſions d'eau la tête pour la rafraîchir, & je ſentis que ces bains me faiſoient du bien, & que ma tête étoit plus raſſiſe. Nous eſſayâmes pluſieurs fois de manger du chien avec un morceau d'oignon; mais je me trouvois bien heureux quand j'avois pu venir à bout d'en avaler trois ou quatre bouchées; mon ſecond en mangeoit toujours un peu plus que moi.

Le ſeptième jour fut beau, la briſe modérée, & la mer tout-à-fait calme. Sur le midi les deux matelots qui avoient bu pluſieurs fois de l'eau de mer, devinrent ſi foibles, qu'ils commencèrent à extravaguer, comme des hommes qui ont le tranſport, ne ſachant plus s'ils étoient ſur la mer ou ſur terre; & nous-mêmes, mon ſecond & moi, nous étions si foibles, qu'à peine pouvions-nous nous tenir sur nos jambes, ni gouverner chacun à notre tour, ni épuiser l'eau de la chaloupe qui en faisoit beaucoup par le fond.

Le huitième jour au matin, Jean Commings mourut, & trois heures après Georges *Simson* aussi. Ce soir-là même, au déclin du soleil, nous eûmes le bonheur d'appercevoir les hautes terres à la pointe orientale de l'île de *Tabago*. L'espérance nous rendit quelques forces. Nous tînmes l'avant de la chaloupe vers la terre toute la nuit, avec une petite brise & un fort courant qui nous favorisoit. Nous fûmes toute cette nuit, William & moi, dans la plus étrange situation, nos deux camarades morts sous nos yeux, la terre en vue & un très-petit vent pour en approcher, mais aidés du courant qui pousseoit avec force vers l'ouest. Nous n'étions pas le matin, suivant mon estime, à plus de cinq ou six lieues de terre. Cet heureux jour fut le dernier de nos souffrances sur la mer. Nous gouvernâmes tout le jour vers le rivage, quoique nous ne pussions plus nous tenir sur nos jambes. Le soir, le vent tomba & le calme nous prit ; mais vers les deux heures du matin, le courant nous jetta sur le rivage de l'île de Tabago, une des Antilles, au pied d'une haute falaise, entre la petite Tabago & la baie de Man-ofwar, qui eſt la partie orientale de l'île. La chaloupe fut bientôt crévée par la ſecouſſe, & mon infortuné compagnon & moi nous nous traînâmes ſur le rivage, laiſſant dans la chaloupe nos deux camarades morts, & le reſte du chien qui étoit tout-à-fait corrompu.

Nous gravîmes à quatre pattes, comme nous pûmes, le long de ces hautes falaiſes qui pendoient preſqu'à pic ſur la mer à la hauteur de trois ou quatre cens pieds. La grande quantité d'arbres qui penchoient ſur nos têtes, avoit fait tomber beaucoup de feuilles dans l'endroit où nous nous étions traînés; nous en ramaſsâmes quelques poignées, & nous nous étendîmes deſſus pour attendre le jour. Dès qu'il fut venu, nous cherchâmes autour de nous un peu d'eau, & nous en trouvâmes dans le creux de quelques rochers; mais elle étoit ſalée & mauvaiſe à boire. Nous apperçûmes ſur les rochers antour de nous pluſieurs eſpeces de coquillages, nous en briſâmes quelques-uns avec une pierre, & nous nous mîmes à en mâcher pour humecter notre bouche.

Vers les huit à neuf heures, nous apperçûmes un jeune Caraïbe, tantôt marchant, tantôt nageant vers la chaloupe. Dès qu'il y fut arrivé, il appela à grands cris ſes compagnons, & leur fit des ſignes de la plus grande compaſſion; auſſitôt ſes camarades

camarades suivirent son exemple, & vinrent à la nage près de nous ; ils nous avoient apperçus presqu'en même tems. Le plus âgé, qui avoit environ soixante ans, s'approcha de nous avec les deux plus jeunes, que nous connûmes après pour son fils & son gendre. En nous voyant, les larmes coulèrent de leurs yeux ; j'articulai quelques sons, & tâchai de leur faire comprendre par mots & par signes que nous avions été neuf jours sur la mer, manquant de tout. Ils comprirent quelques mots de François, & me firent entendre, en partie par signes, qu'ils alloient chercher un canot pour nous transporter à leur hutte. Le vieillard détacha son mouchoir de sa tête, il en lia la mienne, & un des jeunes Caraïbes donna son chapeau de paille à William ; l'autre nagea autour de la falaise, & nous apporta une gourde d'eau fraîche, quelques pains de cassave & un morceau de poisson grillé ; mais nous n'en pûmes manger. Deux autres tirèrent les deux morts de la chaloupe & les mirent sur un rocher ; après quoi ils hallèrent tous trois la chaloupe hors de l'eau. Alors ils nous quittèrent, en nous donnant les plus grandes marques de compassion, pour aller chercher leur canot.

Après midi, ils revinrent dans leur canot au nombre de six, & ils apportèrent avec eux, dans un pot de terre, une soupe que nous trouvâmes excellente. Nous en humâmes un peu, William & moi; mais je ne l'eus pas plutôt dans l'eſtomac, que je fus obligé de la rejetter; William ne la vomit point. En moins de deux heures nous arrivâmes tous à la Baie de Man-ofwar, que les François appellent *Jean-le-More*; c'étoit là que les Caraïbes avoient leurs huttes. Ils n'avoient qu'un ſeul hamac, ils m'y placèrent, & la femme nous fit une portion d'herbes fort agréable, & du bouillon de quatracas & de pigeon. Ils baignèrent mes bleſſures qui étoient pleines de vers, avec une décoction de tabac & d'autres herbes. Tous les matins, l'homme me tiroit de ſon hamac, me promenoit dans ſes bras & me portoit ſous un citronnier, où il me couvroit de feuilles de bananier pour me garantir du ſoleil; là, ils nous oignoient la peau avec une eſpece d'huile, pour guérir les ampoules que le ſoleil nous avoit fait venir : ces hôtes compatiſſans eurent même la générosité de nous donner à chacun une chemiſe & une paire de culottes qu'ils avoient eues des vaiſſeaux qui venoient de tems-en-tems commercer avec eux pour des tortues & leurs écailles.

Après qu'ils eurent nettoyé les vers de mes plaies, ils me tenoient les jambes ſuſpendues en l'air, & les oignoient le ſoir & le matin avec une eſpece d'huile tirée de la queue d'un petit crabe ou burgau, assez semblable au poisson à coquille, que les marins Anglois appellent soldat, parce que la coquille qui les enferme est rouge. Ils prennent une certaine quantité de ces petits crabes, brisent le bout de la queue & les mettent fondre dans une large coquille sur le feu. C'est avec cet onguent qu'ils guérirent mes blessures, sans les couvrir d'autre chose que de feuilles de bananier (*).

Ils nous nourrirent d'abord avec de la soupe faite d'une espece d'animal appelé acouti dans les Indes occidentales. Cet animal est de la grosseur d'un gros lapin, de couleur brune, le nez pointu, de petites pattes, & des dents presque semblables à celles d'un rat; les Caraïbes mettoient dedans des quatracas, qui ne ressemblent pas mal à nos coqs & nos poules qui chantent le matin, des pigeons à-peu-près comme ceux d'Europe, dont le pays abonde. D'autres jours, ils nous faisoient aussi une soupe excellente de tortues, & très-nourrissante. Pour pain nous avions des cassaves, des bananes, des ignames & des patates

---

(*) Les Anglois appellent plantins, ce que les François appellent bananes; & bananes ce que ceux-ci nomment figues.

douces, avec quantité de fruits sauvages, sur-tout des prunes fort bonnes dont les arbres viennent d'eux-mêmes dans les bois. L'île abonde aussi en sangliers, & en tatous que les naturalistes appellent armideles. Il y a une multitude très-variée de poissons de mer & de rivière. Une de ces rivières se décharge dans la Baie de Jean-le-More.

Graces à cette nourriture & aux soins de ces bons Caraïbes, je fus en état, environ trois semaines après, de me tenir sur mes jambes, à l'aide de béquilles, comme un convalescent qui sort d'une grande maladie. Les Insulaires venoient de toutes les parties de l'île pour nous voir, & jamais les mains vuides : tantôt ils nous apportoient des œufs, tantôt des poules; ils nous les donnoient avec joie, & nous les acceptions avec reconnoissance ; il en vint même de la Trinidad, île Espagnole qui est à la vue de l'île de Tabago vers le sud. J'écrivis avec un couteau mon nom sur plusieurs planches, & les donnai à différens Caraïbes, pour les montrer aux navires, que le hasard conduiroit vers le rivage.

Nous désespérions presque d'en voir arriver, lorsqu'un sloop qui venoit d'Orinoco, chargé de mulets pour Saint-Pierre de la Martinique, toucha à la pointe sablonneuse de l'ouest de l'île. Les Indiens montrèrent à l'équipage la planche où mon nom étoit gravé, & leur racontèrent notre situation. A l'arrivée de ce navire à Saint-Pierre, ceux qui le montoient parlèrent de notre aventure; il s'y trouva plusieurs marchands de ma connoissance, qui commerçoient sous le pavillon Hollandois, & qui portèrent de mes nouvelles à mes armateurs, MM. Rosco & Nyles. Ceux-ci envoyèrent aussitôt le capitaine *Young* dans une goëlette, petit bateau à deux mâts, pour venir nous chercher. Après neuf semaines environ que j'avois vécu avec ce bon & charitable peuple de sauvages, je m'embarquai & les quittai; j'éprouvai alors autant de regret, que j'avois eu de joie & de surprise en les trouvant.

Lorsque nous fûmes prêts à nous embarquer, ils nous fournirent une bonne provision de bananes, de figues, d'ignames, d'oiseaux, de poissons & de fruits, sur-tout des oranges & des citrons. Ils me donnèrent même un de leurs arcs & des fleches; ils m'avoient appris à m'en servir & à en tuer des crabes de terre, dont il se trouve quantité dans l'île, & dans toutes les îles désertes de la zône torride; on ne peut tuer ces crabes qu'à coup de fleches : ils vont par troupes, & ne se laissent jamais approcher; aussitôt qu'ils vous apperçoivent, ils rentrent dans leurs trous. Je n'avois rien pour reconnoître la générosité avec laquelle ils m'avoient traité, que ma chaloupe, qu'ils avoient radoubée & dont ils se servoient pour aller visiter de tems-en-tems leurs nids de tortues : comme elle étoit plus large que leurs canots, elle étoit beaucoup plus propre à cet usage. Je la leur donnai : je leur aurois donné mon sang. Le capitaine Young, qui étoit mon ami, se joignit à moi pour m'aider à m'acquitter envers mes bienfaiteurs. Il me donna tout ce qu'il avoit de rhum, & j'en fis présent aux Caraïbes ; il n'y en avoit guère que sept ou huit bouteilles. Il leur donna aussi plusieurs chemises & culottes de matelot, quelques couteaux, des hameçons, de la toile à voiles pour la chaloupe, avec des aiguilles & des cordes.

Enfin, après deux jours de préparatifs pour notre départ, il fallut nous séparer. Ils vinrent au rivage au nombre d'environ trente, hommes, femmes & enfans, & tous parurent pénétrés de regret, sur-tout le vieillard qui m'avoit servi de père, & qui avoit détaché de sa tête son mouchoir pour me le donner. Lorsque le bateau quitta la baie, les larmes coulèrent de nos yeux, qui ne se quittoient point. Ils restèrent debout & rangés sur le rivage, jusqu'à ce qu'ils nous eussent perdus de vue. Comme nous avions mis à la voile vers les neuf heures du matin, que nous tirâmes vers le nord-est, & que la baie de Jean-le-More est située à la pointe nord-est de l'île, nous fûmes long-tems en vue les uns des autres. Je me souviens encore du moment où ils disparurent à mes yeux, du vif sentiment de regret que je sentois au cœur. Je craignis de n'être jamais si heureux que je l'a-vois été parmi eux. J'aime & j'aimerai toute ma vie mes chers Caraïbes, & je donnerois mon sang pour le premier de ces bons sauvages qui auroit besoin de mon secours, si jamais la destinée m'en amenoit un en Europe, ou que la mienne me conduisît encore dans leur île.

En trois jours nous arrivâmes à la Barbade. Il me restoit toujours une violente oppression à la poitrine, qui me coupoit la respiration, & je n'a-vois encore pu abandonner mes béquilles. Nous reçûmes de toute l'île les témoignages du plus tendre intérêt & de la plus généreuse pitié ; la bienfaisance des habitués fut sans bornes. Le cé-lebre docteur Hilery, qui est maintenant à Lon-dres, auteur d'un excellent traité sur les maladies particulières à cette île, vint me voir avec le docteur Lilihorn. Ils me prescrivirent différens re-medes, mais qui tous ne firent aucun effet. William & moi, nous ne pouvions parler qu'avec la plus grande difficulté, & nous étions continuellement affligés d'un baillement spasmodique qui ne finissoit pas. William resta à la Barbade, & moi, qui étois plus affecté & moins robuste que lui, les médecins me conseillèrent de retourner en Europe. Je revins donc à Londres, & me logai dans la rue Canon, chez un horloger, presqu'en face du caffé de London-Stone. Les docteurs Reeves, Akenside, Shomberg, & les plus célebres médecins de Londres me visitèrent & me donnèrent tous les secours qui furent au pouvoir de leur art; mais je n'en recevois qu'un soulagement presque insensible. Enfin il y avoit environ huit jours que j'étois à Londres, lorsque le docteur Alexandre *Russel*, à son retour de Bath, entendit parler de moi. Il vint me voir, & avec son humanité ordinaire, il me promit d'entreprendre ma guérison, & qu'il le feroit gratuitement; mais il ne me cacha point que la cure seroit longue & dispendieuse. Je lui répondis que la bonté généreuse des habitans de la Barbade y avoit abondamment pourvu; je le priai de me donner ses soins, & je le remerciai en même tems de ses offres obligeantes.

Comme il avoit été long-tems médecin à Alep, il avoit eu occasion de voir quantité d'Orientaux affligés de la même maladie que moi, pour avoir manqué d'eau & souffert long-tems la soif, en traversant les déserts d'Afrique; il m'ordonna de quitter la ville, & d'aller à la campagne dans un bon air. Je me logeai chez M. Boon à Hummerton près de Hacney, à une lieue de Londres; là, il m'ordonna les bains le matin, & me mit au lait d'âneſſe pour toute nourriture; me permettant ſeulement quelques œufs frais, avec un exercice modéré, & le cheval tous les jours. Après un mois environ de ce régime, il m'ordonna de faire venir tous les matins une chevre auprès de mon lit; ſur les cinq heures je prenois un verre de ſon lait tout chaud, & je dormois là-deſſus. Il me permit alors de manger une ſoupe légère de volaille, avec un morceau de l'aîle. Au moyen de cette diette blanche, je vis, dans l'eſpace d'environ cinq mois, ma maladie diſparoître en grande partie, & je fus en état de reprendre telle occupation que je voudrois pour fournir à ma ſubſiſtance; mais j'en ai toujours conſervé depuis une conſtitution délicate, & ſur-tout un mauvais eſtomac; je ne peux digérer aucuns légumes & beaucoup d'autres nourritures, & le choix de mes alimens eſt très-borné : l'été encore, lorſque je me promene ſur une colline, quoique je ne ſente dans les jambes ni ailleurs aucune eſpece de laſſitude, je ſuis obligé de m'arrêter ſouvent, & alors de bâiller à pluſieurs repriſes, & ces bâillemens me ſoulagent. Je me ſuis depuis informé de lui, & j'ai appris que depuis quelque tems le docteur Ruffel étoit médecin de l'hôpital S. Thomas de Londres.

Si quelques perfonnes doutoient de la vérité & de l'exactitude des faits que je viens de rapporter, ils peuvent en écrire aux médecins de Londres, & fur-tout au docteur Ruffel, qui dans ce tems-là logeoit dans la rue de Leden-gall, près du magafin des Indes orientales.

J'eus tout le loifir, pendant les neuf femaines que je fus avec les Caraïbes, de faire plufieurs remarques fur leurs coutumes & leur caractère, & de faire la comparaifon des Caraïbes de l'île de Tabago, qui font environ au nombre de fix cens répandus par familles dans l'île, avec ceux de la Trinité, & une autre petite troupe de ces fauvages, qui vivent autour de la groffe montagne de Mornéagarrow, dans l'île de Saint-Vincent, & qui ont échappé à la cruauté & à la trahifon des Negres marrons ; c'eft ainfi qu'on nomme aux colonies ceux qui s'échappent des plantations des Européens, pour vivre en liberté dans les forêts & les déferts. J'ai trouvé ces trois efpeces de Caraïbes abfolument les mêmes fous tous les rapports, pendant trente-trois ans que j'ai été fur mer.

En général, les Caraïbes font d'une belle taille, grands & bien faits, de couleur olive & tirant plus sur le jaune que les sauvages de l'Amérique septentrionale ; leur tête est ornée d'une chevelure longue & noire dont ils sont idolâtres, de beaux yeux noirs bien fendus, dont le blanc a la blancheur de la neige ; ils ont la bouche un peu plus petite que nous autres Européens ; leurs dents ressemblent à celles des Negres d'Afrique, & sont blanches comme l'ivoire. Presque tous parviennent à la plus longue vieillesse ; ils la doivent à leur vie paisible & réglée. Ils n'ont qu'une femme, dont ils paroissent fort peu jaloux ; quoiqu'ils les aiment de la tendresse la plus vive, ils abandonnent leur honneur à leur discrétion, & se reposent entièrement sur l'amitié qui les unit tous, & qui est si bien cimentée, qu'ils ne peuvent s'imaginer qu'un ami puisse tromper son ami dans un point aussi sensible. Si cela arrive, & que le mari en ait connoissance, ou seulement les frères ou parens du mari, ils prennent aussitôt leurs fleches de guerrre empoisonnées, dont ils ne s'arment jamais que lorsqu'ils ont le dessein de tuer un homme ; ils ne les quittent plus, en quelque lieu qu'ils aillent ; & s'ils rencontrent l'offenseur, sa vie est le prix de sa trahison.

Ces fleches de guerre sont plus longues & plus fortes que leurs fleches de chasse dont ils tuent des oiseaux ou des poissons dans les rivières :

elles font parfaitement quarrées dans leur longueur; très-larges du côté du bout emplumé, & vont en diminuant & en s'aiguifant par degrés jufqu'à la pointe empoifonnée ; chaque furface eft dentelée de pointes aigües, & quand une fois elles font enfoncées dans la chair, il n'eft plus poffible de les en retirer fans emporter la chair des quatre côtés de la fleche. Ils en trempent la pointe, d'une manière fuperftitieufe, à la pleine-lune, dans le fuc du mancenillier, efpece d'arbe qui porte des pommes fauvages, & croît ordinairement fur les bords de la mer ; ils font une incifion dans une des jeunes branches, & il en fort un fuc blanc comme le lait, & extrêmement venimeux. Les Européens qui n'ont jamais paffé la zône torride, font fouvent la funefte expérience de ce poifon; ils vont fans défiance cueillir les pommes, & s'il leur arrive de les porter à leur bouche, auffitôt leurs levres fe couvrent d'ulcères; pour peu qu'ils en avalent, ils éprouvent tous les fymptômes du poifon le plus violent ; ils enflent & périffent promptement, s'ils ne font pas fecourus fur le champ. Ces accidens n'arrivent guère qu'aux vaif-feaux de guerre, où il y a beaucoup de foldats & d'hommes qui n'ont pas voyagé dans ces mers, & que leur ignorance conduit fans défiance à la mort. Dans les vaiffeaux marchands, il fe trouve toujours quelque marin dans l'équipage, qui a été en Amérique, & qui pendant leur quart s'amuse à raconter aux nouveaux embarqués tout ce qu'ils verront d'extraordinaire lorsqu'ils feront à terre.

Les Caraïbes vivent près de la mer, dans leurs huttes ou sous l'abri de leurs canots qu'ils retournent la quille en haut. Ils ne cultivent de terre que ce qu'il leur en faut pour planter quelques bananiers, ignames ou patates, qui leur tiennent lieu de pain. Pour viande, la nature leur fournit avec abondance des oiseaux & poissons qu'ils savent tirer & prendre avec beaucoup d'adresse. Ils plantent aussi quelques cannes de sucre qui, sans culture, deviennent très-grosses; alors ils font une espece de moulin, avec deux cylindres de bois portant chacun une manivelle au bout; deux hommes les tournent en sens contraire l'un contre l'autre, tandis qu'une femme ou un enfant met les cannes de sucre entre deux; ils en expriment ainsi tout le suc, & le font bouillir jusqu'à ce qu'il s'épaississe & forme un syrop qu'ils mêlent avec de l'eau & différentes herbes; c'est-là leur boisson.

Ils ont beaucoup de chiens excellens, qu'ils aiment presqu'autant que leurs propres enfans; lorsqu'un de ces chiens a été malheureusement éventré par les sangliers, ce qui arrive souvent, ils les prennent & les rapportent sur leurs épaules. Alors vous les voyez tous s'agiter, se parler autour du pauvre chien; au point qu'en examinant leurs mouvemens & leurs débats, je m'imaginois voir une consultation de médecins qui ne peuvent s'accorder dans leur opinion.

Voici leur manière de vivre. Ils se couchent de très-bonne heure, & se levent aussitôt que le quatraca chante & les éveille; leur toilette n'est pas longue, ils vont tout nuds, excepté ceux qui par quelque échange avec des équipages de vaisseaux, se sont procuré une chemise de zingua ou toile bleue & blanche, & des culottes avec un chapeau de paille; voilà toute leur garde-robe. Les femmes portent une espece de tablier fait de coton & d'herbes, tissus ensemble, & semé de fleurs assez bien travaillées, large d'un pied sur neuf pouces de long, qu'elles attachent autour de la ceinture, avec un cordon fait de coton; les hommes ont une bourse de la même matière, & attachée de même à la ceinture.

Je n'ai jamais vu la cérémonie de leurs mariages, & je n'ai jamais entendu assez bien leur langage & leurs signes, pour en rien apprendre. Mais ce que je sais, c'est que nul peuple sur la terre n'aime plus ses enfans; quoiqu'ils soient, comme les Anglois, d'un caractère férieux & flegmatique, ils font toujours à jouer avec eux. Dès qu'ils ont atteint trois ou quatre mois, alors ils font une petite planche, de la forme d'un poiffon plat, avec deux trous aux deux bouts, ils arrangent deffus un petit couffin de coton : cette planche s'attache fur le front de leurs enfans, & elle eft liée derrière leur cou, afin de leur applatir le front, ce qu'ils regardent apparemment comme une beauté. Ils n'ôtent cette planche qu'à l'âge de fept ou huit ans, & ils n'y touchent jamais qu'avec un refpect religieux. Il arrive quelquefois que cette planche gliffe & n'applatit qu'un côté de la tête ; enforte que j'ai vu de ces Indiens avoir le vifage & la tête tout contournés & de travers : jamais on ne fe permet de la redreffer, quoi qu'il en doive arriver. Quand l'enfant quitte la planche, la mère emploie fon induftrie à corriger ce que la nature n'a pas fait affez beau dans leurs idées ; elle fait avec du coton une efpece de couffin, qu'elle lie à la jambe de l'enfant depuis la cheville jufqu'au mollet, & au-deffus du mollet jufqu'au genou ; le mollet groffit ainfi jufqu'à ce qu'elle le trouve à fon gré : par cette méthode ils ont des jambes très-bien faites, felon leur goût.

Les jeunes filles portent des colliers & des anneaux aux bras & aux jambes, faits de dents des poiſſons qu'elles ont tués elles-mêmes; elles ont auſſi des pendans-d'oreilles faits de belles coquilles ou de dents d'un petit cayman ou crocodile. Leur chevelure, toujours bien peignée, leur deſcend juſqu'à la ceinture; elles la teignent en rouge avec du roucou & de la graiſſe de ſerpent, dont ils font une eſpece d'onguent; leur tête eſt auſſi ornée de plumes & d'ouvrages de paille coloriés de fantaiſie, & variés en colifichets de mille formes différentes. Elles ſe peignent le viſage, mais ce n'eſt qu'aux jours de cérémonie, & d'une manière moins ridicule que les Sauvages voiſins du continent d'Orinoco, de Démerary, &c. qui font peur, ſur-tout les vieilles femmes, qui, outre ces maſques horribles, ont des dents & des coquilles pendantes à leurs joues & à leurs narines. Les hommes ne chargent point leur face de ces ridicules ornemens, ils n'en portent qu'au tour de la ceinture, des jambes, & à leurs cheveux, comme les Caraïbes des îles.

Dès que le jour paroît, les Caraïbes de Tabago ſe levent; & comme ils ne gardent jamais dans leur hutte aucunes proviſions du jour précédent, les hommes prennent leur fuſil, s'ils en ont un, ou leurs fleches de chaſſe, & vont dans les bois. La femme va autour de la hutte déplanter des patates, des ignames, ou bien arracher des feuilles de bananier; les enfans des deux ſexes vont à la pêche;

ils

ils se postent sur les rochers avec une longue ligne, ou vont visiter les claies, qu'ils ont placées dans la rivière.

Vers les huit ou neuf heures, les hommes & les enfans reviennent à la hutte, & rapportent des vivres en abondance pour toute la journée ; les hommes, quelque sanglier, un agouty, des tatous, des quatracas, des pigeons ramiers, des tourterelles, de jeunes perroquets, & mille autres oiseaux qu'il seroit trop long de nommer. Les enfans reviennent aussi chargés de bon poisson, de l'espece que leurs père & mère leur ont dit de pêcher. Aussi-tôt qu'ils arrivent, ils jettent tous leur chasse & leur pêche au milieu de la hutte ; il y en auroit assez, avec de l'économie, pour les nourrir toute une semaine, sans la quantité de chiens qu'ils ont & qui les partagent avec eux. Tous se mettent à l'ouvrage, & accommodent ces mets à leur façon, tandis que la femme apprête un potage, ou mets de tous les jours, comme la soupe en France ; ce potage est fait de viande ou de poisson, tantôt l'un tantôt l'autre, mais jamais il ne les mêlent ensemble. Ils lavent soigneusement la viande ou le poisson, les coupent en tranches qu'ils mettent dans un pot de terre avec de l'eau & de la graisse, & après qu'ils l'ont écumé avec une coquille, ils y mettent du sel & du piment ou gros poivre ; mais à un tel excès, que pendant les neuf femaines que nous fommes reftés parmi eux, Willam & moi, il ne nous fut jamais poffible d'en avaler une feule bouchée : dès que nous en mettions dans notre bouche, elle nous brûloit jufqu'à la douleur. Ils en font griller d'autres fur les charbons, ou les rôtiffent fur le feu avec une broche de bois pofée fur deux pierres.

Pour la tortue, qui abonde dans cette île, ils l'apprêtent différemment. Ils plantent dans la terre quatre bâtons fourchus par le bout, ils placent en travers dans ces fourchettes d'autres bâtons qui fe croifent, & forment ainfi une efpece de gril. Ils pofent le dos ou l'écaille de la tortue deffus, & l'affaifonnent avec du poivre & du jus de limon, puis la couvrent de deux ou trois feuilles de bananier ; lorfqu'elle a été ainfi environ deux heures à cuire fur le gril, tandis que les enfans attifent & foufflent toujours les charbons qu'ils prennent tout allumés dans un amas de bois enflammé qui eft auprès d'eux en réferve ; alors vient le père ou la mère, qui recueille le jus qui fort de la tortue, & le met à part pour fervir de fauce quand on la mange ; enfuite ils tournent la tortue de l'autre côté vers le feu, & ainfi alternativement, jufqu'à ce qu'elle foit bien cuite. Lorfqu'on la leve de deffus le gril, une feuille de bananier fert de plat, & l'on verse la sauce dessus. J'ai mangé des tortues à l'auberge de madame *Korel*, de St. Eustache, renommée dans les Indes occidentales pour savoir les accommoder ; & à l'auberge du vieux Lirivey à St. Jean d'Antigues, où est aussi un cuisinier fameux pour les tortues ; mais je donne la préférence à mes bons amis les Caraïbes, qui savent rendre ce mets délicieux, sans toutes les épices dont les autres le chargent. Lorsqu'ils ont dîné, ils jettent tout ce qui reste à leurs chiens qui sont à la porte, & ne réservent jamais rien de cuit, disant que ces animaux ont sur leur proie autant de droit qu'eux-mêmes, puisqu'ils ont partagé la peine de la prendre.

Après le dîner, les hommes vont se reposer, ou jouer d'une espece d'instrument à vent qu'ils font d'un roseau, ou fabriquer quelques ustensiles avec leur couteau, ou raccommoder leurs filets, &c. Les femmes vont s'asseoir au bord de la rivière ; là, elles arrangent leur chevelure & la parfument de leurs onguents, font des ouvrages de paille autour de l'arc & des fleches de leurs maris, frères ou parens ; quelquefois elles chantent des chansons sur un ton grave & sérieux. Ces Sauvages m'ont paru les plus heureux mortels que j'aie vus pendant trente-trois ans que j'ai tenu la mer.

Auffi-tôt que quelqu'un de la famille meurt, tous défertent de la hutte, au milieu de laquelle ils enterrent le mort, & ils ne toucheroient pour rien au monde à aucun des fruits & productions de l'enceinte qui environne la hutte ; enforte que l'île eft couverte de tertres & de huttes ainfi abandonnées.

Leur dévotion eft vraiment fingulière : c'eft la lune qu'ils adorent. A chaque nouvelle lune, dès qu'ils l'apperçoivent dans le ciel, foit qu'ils foient dans leur maifon ou dans les bois, ils quittent fur le champ toute occupation, & fe prennent tous par-deffous les bras. Le plus âgé d'entre eux adreffe fa prière à la lune, dans la pofture la plus humiliée & la plus recueillie, prononçant fans ceffe ce mot, *Amonticamawa*, ils s'embraffent l'un l'autre de la manière la plus tendre, les yeux pleins de larmes, & fe jettant plufieurs fois la face contre terre dans les tranfports de leur adoration. Après cette cérémonie, tous reviennent à leur maifon, s'ils fe font trouvés dehors, & de quelque tems ils ne difent pas un feul mot, ils femblent même être dans un état de crainte continuelle pendant tout le refte de la journée.

Les autres jours ils adorent auffi la lune, mais leur prière eft courte ; chacun la fait à part, & ils ne se prosternent point contre terre. Voilà tout ce que j'ai pu remarquer sur leur religion.

L'île de Tabago est remplie de serpens très-gros, de douze ou quatorze pieds de long, mais qui ne sont pas venimeux. On les appelle Tête de chien, parce qu'ils ont la tête large & assez semblable à celle de cet animal domestique.

Pendant le séjour que j'y fis, je fus témoin d'un accident qui arriva à un Caraïbe. Au point du jour, il vit une troupe de quatracas dans l'épaisseur du bois, perchés sur un arbre. Il se posta à quelque distance avec son fusil ; caché derrière un arbre, il tira plusieurs coups & en tua plusieurs avant d'aller ramasser ceux qui étoient abattus, ne voulant pas effrayer ces oiseaux dont la simplicité est extraordinaire ; car s'ils voient l'homme, ils s'envolent aussi-tôt, & fuient ; mais le coup de fusil ne fait que les troubler un moment ; ils s'elevent un peu, en caquetant au-dessus de l'arbre, & reviennent aussi-tôt s'y percher, ensorte qu'on peut les tuer un-à-un jusqu'au dernier, sans qu'ils aient l'instinct de fuir. Ce Caraïbe en ayant tué ce qu'il lui en falloit, va à l'arbre pour les chercher & les ramasser. Dans l'épaisseur des feuilles & des branches rompues & pourries qui environnoient le pied de l'arbre, étoit un de ces énormes serpens, qui dévoroit un des quatracas ; troublé dans son repas, il fait un faut vers le Caraïbe qui ne l'avoit pas apperçu, & le faifit à la cuiffe, une mâchoire deffous l'autre deffus, & lui enfonce fes dents dans la chair, comme auroit fait un bull-dog, & le tient ainfi fans lâcher prife. Le Caraïbe plein de fens & de patience, ne fait aucun mouvement de la cuiffe, de crainte que par la réfiftance ou par une fecouffe il n'irrite encore davantage ce monftre, qui dans une nouvelle fureur, auroit pû lui caffer l'os & lui brifer la cuiffe; mais adroitement il mit une groffe balle dans fon fufil, & fut affez heureux pour mettre en pieces la tête du ferpent. Dégagé de fa gueule, il fe traîna, comme il put à fa hutte, fouffrant des douleurs incroyables ; auffi-tôt fa femme lui panfa fa plaie avec une efpece de baume qu'ils tirent des feuilles de certaines plantes, & dans l'efpace d'une femaine il fut parfaitement guéri; d'autres, à l'inftant même, allèrent chercher le ferpent, emportant avec eux un gros & long pieu ; ils l'enfoncèrent au travers des deux yeux du monftre, & le tirèrent jufqu'à la hutte, de la manière dont on tourne un cabeftan. Je vis cet énorme reptile & fa tête toute écrafée. On en prit la graiffe, qui eft bonne pour éclairer; on la fait fondre & on en remplit des coquilles où l'on met une meche de coton, voilà les lampes des Caraïbes.

Ils font fujets à mille accidens de cette nature ;

mais ils ont toujours des remedes tout prêts & très-efficaces.

Les Caraïbes sont presque amphibies, ils passent une grande partie de leur vie dans la mer. Ils aiment passionnément le coquillage, & pour en pêcher de la plus grosse espece, ils vont les chercher quelquefois à six ou sept brasses au fond de l'eau, sur-tout pour pêcher les poissons que les Créoles François appellent cambies. Ils plongent, & en rapportent un dans chaque main, & les jettent dans leur canot. Il n'est point de mer, si grosse & si orageuse qu'elle soit, qui les effraie & qui les empêche de plonger lorsqu'ils en ont envie. Ils gagnent la pointe des rochers, & s'élevent ainsi par degrés de rochers en rochers, dans la lame; dès qu'ils se trouvent avoir de l'eau jusqu'à la ceinture, ils présentent le flanc à la lame pour la fendre plus aisément, & continuent d'avancer toujours. Si la mer est trop forte pour qu'ils puissent se tenir sur leur jambes, & qu'ils craignent que le flot ne les entraîne vers le rivage, ils se cramponnent avec les deux mains à la pointe d'un rocher, & abandonnent en arrière leurs pieds & leurs corps à la vague, ils la laissent passer sur eux: aussi-tôt après on les voit reparoître sur l'eau. Ils recommencent & continuent ainsi leur route au travers des flots, jusqu'à ce que la mer soit assez profonde pour qu'ils n'aient plus à craindre que la vague en les entraînant ne les jette contre les rochers.

L'habitude de nager, de plonger & de tromper les coups de la lame, se forme de bonne heure chez eux. Les enfans de douze ou quatorze ans se font un amusement singulier, qui feroit trembler un Européen. Ils choisissent une grêve unie & sans rochers ; là, ils vont plusieurs ensemble, ayant chacun dans la main une petite planche aussi large qu'ils la peuvent trouver, & se mettent la poitrine dessus, ensuite ils s'abandonnent à la vague ; d'autres ont une planche quarrée, d'environ un pied, avec un trou aux deux bouts par lesquels ils la tiennent. Alors ils avancent aussi loin qu'il leur plaît dans la mer, tous rangés à la file, & se laissent entraîner sur la cîme des flots vers le rivage : la la lame est quelquefois si haute, qu'aux yeux de ceux qui les voient du rivage, leurs têtes semblent autant de boules noires sur un tapis de neige. J'ai vu les enfans s'amuser au même exercice à la baie des Bermudes, dans les Isles des Turcs près de Saint-Domingue, où j'ai fait plusieurs voyages pour charger du sel pour la pêche du nord de l'Amérique (*).

(*) Le capitaine Cook a retrouvé ce même jeu chez les habitans d'Othaïti & des îles voisines.

Le capitaine Philippe Aubin (**) avoit vingt-fix ans lors de fon naufrage. Depuis l'âge de dix-fept ans, il commandoit en chef des sloops ou vaiffeaux de commerce pour les îles & côtes de l'Arique. En 1778, il étoit au mois de Janvier à Reims, & il confirma toutes les circonftances rapportées dans la relation de fon infortune. Le détail dans lequel il y eft entré fur ce qui concerne les Caraïbes, fes hôtes bienfaifans, à l'île de Tabago, ne laifferoit rien à défirer à ce fujet, s'il y avoit ajouté une légère defcription des Antilles dont cette île fait partie; il ne doit point être indifférent aux lecteurs de la trouver ici.

(**) David *Aubin*, fon père, capitaine de la marine Angloife, mourut encore jeune, des fuites d'une expédition contre Porto-Belo, en Amérique. Philippe *Aubin* refta orphelin avec un frère. Ce dernier entra auffi dans la marine Angloife, & s'attacha à l'amiral *Durell*. Il mourut en 1745, à l'âge de vingt-fept ans, des bleffures qu'il avoit reçues au fiege de Louisbourg. Il étoit fecond lieutenant de vaiffeau. Ce détail nous a été envoyé le 3 Septembre 1778, par le capitaine Aubin lui-même, à la fuite de quelques éclairciffemens que nous lui avions demandés.

LES ANTILLES, îles de l'Amérique méridionale, proche de la ligne, ont été ainsi nommées parce qu'on les rencontre avant que d'arriver au continent du Nouveau-Monde. Ces îles furent découvertes par *Chriſtophe Colomb*, en 1492 & 1495. Elles ſont ſituées à l'entrée du golfe du Mexique, & ſe diviſent en *grandes* & *petites Antilles*.

Les grandes au nombre de quatre, ſont : *Cuba*, *la Jamaïque*, *Saint-Domingue*, & *Porto-Rico*. Les Eſpagnols ſont en poſſeſſion de cette dernière & de l'île de Cuba ; ils partagent avec les François celle de Saint-Domingue ; la Jamaïque appartient aux Anglois.

Les principales des petites Antilles, appelées auſſi *Caraïbes* ou *Cannibales*, du nom des naturels du pays, ſont : *la Trinité, la Barbade, la Martinique, la Guadeloupe, Sainte-Lucie, la Mari-galante, la Deſirade, la Grenade, Saint-Martin, la Dominique, Saint-Vincent, Tabago, Saint-Barthélemy, l'Anguille, Antigoa, la Barboude, Mont-ferrat, Saint-Criſtophe, la Marguerite, Saint-Thomas, Curaçao, Saint-Euſtache, Sainte-Croix, Bon-air, les Vierges, Saba & la Providence.*

Dans le nombre des petites Antilles, les François poſſèdent ſeuls la Guadeloupe, la Deſirade, Mari-galante, la Martinique & Sainte-Lucie. Ils avoient encore l'île de la Grenade, mais elle a été cédée aux Anglois en 1762. Ils partagent avec les Hollandois l'île de Saint-Martin, & celle de la Dominique avec les Caraïbes. Il y a auſſi quelques François à Saint-Vincent, qui y cultivent le tabac qui ſe vend en Hollande & en France ſous le nom de tabac de Saint-Vincent ou de Dunkerque.

La Trinité & la Marguerite appartiennent aux Eſpagnols. Saint-Euſtache, Bon-air, Curaçao & Saba, aux Hollandois. Saint-Thomas & Sainte-Croix, aux Danois.

Enfin, les Anglois ont ſous leur domination les îles de la Barbade, de Mont-ferrat, de la Providence, de Saint-Chriſtophe, des Vierges & d'Antigoa. Ils poſſédoient auſſi la Dominique conjointement avec les Caraïbes; mais ſa ſituation entre la Martinique & la Guadeloupe, interceptant la communication de ces deux îles, les François s'en ſont emparés le 8 Septembre 1778.

Les Caraïbes naturels n'ont conſervé parmi les îles Antilles, que celle de *Békia*, qu'ils habitent ſeuls. Ils partagent l'île de la Dominique avec les François, & celle de Tabago avec les Anglois. Lors du ſéjour que fit dans cette dernière le capitaine Aubin, aucune nation Européenne n'y avoit alors d'établiſſement. Les François, les Anglois &

les Hollandois avoient tenté d'y en faire ; mais ils ont été obligés de les abandonner. L'air mal-sain qu'on respire dans les îles situées sous la zône torride, lorsque les terres ne sont point défrichées, & les maladies qu'il occasionne, en rendent le séjour mortel aux étrangers. Les naturels du pays y résistent par la force de leur tempérament. Les Anglois se sont néanmoins encore établis à Tabago, depuis 1756.

Il y a encore quelques familles de Caraïbes à Saint-Vincent. Cette île étoit autrefois la plus peuplée de celles qu'habitoient les Caraïbes naturels parmi les Antilles, c'étoit le centre de leur république ; mais depuis qu'elle est devenue le refuge des Negres marrons, leur nombre diminue si sensiblement chaque année, qu'il n'y en aura bientôt plus dans l'île. Ces fugitifs, nouveaux venus, n'ont pas tardé à faire éprouver à leurs hôtes les effets de leur caractère perfide & cruel, soit en les maltraitant, soit en enlevant leurs femmes, leurs filles & tout ce qu'ils trouvoient à leur bienséance.

Il ne fait point d'hiver dans les îles Antilles ; l'air y est fort chaud, mais mal-sain. En général, ces îles sont le tombeau d'un quart des Européens que l'avidité y conduit. De fréquens ouragans dé-

DES NAUFRAGES. 301

folent auſſi les Antilles, & y cauſent preſque toujours des ravages conſidérables.

Le manioc, les patates & le maïs font la principale nourriture des habitans. Le tabac & le ſucre ſe recueillent en abondance dans preſque toutes les Antilles, & y ſont excellens.

N.° 10.

RELATION

Du Naufrage du Vaisseau Anglois, le Fattysalam, *sur les côtes de* Coromandel, *dans l'Inde, en* 1761; *& Aventures de M.* DE KEARNY (*).

AUSSITÔT le rétablissement de ma santé, Monsieur, j'en ai fait l'usage que m'avoit prescrit votre constante amitié pour moi. Depuis long-tems vous desiriez le détail des circonstances de mon naufrage

―――――――――

(*) Cette Relation en forme de lettre, adressée par M. DE KEARNY, capitaine dans le régiment de Lally, à M. le comte d'ESTAING, lieutenant-général commandant les troupes Françoises aux Indes orientales, dans le cours de la guerre de 1756, & depuis vice-amiral-commandant en Amérique, pendant celle de 1778; a été publiée en 1763, à *Paris* chez *Duchesne.*

DES NAUFRAGES. 303

sur la côte de Coromandel, & de mon retour en Europe. En vous faisant ce récit, je satisferai à la fois deux sentimens naturels; celui de toucher une ame sensible, & le souvenir, toujours agréable dans le sein du repos, des malheurs qu'on a essuyés.

Vous avez déja été informé de ce que j'ai souffert dans la travesée de l'Europe aux Indes, où une espece de contagion emporta les deux tiers de notre état-major, sur le vaisseau *le Bien-Aimé*. Un autre que moi compteroit pour beaucoup d'être échappé d'une maladie de quatre à cinq mois, qui me réduisit à l'extrémité; je fus même abandonné des médecins de l'escadre Françoise. De plus grands maux m'ont fait depuis oublier ceux-là.

Quelque tems après votre départ de l'Inde, je fus fait prisonnier de guerre par les Anglois, à la bataille de Vandevachy, petit fort dans les terres, entre Madras & Pondichéry, & je pourrois commencer, à cette époque, l'Iliade de mes malheurs; car les Anglois n'osant pas me faire conduire à leur camp, de crainte que je ne fusse repris par nos hussards qu'ils voyoient derrière eux, me faisant passer, à chaque charge, de pelotons en pelotons; & je fus par conséquent exposé pendant l'action au feu de nos troupes. Il est vrai que les officiers m'en marquèrent bien leur chagrin; le général Anglois voulut même me consoler de l'aventure, en m'apprenant que vous en aviez essuyé, Monsieur, une toute semblable avant moi. Trouvez bon que je vous rappelle une occasion si glorieuse pour vous. Lorsque nous marchâmes à Madras, (je parle comme témoin oculaire), ce fut vous, Monsieur, qui, par la bravoure & surtout par la rapidité avec laquelle vous emportâtes tous les postes que l'ennemi avoit en avant, nous mîtes en état d'investir la place. Malheureusement pour la suite d'une expédition si bien commencée, vous fûtes fait prisonnier dans la première sortie des Anglois : c'est-là que pendant tout le combat vous restâtes entre leurs mains, exposé à la vivacité de notre feu, & que vous courûtes les plus grands risques.

Pour revenir à ce qui me regarde, je fus traité par les vainqueurs avec toute la générosité possible; ils firent même tout ce qu'ils purent pour me conserver mon équipage. Mais je perdis absolument tout ce que j'avois porté avec moi pour la campagne; les Cipayes me pillèrent sans ménagement. Vous connoissez cette milice indisciplinable : ils ne comprennent point qu'on puisse traiter en amis, c'est-à-dire, ménager le moins du monde des gens qui ont été & qui peuvent être encore ennemis.

Je

Je couchai une nuit dans le camp des Anglois, & le colonel Caillot, que vous connoiffez, eut pour moi les plus grands égards. J'obtins dès le lendemain la permiffion d'aller fur ma parole à Pondichéry; j'y reftai pendant quelques mois, & je fis inutilement tout ce que je pus pour me faire échanger. Quand la place fut inveftie par les Anglois, je fus fommé, comme tous les autres prifonniers de guerre, de me rendre à Madras. Je m'y rendis, & j'y trouvai près des deux tiers des officiers de l'armée du roi, pris en différentes occafions. J'étois donc à Madras, lorfque les Anglois devenus maîtres de Pondichéry, prirent la réfolution d'envoyer tous les officiers François en Angleterre. On m'avertit en conféquence de me tenir prêt pour m'embarquer inceffamment. J'appris en même tems qu'il falloit, tous tant que nous étions de prifonniers, fuivre le fort des vaiffeaux Anglois deftinés pour les différentes parties du Monde; mais M. *Pigott*, gouverneur de Madras, eut la bonté de laiffer à mon choix la voie par laquelle je defirois être tranfporté en Angleterre. Je choifis celle de Bengale, en faveur d'un bon accommodement que M. Pigott me ménageoit fur le vaiffeau *le Hawke* que j'y devois trouver; & je me louerai toute ma vie des diftinctions & des égards qu'il voulut bien avoir pour moi. Je comptois, par cet arrangement, adoucir bien des incommodités & des fatigues de ma traversée en Europe. La crainte de faire un si long voyage avec plus de cinquante prisonniers de guerre de toute espece, fort à l'étroit & mal à son aise ; mais sur-tout celle d'être réduit, comme on m'en avoit prévenu, à la dure nécessité de ne vivre pendant sept à huit mois que de viandes salées, quoique la Compagnie Angloise eût donné des ordres contraires, m'avoit fait prendre ce parti, comme le plus sûr dans ces circonstances : ce fut la cause de mes malheurs.

Le vaisseau le Hawke, sur lequel je devois passer en Europe, partit sans moi de Madras pour se rendre à Bengale, parce que toutes mes affaires n'étoient pas encore arrangées. J'eus donc ordre de me disposer à l'aller joindre par la première occasion qui se présenteroit, & qui ne pouvoit être éloignée, dans une saison où toutes les semaines il partoit des vaisseaux pour le golfe.

Le premier vaisseau qui se présenta fut l'infortuné *Fattysalam*, qui avoit été construit à Bombay, établissement Anglois sur la côte de Malabar, & qui n'avoit jamais vu d'autres mers que celle de l'Inde. Il étoit destiné à porter une grande partie des munitions de guerre prises par les Anglois à Pondichéry, & près de cinq cens personnes de troupes qu'on jugeoit à propos d'envoyer à Bengale, parce qu'après la réduction de Pondichéry, on n'en avoit plus besoin sur la côte.

Ce fut dans ce malheureux vaisseau que je m'embarquai, le 26 Août 1761, & nous mîmes à la voile le même jour. Le deuxième jour, 28, entre dix & onze heures du matin, le capitaine du vaisseau dit en confidence au major *Gordon*, qui commandoit les troupes Angloises, qu'il y avoit sept pieds d'eau dans le fond-de-cale, que l'eau gagnoit toujours malgré le travail des hommes, & que nous n'avions par conséquent que deux heures à vivre ou à nager sur l'eau.

Comme il y avoit déja près de deux heures que tout le monde travailloit à soulager le vaisseau, en jettant tout dans la mer, j'observois bien le capitaine & ne le perdois point de vue. Je le vis parler au major avec un air consterné qui annonçoit le plus grand malheur ; j'avançai vers eux, & je demandai du ton le plus bas, en Anglois, de quoi il étoit question. M. Gordon me répéta d'une voix tremblante ce qu'il venoit d'apprendre du capitaine. Cet effrayant arrêt me frappa, sans m'ôter le pouvoir d'agir & de prendre sur le champ mon parti. Je coupai court à toutes paroles inutiles ; je demandai seulement au capitaine si en nous emparant de la chaloupe, qui étoit chargée de cochons & à la traîne du vaisseau, nous pouvions nous fauver. Il me répondit de l'air le plus trifte & le moins confolant, que cet expédient pouvoit nous faire furvivre de quelques heures à ceux que nous laifferions à bord, mais qu'il ne croyoit pas ce moyen praticable parmi tant de foldats & de matelots. Cette réponfe me fit comprendre qu'il n'y avoit aucune reffource dans l'imbécille capitaine. Je lui dis que nous allions nous charger de tout, & qu'à fon égard il n'avoit qu'à bien obferver deux chofes, fe taire fur l'événement, & nous fuivre lorfqu'il nous verroit dans la fatale chaloupe. Il nous quitta dans le même inftant. Reftés feuls, le major & moi, nous concertâmes notre évafion du vaiffeau, & nous l'exécutâmes en moins de dix minutes. Il defcendit de la chambre du confeil, par un efcalier dérobé, dans la grande-chambre, pour faire part de notre projet aux officiers de fon régiment, qui s'y trouveroient, car les momens étoient trop précieux pour les aller chercher ailleurs. De mon côté j'appelai mon domeftique, excellent fujet dont j'étois bien fûr ; il avoit été foldat dans ma compagnie, & fait auffi prifonnier de guerre, mais j'avois obtenu fa liberté de M. Pigott ; je lui dis en deux mots de quoi il s'agiffoit. Je fermai moi-même auffitôt la porte de la chambre du confeil, pour qu'on ne vît point du gaillard ce que nous allions faire. Comme le vaisseau, quoique très-gros, n'avoit point de gallerie, je fis sortir mon domestique par une des fenêtres de cette chambre, & il descendit dans la chaloupe, à l'aide d'une corde qui se trouva sous sa main. Je le munis auparavant de mon épée & d'une hache ; avec ordre de s'en servir pour repousser sans miséricorde tous ceux qui voudroient s'accrocher à la chaloupe, à moins qu'il ne les vît venir de l'endroit où je me tenois pour conduire notre descente. Tout fut très-bien exécuté : ce domestique intelligent nous conserva la chaloupe jusqu'à ce que tous ceux qu'elle devoit recevoir y fussent descendus ; & notre petit embarquement se fit avec tant de bonheur & de promptitude, qu'il ne fut point obligé de se servir de ses armes pour empêcher l'abordage. Aussitôt que le capitaine, qui par son peu de résolution manqua de perdre la chaloupe, fut entré avec les autres, notre premier soin fut de couper la corde qui l'attachoit au vaisseau, & de nous en éloigner, ensorte que nous nous trouvâmes en peu de tems assez loin de-là.

Nous voilà dans un frêle esquif tout ouvert, abandonnés aux vents & aux flots, au nombre de vingt-cinq personnes, parmi lesquelles étoient deux jeunes femmes d'officiers Anglois du régiment de Coote, tous mal accommodés, mal vêtus,

& pêle-mêle avec les cochons. Il s'agit d'abord de se faire place, pour pouvoir un peu s'arranger. Nous nous mîmes tous à jetter les cochons à la mer; mais une heureuse réflexion de quelqu'un d'entre nous en fit garder sept, pour, à tout événement, n'être point réduits à l'horrible nécessité de nous manger les uns les autres, malheur qui nous seroit arrivé sans cette misérable ressource. Le bateau ainsi soulagé, il fallut nous occuper d'un autre soin tout aussi pressant. Chacun se dépouilla, soit de son habit, soit de sa veste, pour faire une espece de voile qui pût servir à gouverner notre barque; les femmes mêmes furent obligées de donner chacune un de leurs cotillons qu'elles avoient sur elles, & qui n'étoient que de mousseline. De toutes ces pieces réunies & attachées ensemble avec nos mouchoirs qui furent déchirés par lambeaux, nous fimes une manière de voile aussi bizarre que peu solide.

Pendant que l'on y travailloit, nous apperçûmes le malheureux vaisseau qui faisoit continuellement des signaux pour nous faire entendre que tout étoit réparé, & nous engager à revenir. C'étoit un piege que nous tendoient nos misérables compagnons de voyage, pour tâcher de s'accrocher à notre chaloupe. Si nous avions eu l'imbécillité d'en croire notre capitaine, qui donnoit dans un panneau si sensible, nous serions retournés les joindre, & nous aurions tous péri. Mais nous n'eûmes garde d'approcher d'eux, & bien nous en prit ; car ce vaisseau, quelques minutes après, nous offrit le plus affreux spectacle. Il ne gouvernoit plus du tout ; on le voyoit tantôt aller à la dérive, & tantôt tourner comme un tourbillon. Bientôt c'est un mât qui tombe ; un second mât suit, un troisième : voilà le vaisseau ras comme un ponton, qui flotte encore au gré des vagues, mais qui semble n'être soutenu sur l'eau que par les mouvemens continuels des malheureux dont les cris perçans nous frappoient d'horreur. Il vint une brume ; nous ne pûmes plus distinguer le vaisseau, & il ne tarda guére à être englouti.

C'est toujours par comparaison qu'on est heureux ou malheureux. Que nous dûmes bénir le Ciel de nous avoir préservés du sort que subirent à nos yeux cinq à six cens hommes restés à bord du vaisseau ! Mais à quel prix étions-nous sauvés ! A quels maux nous réservoit le Ciel, & quelle situation que la nôtre !

Nous nous trouvions en pleine mer, dans un chétif bateau qu'une seule lame pouvoit renverser, sous la main de la Providence, sans boussole, sans compas, & pour tout agrèts notre petite voile, qui demandoit toute notre attention.

Nous n'avions pas une goutte d'eau, ni de vivres d'aucune espece. Mouillés sans cesse par les vagues qui entroient dans notre bateau, continuellement occupés à jetter dehors l'eau dont nous étions continuellement inondés, & malgré ce travail pénible, toujours tremblans de froid, parce que nous n'avions pour nous couvrir que très-peu de hardes & toutes trempées : c'est en cet état que nous voguâmes à la merci des flots pendant sept jours & sept nuits. Notre seule nourriture étoit une cuillerée & demie de sang de cochon, que l'on distribuoit à chacun pour la subsistance de vingt-quatre heures; car pour nous en donner jusqu'à deux cuillerées, il falloit y mêler de l'eau de la mer, & jamais rien ne fut plus exactement mesuré que cette modique portion. Plusieurs d'entre nous, qui avoient l'appétit & l'estomac également bons, mangèrent de la chair de cochon toute crue, & l'on en tuoit un chaque jour, ensorte que nous n'en avions plus le septième. Le fort de mon régal, à moi, étoit du foie ou du sang coagulé, que je suçois seulement & rejettois ensuite ; mon domestique, qui nous servoit de boucher, me faisoit toujours ce cadeau.

Le septième jour, entre minuit & une heure,

nous crûmes entendre un bruit qui nous parut d'abord fort étrange, mais que nous jugeâmes ensuite parvenir du choc des brisées de l'eau contre quelques rochers, ou contre quelques côtes sans bords. Nous flottions entre la frayeur & la joie, & nous attendions impatiemment le jour. Il vint ce jour si lent à notre gré, & tout disparut. Jugez de la révolution qu'une légère espérance, détruite aussitôt que conçue, fit éprouver à chacun de nous dans l'ame & le corps. Nous fûmes replongés à l'inſtant dans une consternation si profonde, que nous n'y aurions pas résisté si la main de Dieu ne nous en eût tiré promptement.

Le même jour, vers les sept heures du matin, quelqu'un cria : Terre ! ou quelque chose d'approchant !...... Nous distinguâmes à l'horison une nuance que le desir ardent de trouver la terre fit croire que ce l'étoit effectivement. Voilà donc la nature encore une fois secouée par une lueur d'espérance. Nous dirigeâmes notre route vers le point que l'horison nous montroit, & à neuf heures nous commençâmes à distinguer en effet des côtes ; mais nous ne vîmes bien la terre que quand nous fûmes sur la plage, parce que la côte étoit extrêmement basse. Il n'eſt pas possible, Monsieur, je ne dis pas de vous décrire, mais de vous faire imaginer seulement l'effet que fit sur nous cette heureuse vue. Nous éprouvâmes tous à l'instant je ne sais quelle impression de joie, de vigueur & de vie, dont notre ame étoit pénétrée, comme on est pénétré par la chaleur, lorsqu'après un froid excessif on se trouve auprès d'un grand feu qui ranime tout-à-coup nos ressorts. Nous sentions délicieusement notre foible existence, & ce sentiment répandu dans nos facultés, sembloit nous redonner un nouvel être. Il n'est donc réservé qu'à nous de connoître les inexprimables douceurs d'un moment, dont nulle situation de la vie ne peut sûrement donner d'idée.

Il s'agit maintenant d'aborder cette terre & de débarquer ; c'étoit l'embarras : car la barre étoit très-forte, & la solitude de la côte, où l'on ne voyoit ni maisons, ni hommes, ni chelingues, petits bateaux servant à embarquer & à débarquer, prouvoit mieux que le témoignage du pusillanime capitaine, qu'aucun bateau Européen n'y avoit encore abordé. On tint conseil, & l'on résolut de tenter l'aventure, en disant que se sauveroit qui pourroit. Cet avis, appuyé par ceux qui savoient nager, & sur-tout par le capitaine, qui osa même dire hautement qu'il étoit bien sûr, lui, de se sauver, étoit trop contraire à l'humanité pour être entendu de sang-froid : car c'étoit annoncer à ceux qui malheureusement n'étoient point aussi familiarisés dans l'eau, sur-tout aux deux femmes dont nous étions chargés, & à moi qui ne savois pas plus nager qu'elles, une mort presqu'inévitable, à moins que Dieu ne voulût faire un nouveau miracle en notre faveur. Je m'élevai donc contre cet avis, & je dis d'un ton ferme au capitaine, que cette barbare résolution ne seroit point exécutée, tant que j'aurois un souffle de vie ; que puisqu'une partie de nous étoit dans le même cas que moi, ainsi que mon domestique qui m'étoit aussi cher que moi-même, c'étoit à eux à gouverner le bateau de manière que nous pussions aborder tous sains & saufs. J'ajoutai, lui tenant l'épée nue en face, qu'il me répondroit sur sa vie de celle de tous tant que nous étions.

A ces paroles, un officier Anglois, nommé *Scoot*, homme furieux & toujours porté aux partis les plus violens, s'écria : » Comment ! un seul François, & prisonnier de guerre, prétend ici nous faire la loi, & ose nous traiter de barbares !........ Monsieur, lui dis-je tranquillement, notre malheur commun nous rend tous égaux ; je suis libre ici comme vous, & je le répete, au hasard de toutes les satisfactions que l'on voudra me demander quand nous serons à terre, le capitaine me répondra de la vie de tous nos compagnons ».

Le capitaine intimidé chargea d'abord deux Lascares Mores, bons nageurs, que nous avions sauvés avec nous, de se tenir près de moi, & de ne point m'abandonner que je ne fusse à terre. Il prit ensuite le gouvernail du bateau, & il manœuvra si habilement, ou plutôt avec tant de bonheur, que nous prîmes terre sans aucun accident. Mais voici ce qui nous arriva : douze de nos compagnons, par une impatience assez naturelle, voulurent sauter à terre à l'instant que le bateau toucha, & quelques-uns de ceux-mêmes qui savoient nager pensèrent périr. De plus, ils se trouvèrent tous séparés de nous, le bateau ayant été jetté par deux lames dans une rivière que nous n'apperçûmes que quand nous y fûmes entrés. Cette rivière étoit si rapide que notre bateau fut bientôt échoué, & nous n'eûmes rien de plus pressé que de gagner la terre à notre tour.

Je voudrois bien pouvoir peindre ce moment; mais comment me le retracer avec toutes ses circonstances, avec la naiveté, l'énergie, la vérité de la nature ? Nous sentîmes à peine la terre, que chacun occupé de soi & de l'unique sentiment de sa propre conservation, ne pensoit presque plus aux autres. Nos yeux ne cherchoient que de l'eau douce & de quoi soutenir un souffle de vie. Nous apperçevons un petit lac, & nous sommes tous à l'instant sur le bord, à plonger comme des canards, la tête dans l'eau, pour étancher une soif horrible, une soif de huit jours entiers, qui ne peut être comparée à aucune ardeur de fievre. Il faudroit avoir aussi long-tems éprouvé le feu dévorant de la soif, de tous les besoins de la vie le plus insupportable & le plus pressant, pour concevoir quel étoit la nôtre & notre empressement à l'éteindre. Dans une pareille situation, on donneroit pour un verre d'eau tout l'or & tous les diamans de l'Inde, on donneroit le Monde entier: imaginez d'après cela nos longues souffrances, notre emportement sur les bords du lac, & les délices que nous goûtâmes. Après nous être rassasiés d'eau, nous nous mîmes à manger, les uns de l'herbe, d'autres des coquillages qui se trouvèrent heureusement à l'endroit où nous étions débarqués, & nous n'eûmes pas d'autre nourriture pendant quarante-huit heures.

Cependant notre division en deux bandes commençoit à nous affliger. Nous cherchions toujours à nous rejoindre, & n'en pouvant venir à bout à cause de la profondeur du torrent qui nous séparoit, chaque bande de son côté se mit en marche pour gagner l'intérieur du pays, & chercher quelque habitation. Les terres où nous nous trouvions alors étoient celles du Raja d'Arsapour, peu éloignées de l'embouchure du Gange & de la pointe de Palmyre. Nous n'étions pas fort avancés, lorsqu'on nous tendit un piege pour s'emparer plus aifément de nous. Deux pêcheurs qui nous avoient apperçus, furent chargés de nous dire de rester où nous étions. Ils nous assurèrent que le chef du lieu étoit averti de notre arrivée dans ses terres, qu'il savoit notre défastre & notre situation, que c'étoit un seigneur bienfaisant, & qu'il ne tarderoit pas à nous envoyer des secours de toute espece. En effet, quelques heures après, on nous apporta du riz & de la mantegue, espece de beurre ou de sain-doux formé de la graisse de porc, on y ajouta des complimens de la part du raja, en nous promettant de sa part que le lendemain on nous mettroit à l'abri des injures de l'air, & surtout du serein, qui est très-dangereux dans ce pays-là. On nous tint parole ; on vint le lendemain nous chercher, mais ce fut pour nous conduire dans une petite île, où l'on nous retint captifs. Chacune de nos deux divisions fut conduite par un chemin différent, & ne sut point ce qu'étoit devenue l'autre. Nous y restâmes pendant sept semaines, n'ayant pour toute nourriture que du riz noir que l'on fournissoit en payant, & deux fois la semaine du poisson salé détestable, encore falloit-il bien de l'intrigue & vendre tout ce que nous avions sur nous pour avoir ces deux articles. Nous trouvâmes pourtant le moyen d'apprivoiser un peu les Mores commis à notre garde, & de nous procurer quelques douceurs. Une de nos dames, *Miſtriss Teatte*, Irlandoiſe, qui avoit une fort jolie voix, leur chantoit des chanſons angloiſes qu'ils écoutoient, ſans y rien comprendre, avec beaucoup de plaiſir; cette complaiſance nous valoit de tems-en-tems quelques fruits & d'autres rafraîchiſſemens. Cependant l'eau que nous buvions étoit ſi mal-ſaine, qu'il mourut treize de nos compagnons, tant d'une bande que de l'autre, & que les douze ſurvivans étoient tous fiévreux, hydropiques, livides ou jaunes, & ſi défigurés que l'on ne pouvoit plus diſtinguer ſi nous étions Européens.

Mais comme il n'eſt point de miſère qui faſſe perdre l'eſpérance ou l'idée de s'en délivrer, nous étions ſans ceſſe occupés des moyens de ſortir de notre île. Les deux Laſcares Mores que nous avions dans notre bande nous parurent propres à ce deſſein. On écrivit avec un crayon, qu'une de nos dames avoit conſervé par haſard, un billet pour Baraſole où les Anglois ont une petite factorie; nous engageâmes les Laſcares à ſe charger de ce billet, & nous leur promîmes tous ſolidairement une ſomme d'argent conſidérable quand nous ſerions tirés d'eſclavage & arrivés au premier établiſſement Européen. Nos Laſcares conſentirent à tout, malgré les difficultés du voyage, & partirent. Il leur fallut traverſer trois ou quatre grandes rivières à la nage, & toujours marcher la nuit, pour dérober leur piſte aux gens du pays. Après bien des périls évités par leur induſtrie ou franchis par leur hardieſſe, ils parvinrent à Catteck, grande ville de l'Inde, & réſidence d'un raja ou chef des Marattes. Les deux Mores, comme étrangers, furent menés devant le raja en arrivant, & interrogés ſur leur miſſion ; ils racontèrent notre naufrage, la manière dont nous en étions échappés, les miſères que nous avions eſſuyées depuis, & notre captivité chez le raja d'Arſapour. Ils n'oublièrent pas d'ajouter qu'il y avoit avec nous deux jeunes femmes blanches, & que les hommes étoient gens de diſtinction. Le chef Maratte leur demanda ſi les hommes étoient propres à faire des ſoldats, ſi les femmes étoient bien blanches, & ſi elles étoient aſſez jolies pour être miſes dans ſon ſérail. Sur la réponſe des Laſçares, le raja envoya chercher ſur le champ le fils du raja d'Arſapour qu'il avoit alors en ôtage, & lui ordonna d'écrire à ſon père de faire, à lettre vue, partir pour Catteck les Européens, hommes & femmes, qu'il retenoit depuis deux mois captifs dans une île. Il eut ſoin d'ordonner, conformément

ment à la politique de tous les petits souverains de l'Inde, qu'on nous fit passer par les plus mauvais chemins & des routes non pratiquées, pour nous dérober le plus qu'on pourroit la connoissance du pays. L'ordre de partir étant venu séparément aux deux bandes, nous nous mîmes en route avec nos guides, chacun de notre côté, & après quelques heures de marche nous nous rencontrâmes. Il y avoit deux mois que nous étions séparés, & depuis cette séparation nous n'avions pas eu de nouvelles les uns des autres ; je vous laisse imaginer quelle fut notre joie en nous revoyant. Nous nous apprîmes mutuellement la mort de ceux de nos compagnons que chaque bande avoit perdus ; & de véritables squélettes, des spectres ambulans qui se traînoient à peine, se félicitoient de respirer encore. Notre voyage pour arriver à Catteck étoit de quatorze grandes journées, nous fîmes ce chemin à pied & presque tous sans chaussures ; nos journées étoient fort petites, parce que nous étions tous malades, tous exténués de foiblesse, & que marchant presque toujours dans les marécages, nous étions dans les boues jusqu'à la ceinture. Nous avions plusieurs grandes rivières à passer, il fallut les traverser à la nage ; ceux d'entre nous qui savoient nager, aidoient & soutenoient les autres. Nos deux jeunes Angloises, qui certainement n'étoient point faites pour tant de peines, étoient dans un état déplorable, & la seule vue de ces pauvres femmes sembloit encore aggraver nos maux. Une d'elles, Mde. *Nelson*, mourut à quatre journées de Catteck : l'autre, quoique grosse de trois mois, eut le bonheur d'y arriver saine & sauve.

Tout excédés que nous étions de fatigues à la fin de chaque journée, nous étions obligés de passer la nuit sous des arbres, parce que les gens du pays ne nous permettoient point de mettre le pied chez eux, la pratique de l'hospitalité à l'égard des Européens leur étant défendue par leur religion. Dans le cours de ce voyage, nous ne trouvâmes que deux chauderies, ou hospices de charité à l'usage des voyageurs Indiens. Enfin nous arrivâmes à Catteck, les uns quelques jours avant les autres. Là nous apprîmes que les Anglois y avoient encore une factorie, & nous nous y rendîmes aussi-tôt ; mais nous n'y trouvâmes que des Cipayes à leur solde, & pas un seul Européen. Les Cipayes nous firent un très-bon accueil, & touchés de notre état, ils allèrent d'abord au bazar ou marché, nous chercher des galettes. Nous les dévorâmes en buvant de l'eau qu'ils nous donnèrent à discrétion, & nous fîmes un repas délicieux. Après avoir bien remercié ces pauvres Cipayes, & nous être félicités de nous trouver enfin sous un toît à l'abri des injures de l'air, nous songeâmes à nous reposer, & nous nous mîmes tous à dormir. Nous comptions que le lendemain le chef des Marattes nous feroit venir devant lui pour donner quelques ordres à notre sujet, mais nous apprîmes qu'il étoit allé faire une tournée du côté des pagodes de *Jean-Grenade*. Son ministre ou représentant n'ayant rien ordonné pour nous, on ne nous envoya pas la moindre subsistance. Ainsi les Cipayes continuèrent à nous nourrir le moins mal qu'ils purent. Comme ils avoient du crédit au bazar, ils nous procuroient du riz, un peu de mouton, & des épices pour faire des carries; c'est un ragoût composé de riz, de viandes & d'épices, sorte de pillau ou pelau, comme on prononce. Ce fut là pendant quinze à vingt jours notre nourriture ordinaire.

Pendant notre trajet de l'île où nous avions été captifs, jusqu'à Catteck, les deux Lascares, nos libérateurs, qui avoient su taire au chef des Marattes la commission dont ils étoient chargés de notre part, avoient continué leur voyage, étoient arrivés à Barasole, & avoient donné de nos nouvelles aux Anglois. Ils étoient ensuite passés à Calcutta, & enfin avoient été trouver M. *Vansettard*, gouverneur pour les Anglois à Bengale. M. Vanfettard ne perdit point de tems pour nous envoyer des fecours ; mais l'éloignement des lieux fit que nous ne pûmes les recevoir que vingt ou vingt-cinq jours après notre arrivée à Catteck. Il follicita beaucoup les Marattes entre les mains de qui nous étions, pour obtenir notre liberté; mais comme ils étoient alors affez mal avec la Compagnie Angloife, & qu'ils font fouvent très-hauts, parce qu'ils vivent fous un gouvernement militaire, ils ne voulurent pas accorder une pareille grace à des marchands. Il fallut donc que le vainqueur de l'Inde, M. *Coote*, demandât notre élargiffement, qu'il obtint fans peine.

Bientôt toute notre troupe fut empreffée de fe rendre à Barafole, ce qui étoit une affaire de fix jours. Pour moi & mon fidele domeftique, nous n'attendîmes point l'ordre général du départ, nous prîmes enfemble les devans. J'avois trouvé à Catteck un Européen, Mofcovite de nation, qui avoit été canonnier dans l'armée de M. de Buffy, & qui étoit devenu chef d'artillerie des Marattes. Comme il parloit & entendoit la langue françoife, fans lui dire précifement qui j'étois, je le fondai fur fes fentimens à l'égard de M. de Buffy. Il m'affura que c'étoit lui qui avoit donné aux Afiatiques la plus haute idée des Européens, qu'il le regretteroit toute fa vie, & ne cefferoit de l'adorer; ce furent ſes termes. Sur cette ouverture, je lui dis que j'étois François & priſonnier de guerre des Anglois, que j'avois avec moi un domeſtique à qui j'étois fort attaché, & que je deſirois bien de pouvoir nous tirer promptement de Catteck. Il me répondit qu'il ſe chargeoit de me faire partir, pourvu que les autres n'en ſuſſent rien qu'au moment de notre départ. Je gardai le ſecret, & en effet, il obtint une eſpece de permiſſion pour moi & pour mon domeſtique. Je louai auſſitôt deux doulis, ſorte de brancard porté par des hommes. Je vendis pour payer ces doulis & pour nous nourrir dans le voyage, un porte-col & des boutons de manches qui me reſtoient pour tout bien. Je pris enſuite congé de mes compagnons, en leur apprenant, ſans rien déguiſer, comment & par quel moyen j'avois obtenu la permiſſion de partir, afin qu'ils puſſent ſe ſervir de la même voie. Le voyage de Baraſole penſa nous être encore funeſte. Deux fois nous fûmes attaqués par des tigres, & nous eûmes la douleur de voir enlever à quelques pas de nous, par un de ces cruels animaux, un More de notre ſuite, qui nous avoit été fort utile à tous égards dans nos miſères. Le même tigre, après avoir achevé ce malheureux, reſortit du bois & nous fixa tous d'un regard terrible; mais nous tenant bien ſerrés enſemble, par notre fermeté & par le bruit que nous fîmes, nous l'obligeâmes de se retirer.

A mon arrivée à Barasole, je trouvai quelques Anglois qui alloient s'embarquer pour Bengale; ils me proposèrent de partir avec eux, j'eus à peine le tems de boire un coup, & je m'embarquai.

Nous fûmes six à sept jours à nous rendre à Calcutta; le Gange étoit fort difficile à remonter, & nous pensâmes encore périr dans cette petite traversée, où l'on rencontre écueils sur écueils, périls sur périls. Quand nous fûmes arrivés à Goupil, je vis plusieurs vaisseaux de la Compagnie Angloise, & je priai les Anglois avec qui j'étois, de me permettre de les quitter pour aller à bord d'un de ces vaisseaux. Ils nous voyoient, moi & mon domestique, malades, épuisés & manquant de tout; ainsi, moyennant deux roupies, le seul argent qui me restoit, on fit venir un bateau qui me mit à bord du *Plassy*, vaisseau commandé par le capitaine *Ward*. Quand je fus entré dans ce vaisseau, je crus être à la fin de mes peines, & tout étoit presque oublié. Le premier homme à qui je parlai fut un capitaine des troupes de la Compagnie d'Angleterre, nommé M. *White*. Il nous prit, moi & mon domestique, pour deux soldats dévalisés. Notre figure & notre ajustement, également dignes de pitié, annonçoient l'état le plus misérable. Ce généreux Anglois m'adreſſant donc la parole, me dit en ſa langue : » Pauvre ſoldat ! vous voilà bien » mal équipé. Qui êtes-vous, & d'où venez-vous?.. Je lui répondis en Anglois : » Vous l'avez dit, » je ſuis ſoldat, & voilà mon domeſtique, qui ne » l'eſt pas moins que moi ; nous nous trouvons » fort heureux d'exiſter encore »...... J'ajoutai tout de ſuite que j'étois le douzième échappé du vaiſſeau Anglois le Fattyſalam, qui avoit péri, corps & biens, ſur les côtes de Coromandel ; que je devois la vie d'abord à mon courage de ſoldat, & puis aux ſoins de mon domeſtique, qu'il voyoit accablé de maux, & hors d'état de reſter debout ; enfin que j'étois un officier de tel grade, priſonnier de guerre de ſa majeſté britannique. M. White à l'inſtant même alla dans ſa chambre, il me fit apporter de quoi me changer des pieds à la tête, & j'en avois aſſurément grand beſoin. Il y avoit deux mois & demi que je portois la même chemiſe qui étoit toute en lambeaux ; mon domeſtique la trempoit ſeulement de tems en tems dans l'eau pour me ſoulager un peu. On revêtit auſſi ce pauvre garçon qui étoit tout nud. M. White me fit enſuite préſenter du chocolat & de quoi manger ; mais j'étois ſi foible que l'odeur ſeule du chocolat penſa me faire évanouir, & que je ne

X iv

pus goûter de rien. Je bus du Thé ; ce fut tout ce que je pouvois faire. Je reçus mille autres honnêtetés de ce digne homme, & le capitaine du vaiſſeau ne m'en fit pas moins. Quand j'eus changé de hardes, & que mon thé fut pris, ces meſſieurs me propoſèrent de remonter avec eux le Gange juſqu'à Calcutta, dans un bateau qu'ils alloient faire partir. J'y conſentis, mais très-chagrin de laiſſer dans le vaiſſeau mon cher domeſtique, qui étoit dans un fort accès de fièvre. Cependant je n'avois point d'autre parti à prendre, & les bontés que ces deux meſſieurs avoient, tant pour moi que pour lui, me raſſurant ſur ſon ſort, je m'en ſéparai, quoiqu'avec bien du regret. Il mourut peu de tems après, dans l'hôpital Anglois de Calcutta.

Nous arrivâmes le lendemain à ce comptoir. Le jour ſuivant, je me rendis chez le gouverneur, M. Vanſettard. Il me reçut fort humainement, me dit de me loger, & il m'aſſigna, comme capitaine & priſonnier de guerre, la ſubſiſtance de cent vingt roupies (*) par mois. Je manquois de tout, il ne

---

(*) Monnoye Mogole, qui a cours dans les Indes orientales ; celle d'or vaut 21 liv. de France, & celle d'argent 48 ſous.

me prévint sur quoi que ce soit. J'eus recours à mon bienfaiteur, M. White, pour avoir du linge; il me prêta trois cens roupies qui servirent à m'habiller. Je fus deux mois sans rien toucher de la subsistance ordonnée par le gouverneur. Enfin je devois la recevoir, quand il me vint tout à coup un ordre de m'embarquer sur le *Hawke* qui se trouvoit encore à la côte. J'étois malade, je n'avois pas encore de linge fait, ni rien de ce qu'il falloit pour un long voyage ; cependant on me pressoit de partir. M. Cootte eut la bonté de faire retarder mon voyage, & le Hawke partit sans moi. J'eus ainsi le tems de m'équiper un peu. Je comptois que M. Vansettard, à qui j'avois offert, en ma qualité d'officier de l'état-major du roi & de capitaine dans ses troupes, les sûretés nécessaires ou des lettres-de-change sur notre Compagnie des Indes, m'avanceroit de quoi payer les dettes que ma situation m'avoit forcé de contracter ; il ne voulut me faire aucune avance. J'en parlai presqu'au moment de mon départ à M. Cootte, qui m'envoya trois cens roupies. Le gouverneur l'ayant su, m'en fit aussi remettre quatre cens : c'est tout ce que je tirai de lui, & je ne pus me dispenser d'accepter ce foible secours, pour ne point laisser de dettes après moi. Je ne dois pas oublier ici que ce fut à Calcutta que je retrouvai les deux Lafcares Mores qui avoient opéré notre délivrance d'entre les mains du dífcourtois Raja d'Arfapour, & qu'ils m'apprirent toutes les circonftances de leur arrivée à Catteck, telles que je les ai marquées plus haut.

Je partis le 2 Février 1762 de Calcutta, pour retourner à Goupil fur le Gange, où étoit le vaiſſeau Anglois *le Holderneſs*, commandé par le capitaine *Brooke*. Ce capitaine me reçut fort honnêtement, il me dit que j'aurois fa table pendant la traverſée, & il fit pendre mon hamac dans l'entrepont, préférence marquée que j'eus fur tous mes compagnons de fortune, c'eſt-à-dire, fur treize à quatorze officiers François qu'il avoit à bord. Ainſi je commençai ce voyage avec aſſez d'agrément. Quelques jours après, étant en pleine mer, mes camarades, priſonniers de guerre comme moi, vinrent me faire part de la façon miſérable dont ils étoient nourris, & couchés pêle-mêle dans la fainte-barbe, où ils ne pouvoient bien s'arranger à cauſe des voiles & d'autres équipages qui rempliſſoient preſque tout l'endroit. Je fis tout ce que je pus pour les porter à la patience, & j'en vins à bout quant au logement. Mais à l'égard de la nourriture, ils revinrent tant de fois à la charge, & me preſsèrent ſi fort d'en faire des repréſentations au capitaine, que malgré toutes mes répugnances à toucher une pareille corde, je pris fur moi de lui en parler. Ma requête fut mal reçue, je ne pus réuſſir à faire changer la condition des plaignans. J'en fus ſi piqué, que pendant tout le tems que je mangeai avec le capitaine & quelques paſſagers Anglois, je ne pus m'empêcher de faire voir les mécontentemens que j'avois du traitement que mes camarades eſſuyoient. Je ne diſois plus un mot à table, & ne parlant à perſonne, je dus être fort à charge à la compagnie. Après quatre à cinq mois de navigation, nous arrivâmes à Sainte-Hélène, île Angloiſe de l'océan Atlantique. Tous tant que nous étions de priſonniers de guerre, nous comptions pouvoir y débarquer pour nous rafraîchir : nous apprîmes avec ſurpriſe qu'on ne permettoit à aucun de nous d'aller à terre, parce que la plupart des François, qui nous avoient devancés à cette relâche, s'y étoient, diſoit-on, fort mal comportés. Nous voilà donc à vue de terre, ſans pouvoir deſcendre. On eut cependant encore des égards particuliers pour moi ; on me dit que je n'avois qu'à feindre d'être indiſpoſé, & que j'aurois la permiſſion d'aller à terre. Je répondis que j'étois ſenſible à la préférence que l'on vouloit bien avoir en cette occaſion pour moi, mais qu'heureuſement je me portois bien, & que j'étois incapable de feindre ; qu'au surplus je me trouvois honoré de partager avec mes compatriotes tous les désagrémens qu'il plairoit à messieurs les Anglois de leur donner; que je faisois peu de cas d'un homme qui pouvoit penser autrement dans de pareilles circonstances, & que la seule grace que j'osois demander pour mes camarades, étoit qu'on leur donnât des vivres frais.

J'obtins ce dernier article ; on donna des vivres frais à mes camarades. Je me flattois qu'ils n'en manqueroient plus pendant le reste de la traversée en Europe ; mais peu de jours après notre départ de Sainte-Hélène, ils recommencèrent à me faire des plaintes de leur mauvaise nourriture. Je ne pus gagner sur moi d'en parler davantage au capitaine Brooke : je m'adressai à deux conseillers Anglois qui n'étoient que passagers & avec qui je mangeois : cela n'avança rien.

Un jour le capitaine du vaisseau donnoit à dîner à tous les officiers du convoi , & entr'autres à M. Norton, commandant du vaisseau de guerre l'Assistance. On fit tout ce qu'on put pour m'engager à en être, je ne voulus pas absolument m'y trouver. Comme François & prisonnier de guerre, je ne voulois pas les gêner ni les priver du plaisir de dire beaucoup de mal des François, sujet ordinaire de conversation dans la plupart de ces fortes d'affemblées. Pendant qu'ils étoient à table, tous les officiers François s'avisèrent d'aller leur porter leur dîner, pour leur montrer de quelle manière on les nourriffoit. J'étois en ce moment dans une chambre de l'entrepont ; j'appris avec la plus vive douleur cette humiliante démarche, qui me compromettroit vifiblement. On les fit defcendre au plus vîte dans la Sainte-Barbe, on y mit une fentinelle, & je fus auffi configné.

Nous reftâmes en cet état jufqu'au lendemain, que le capitaine nous fit prier de monter à fa chambre. Lorfque nous y fûmes, il m'adreffa la parole, & me demanda de quoi j'avois à me plaindre : » De rien, Monfieur, pour ce qui me re- » garde, lui dis-je ; mais je me plains beaucoup » du traitement que vous faites à des prifonniers » de guerre, pour lefquels vous avez eu trente » livres fterlings...... Il y a donc, à ce que je » vois, des mécontens parmi ces meffieurs, re- » prit froidement le capitaine ?..... Ils le font tous, » lui répondis-je...... Eh bien, dit-il, je m'en dé- » ferai ou du moins de partie d'entre eux....... Ils » en feront charmés, répartis-je ; & je n'ajoutai » rien davantage »...... Une heure après cette explication, il m'envoya par fon lieutenant les noms de cinq officiers François qu'il alloit envoyer avec moi à bord du vaiffeau de guerre l'Affiftance.

J'allai le trouver aussitôt pour le remercier, & je lui dis : « Capitaine, vous avez cru me punir en » me faisant quitter votre bord, vous vous êtes » trompé ; je ne puis être bien nulle part, quand » je sais que mes camarades pâtissent ». Après cet adieu, les cinq exilés du vaisseau marchand, & moi à la tête, nous allâmes joindre le vaisseau de guerre.

Arrivés à bord, le capitaine *Norton* ne voulut voir que moi de notre bande. « Je suis fâché, » Monsieur, me dit-il, de vous voir ici. Vous » n'y aurez pas de viande fraîche ; on ne donne » que la portion de deux matelots à trois Fran- » çois. Je vais cependant envoyer savoir du ca- » pitaine Brooke que vous venez de quitter, s'il » veut bien qu'on vous donne la portion entière » de matelot...... N'en faites rien, Monsieur, ré- » pondis-je, un François ne se plaint jamais des » rigueurs du sort que lui font éprouver ses vain- » queurs. J'avois pourtant, je vous l'avoue, une » toute autre idée de la générosité Angloise à l'é- » gard des prisonniers de guerre. Mais je ne vous » demande aucune grace, & n'en veux point re- » cevoir de vous ». Je le quittai dans le moment ; & j'ai passé trois mois à son bord, sans presque le voir & sans lui parler.

On nous avoit enfin accordé la portion entière de matelot, & nous aurions été réduits à vivre ainſi le reſte du voyage, ſi l'état-major du vaiſſeau, compoſé des plus honnêtes gens du monde, n'avoit eu plus d'humanité. Ces vrais & bons Anglois, qui, ſuivant l'uſage de la marine angloiſe, avoient leur table particulière, exigèrent de moi, dès le premier ſoir de notre arrivée, que je mangeaſſe avec eux, & m'engagèrent encore à leur mener tel officier des nôtres que je voudrois, pour me tenir compagnie. Ce n'étoit pas-là faire leur cour à M. Norton, & leur bienfait en a plus de prix. A l'égard de mes camarades, ils leur aſſignèrent différentes tables où ils étoient bien. Je ne puis donner trop d'éloges aux procédés de ces meſſieurs ; je deſirerois ſincèrement pouvoir me ſouvenir de leurs noms, pour les conſigner dans cet écrit & les graver profondément dans mon cœur.

Quand nous fûmes arrivés dans la Tamiſe, j'eus encore une petite mortification ; je fus obligé de reſter pluſieurs jours à bord, ſans pouvoir deſcendre à terre. Enfin, je débarquai à Londres, & après un ſéjour d'un mois, je me rendis en France.

Si nous réuniſſions maintenant, Monſieur, les

fatigues de la guerre (*) que j'avois déja essuyées dans l'Inde lorsque j'ai été fait prisonnier, & toutes les affreuses misères, suite de mon naufrage, auxquelles j'ai été en proie jusqu'à mon retour en Europe, vous qui connoissez la foiblesse de mon tempérament, pourrez-vous concevoir qu'un roseau ait résisté à tant de secousses capables d'abattre les plus forts chênes, & que je sois peut-être le seul de tous mes compagnons de fortune, qui ait revu la France ? Mais aussi comment vous dépeindre l'état où j'étois, en arrivant à Paris ? Il étoit tel, qu'il a fallu me régénérer en quelque sorte, & je ne puis trop vous le répéter, c'est à M. *Missa* que

───────────────

(*) Voyez sur les événemens de cette guerre, les tomes 4 & 5 de l'Histoire de l'Asie, &c. & le deuxième volume de l'Histoire philosophique & politique des établissemens Européens dans les deux Indes. On les trouve encore rassemblés avec plus de détail dans les Mémoires du colonel LAVRENCE ; mais cet auteur est d'une partialité si outrée, qu'on n'en peut soutenir la lecture.

Voyez aussi, à la fin de la Relation du naufrage du vaisseau Anglois *le Pembroke*, le Précis historique sur les Marattes, peuple belliqueux de l'Indostan.

je dois le renouvellement de mon être. Ma guérison est son ouvrage, & vous voyez qu'elle suffiroit pour faire la réputation d'un médecin beaucoup moins connu qu'il ne l'est par sa sagesse & par ses lumières.

FAMINE
EXTRAORDINAIRE,

Sur le *Vaisseau Américain* la Peggy, à son retour des Isles Açores à New-York, *en* 1765 (*).

La faim porte souvent l'homme à des excès qui font frémir : insensible alors aux cris de la nature & de la raison, il se range dans les classes des bêtes farouches ; il n'écoute aucunes représentations ; il attente de sang-froid à la vie de son semblable. Une de ces scènes déplorables pour l'humanité vient de se renouveller de nos jours, sur un vaisseau Américain.

En 1765, le brigantin *la Peggy*, chargé pour

(*) Cette Relation a paru à *Londres* dans les papiers publics, en 1766.

DES NAUFRAGES. 339

le compte de quelques négocians de New-York (1), & commandé par David *Harrifon*, fit voile pour les îles Açores (2). Il arriva heureufement à Fyál, l'une d'elles : après y avoir déchargé fes marchandifes, il prit en retour du vin & des eaux-de-vie. Le 24 Octobre de la même année, il en partit pour retourner à New-York.

Dès le 29, le vent, qui avoit été favorable depuis le départ d'Harrifon, changea tout-à-coup. De violentes tempêtes qui fe fuccédèrent prefque fans interruption dans tout le courant de novembre, endommagèrent beaucoup le vaiffeau. Malgré les efforts de l'équipage & toute l'expérience du capitaine, les mâts furent renverfés & toutes les voiles déchirées, à l'exception d'une feule ; pour comble d'infortune, on découvrit plufieurs voies d'eau à fond-de-cale.

Au commencement de Décembre, les vents s'appaisèrent un peu ; mais le vaiffeau étoit écarté de fa route, il étoit fans agrêts, fans voiles & fans mâts ; devenu le jouet des flots, reculant & avançant fans ceffe, il ne pouvoit être gouverné. Cependant ce n'étoit que le moindre mal, un plus effrayant encore fe manifefta bientôt. Par la vérification qui fut faite des vivres, ils fe trouvèrent prefque totalement épuifés. Dans une fituation auffi

Y ij

déplorable, l'équipage n'attendoit de secours que du hasard.

Quelques jours après l'examen des provisions, on découvrit dès le matin deux vaisseaux, qui donnèrent quelques lueurs d'espérance au malheureux équipage de la Peggy; l'un, de la Jamaïque, faisoit route pour Londres; l'autre, de New-York, alloit à Dublin. L'agitation de la mer ne permit pas au capitaine Harrison de s'approcher de ces vaisseaux, qui furent bientôt hors de sa vue. Les matelots désespérés, manquant de tout, se jettèrent alors sur le vin & sur les eaux-de-vie de la cargaison. Ils abandonnèrent au capitaine deux petites mesures d'eau de quatre pintes chacune; c'étoit l'unique reste de la provision. Quelques jours s'écoulèrent, dans l'intervalle desquels les matelots, en s'enivrant, emoussèrent en quelque façon les atteintes déchirantes de la faim.

Le quatrième jour, le mousse sentinelle apperçut un vaisseau qui s'avançoit à pleines voiles: on ne perdit pas de tems à lui faire les signaux de détresse, & ce fut une grande joie dans tout l'équipage de voir qu'il y répondoit. La mer assez calme permit aux deux vaisseaux de s'approcher. Le tableau énergique de leurs malheurs & de leur détresse parut toucher beaucoup. On promit une certaine quantité de biscuit, mais on ne la leur donna point sur le champ; le capitaine s'excusa de ce retard sur une observation nautique qu'il avoit commencée, & qu'il vouloit finir. Quelque peu raisonnable qu'étoit un pareil motif, dans la circonstance, les malheureux affamés de la Peggy furent obligés d'y souscrire. Le délai alloit expirer, lorsqu'à leur grand regret le capitaine de ce vaisseau remit à la voile, sans tenir sa parole. Les expressions manquent pour peindre le désespoir & la consternation qui s'empara alors des matelots. Furieux & sans espérance, ils se jettèrent sur ce qu'ils avoient épargné jusqu'à ce moment. Les seuls animaux qui restoient à bord, étoient une paire de pigeons & un chat ; ils furent dévorés dans l'instant. Toute la grace qu'ils firent au capitaine, fut de lui donner la tête du chat. Il assura depuis dans sa déposition, que ce mets, pour lequel il auroit eu la plus grande répugnance en toute autre occasion, lui parut dans le moment le morceau le plus friand & le plus délicat. Les huiles, les chandelles, les cuirs servirent encore d'alimens à ces malheureux, & furent consommés le 28 Décembre.

Depuis ce jour jusqu'au 13 Janvier, on ne sait comment ils vécurent. Le capitaine Harrison, depuis quelque tems, ne sortoit point de sa chambre, une goutte cruelle le retenoit au lit. Ce jour, vers dix heures du matin, tous les matelots se rendirent auprès de lui : le contre-maître étoit à la tête ; il porta la parole, & après lui avoir fait la peinture affreuse de la situation déplorable où ils étoient réduits, il lui déclara qu'il étoit nécessaire d'en sacrifier un pour sauver les autres, que leur parti étoit pris irrévocablement, & que le sort alloit marquer la victime.

Le capitaine, humain & sensible, ne put entendre une proposition aussi barbare, sans frémir : il leur remit devant les yeux qu'ils étoient hommes & devoient se regarder tous comme frères, que cette révoltante nourriture ne pouvoit retarder que de quelques jours les restes de leur vie ; qu'ils alloient la souiller par un pareil assassinat, & rendre à jamais leur mémoire exécrable ; qu'il leur défendoit de toute son autorité de se porter à ce crime atroce. Le capitaine se tut ; mais il avoit parlé à des sourds. Tous prirent en même tems la parole : ils lui répondirent qu'il leur étoit indifférent qu'il approuvât ou non leur résolution ; que ce n'étoit point par déférence qu'ils étoient venus lui en faire part, qu'ils ne le prévenoient, que parce qu'il devoit lui-même courir les risques du sort. Ils ajoutèrent que dans l'infortune générale tout commandement, toute distinction cessoient. Ils le quittèrent après ces mots, & montant ensuite sur le pont, le sort fut jetté.

Un Negre qui étoit à bord, & qui appartenoit au capitaine Harrison, fut la victime désignée. Il y a toute apparence que le sort n'avoit été consulté que pour la forme, & que le malheureux Noir étoit proscrit, dès le moment même où les matelots avoient pris leur résolution. Il fut immolé sur le champ. Un d'eux pressé par la faim, en arracha le foie & le dévora, sans avoir la patience de le faire griller. Quelques instans après, il en tomba malade & mourut le lendemain dans des convulsions & avec tous les simptômes de la rage. Quelques-uns de ses camarades proposèrent de le conserver pour le manger après le Negre; mais le plus grand nombre rejetta son avis, sans doute par la crainte du mal qui l'avoit emporté. Il lui firent des funérailles de mer, en le jettant dans les flots.

Le capitaine, dans les intervalles de sa goutte, n'étoit pas plus exempt que le reste de l'équipage des atteintes de la faim; mais il résista à toutes les instances que les matelots lui firent de partager leur horrible repas : il se contentoit de l'eau qui lui avoit été cédée, & dans laquelle il mêloit un peu de liqueur; ce fut la seule nourriture qu'il prit dans tout ce tems de détresse.

Le corps du Negre, partagé & mangé avec la plus grande économie, dura jusqu'au 26 Janvier. Le 29, la troupe affamée délibéra de choisir une

Y iv

seconde victime; elle alla encore en prévenir Harrison, qui parut y consentir, de crainte que les matelots irrités ne consultassent le sort sans lui. Ils le laissèrent le maître de le faire prononcer dans la forme qu'il jugeroit à propos. Le capitaine ranima ses forces, il fit écrire sur de petits billets le nom de chaque homme existant alors dans le brigantin; après les avoir pliés il les mit dans un chapeau qu'il ballotta quelque tems. Pendant ces préparatifs effrayans, l'équipage resta dans le silence, tous l'œil fixe & la bouche béante; la terreur étoit fortement gravée sur chaque visage. Celui qui porta la main dans le chapeau pour en tirer le billet fatal, ne le fit qu'en tremblant; il le remit au capitaine qui l'ouvrit, & lut tout haut le nom de *DAVID FLAT*. Le malheureux que le sort avoit choisi parut se résigner tout-à-coup. » *Mes amis*, dit-il à ses compagnons, *la seule grace que j'ai à vous demander, c'est de ne me pas faire souffrir : dépêchez-moi aussi promptement que le Negre* ». Se tournant ensuite vers celui qui avoit fait cette première exécution: » *C'est toi, que je choisis*, ajouta-t-il, *pour me porter le coup mortel* ». Il demanda encore une heure pour se préparer à la mort. Ses compagnons ne lui répondirent que par des larmes. Cependant la pitié & les représentations du capitaine combattirent la faim des plus insensibles. Ils résolurent unanimement de retarder le facrifice jufqu'au lendemain onze heures du matin. L'infortuné Flat ne reçut qu'une foible confolation d'un fi court délai. La certitude de mourir le lendemain fit une impreffion fi profonde fur fon efprit, que fon corps qui avoit réfifté depuis un mois à la privation de prefque toute nourriture, fuccomba promptement ; il fut faifi d'une fievre violente. Son état devint même fi grave par les tranfports qui l'agitoient, que quelques matelots propofoient de le tuer fur le champ pour mettre fin à fes fouffrances. Mais la réfolution qui avoit été prife d'attendre au lendemain matin, prévalut à la pluralité des voix.

Le 30 Janvier, à dix heures du matin, on avoit déjà allumé un grand feu pour rôtir les membres de la victime, lorfqu'on apperçut dans l'éloignement un vaiffeau, qu'un vent favorable pouffoit vers la Peggy ; c'étoit *la Suzanne*, qui revenoit de la Virginie & faifoit voile pour Londres.

Le capitaine ne put retenir fes larmes au tableau touchant des malheurs de l'équipage affamé ; il lui fit porter les fecours les plus prompts en alimens & en agrêts, & le prit fous fa conferve pour le conduire à Londres. L'éloignement des côtes de la Nouvelle-York & la proximité de celle d'Angleterre, joint au mauvais état du Brigantin, déterminèrent les deux capitaines à préférer ce dernier parti, la traversée fut heureuse; il ne mourut que deux matelots, tous les autres reprirent peu-à-peu leurs forces. Flat même recouvra la santé, après avoir été si près de la mort.

A peine débarqué, Harrison s'empressa de faire la déclaration de ses infortunes, pour sa décharge & celle de ses matelots. Elle fut reçue par M. Robert Shank, Notaire, en présence de M. Georges Nelson, lord-maire de Londres. Il y joignit, pour la rendre plus authentique, celle du capitaine de la Suzanne & de ses principaux officiers. La cargaison de la Peggy & le vaisseau ne lui appartenant point, il en devoit tenir compte aux intéressés, & il étoit de la plus grande importance pour lui, que les circonstances malheureuses où il s'étoit trouvé, fussent constatées par la voie la moins suspecte : mais après des témoignages aussi authentiques, on peut dire que le sceau de la vérité est apposé à sa relation.

NOTES.

(1) NEW-YORK, Ville considérable de l'Amérique septentrionale dans la province de la Nouvelle-York. Cette ville est grande & bien bâtie; elle fait un commerce très-considérable. C'est prin-

cipalement à New-York que se rendent les riches fourrures du Nord de l'Amérique. Sa population est d'environ 15,000 habitans.

La province de la Nouvelle-York s'étend sur la côte orientale de l'Amérique Septentrionale : elle est bornée au nord par le Canada, à l'orient par la Nouvelle-Angleterre, au couchant par la Pensilvanie & la Virginie ; la Mer du Nord la termine au midi. Outre New-York, qui en est la capitale, elle a encore plusieurs autres villes assez considérables ; savoir, Albany, Coslar, &c. &c. On prétend que ce pays a été découvert en 1609, par Jean *Hudson*, un des plus célébres navigateurs Anglois du dernier siecle ; il se contenta de le reconnoître, sans y faire d'établissement. Les Hollandois en ont pris possession peu de tems après ; mais ils l'ont cédé depuis à l'Angleterre, pour Surinam dans l'Amérique Méridionale ; l'échange est de 1666. Le terroir de cette province est très-fertile en toutes sortes de productions. La mer & les rivières qui l'arrosent y sont très-poissonneuses.

(2) AÇORES, îles de l'Océan, entre l'Afrique & l'Amérique, à deux cens lieues environ de Lisbonne. Elles ont été découvertes en 1448, par le commandeur portugais dom *Gonzalo Vello*, & nommées Açores, à cause de la quantité d'éperviers

qu'on y trouve. On les appelle auſſi *Terceres*, du nom de la principale. Ces îles ſont au nombre de neuf; ſavoir, *Terceres*, *Fyal*, *Pico*, *Saint-Georges*, *Gratioſa*, *Sainte-Marie*, *Saint-Michel*, *Flores* & *Corvo*. La ville d'*Angra*, dans l'isle de Terceres, eſt la capitale de toutes. Les Açores étoient ſans habitans naturels, lorſque Gonzalo-Vello les découvrit; mais elles ne tardèrent pas à être habitées. L'air y eſt très-ſalubre & la terre fertile. Le bled, la vigne, les arbres fruitiers & le bétail y produiſent en abondance. Elles appartiennent aux Portugais.

N.º 12.

RELATION

DES Aventures tragiques de Madame DENOYER, laissée dans une pirogue à la dérive en pleine mer, par deux Anglois assassins de son Mari, entre les Lucayes & Cuba, îles de l'Amérique septentrionale, en 1766 (*).

LA cruelle situation où s'est trouvée Madame *Denoyer*, courageuse & infortunée créole (**) du

---

(*) Elle se trouve dans la Relation des nouveaux voyages faits dans l'Amérique septentrionale, par M. Bossu; *in*-8°. imprimée en 1777.

(**) Nom qu'on donne à une Européenne d'origine, née en Amérique.

Cap-François, attendrira les cœurs sensibles & les ames vertueuses. On y verra jusqu'à quels excès de scélératesse se sont portés deux monstres guidés par un vil intérêt.

M. Denoyer, habitant du Cap-François, où il s'étoit fait généralement estimer, voulant améliorer sa fortune, forma le dessein d'aller établir une habitation à Samana, baye de l'isle de Saint-Domingue, dans la partie Espagnole. Il le communiqua à son épouse, qui l'approuva.

Après un an de séjour à Samana, madame Denoyer sollicita son mari à retourner au Cap-François, où l'air natal lui étoit plus favorable. M. Denoyer chérissoit trop son épouse pour ne pas acquiescer à sa demande; ils s'embarquèrent en conséquence sur une goëlette ou petit bâtiment de transport qui leur appartenoit, avec un enfant de sept ans, un autre à la mamelle, & une Négresse leur domestique, nommée *Catherine*. Dans le tems qu'il se préparoit à faire voile pour cette ville, un petit bâtiment Anglois périt sur la côte; l'équipage eut le bonheur de gagner terre & de se sauver. Comme il y avoit à Samana un petit navire françois qui se disposoit à partir, ces naufragés, au nombre de huit, prièrent le sieur Verrier qui le commandoit, de les recevoir sur son bord, & de les conduire au Cap-François ou à Monte-Christo. Celui-ci, se trouvant trop chargé de monde, proposa à M. Denoyer de prendre deux de ces hommes dans sa goëlette ; l'un d'eux se nommoit le capitaine *John*, & l'autre *Young*.

M. Denoyer, par un acte d'humanité qui luï étoit naturel, les reçut avec plaisir ; il leur donna du linge & des hardes pour se changer, il les combla de mille honnêtetés, & ceux-ci promirent de donner en route tous les secours possibles à leur bienfaiteur.

M. Denoyer appareilla au commencement du mois de Mars 1766, ayant encore sur sa goëlette deux matelots François à ses gages. Comme ils suivoient la côte terre à terre, lorsqu'ils furent auprès d'une habitation du nommé Manuel Borgne, à quelques lieues de l'endroit de leur départ, les deux matelots François prièrent M. Denoyer de les mettre à terre, lui représentant qu'il pouvoit se passer d'eux, parce que ces deux Anglois à qui il avoit donné l'hospitalité, & qui paroissoient expérimentés dans la navigation, le serviroient très-bien. M. Denoyer souscrivit à leur proposition ; mais cette complaisance lui coûta la vie.

Le lendemain, vers les dix heures du matin, M. Denoyer, aidé des deux Anglois, mit à la voile ; ils allèrent mouiller le soir à l'endroit nommé Grigri, une lieue au-dessus de Porto-Plata, sur la côte septentrionale de Saint-Domingue. Ils soupèrent ensemble près de terre, non loin d'une habitation occupée par des Espagnols, où l'on prend ordinairement des rafraichissemens; après le souper, on plaça sur la dunette, qu'on couvrit de feuilles de Palmier, & au bout de laquelle on tendit une toile, un matelas qui servit de lit à madame Denoyer, à ses deux enfans & à la Négresse. M. Denoyer se jetta sur un autre matelas, aux pieds de son épouse, tandis que les deux Anglois étoient couchés sur l'avant de la goëlette.

Leur sommeil fut tranquille jusqu'au milieu de la nuit, qu'il fut interrompu par les cris de leur petite fille ; après avoir tiré le lait d'une chevre qu'ils avoient embarquée pour allaiter l'enfant, M. Denoyer se recoucha. Vers les trois ou quatre heures du matin, son épouse fut réveillée par le bruit d'un grand coup sourd, qui lui parut être un coup de hache donné sur le lit de son mari, qu'elle entendit pousser un soupir. Tremblante & effrayée, elle éveille la Négresse, en s'écriant : *Grand Dieu ! Catherine, on tue M. Denoyer !*.... Elle lève dans le même instant son pavillon, lorsque l'Anglois nommé John s'élance sur son lit, tenant une hache à la main, & d'un air furieux la menace de la tuer si elle ne baisse aussi-tôt la toile & si elle fait le moindre mouvement pour se lever; de-là, ce perfide

fide affaffin va frapper encore deux fois fa victime. Après cette action, digne des monftres les plus féroces, Young prit la barre du gouvernail, tandis que Jonh mit à la voile pour faire route vers la Nouvelle-Yorck.

A la pointe du jour, la goëlette étoit à deux lieues de terre. Madame Denoyer, glacée par la crainte, eut à peine la force de fortir de fon pavillon. Quel horrible fpectacle s'offre à fes yeux ! Elle voit flotter fur les eaux le matelas où étoit étendu le corps fanglant de fon mari, qu'on venoit de jetter à la mer (1). Alors le barbare John, confommant fon crime par la raillerie la plus amère : » *Soyez tranquille*, lui dit-il, *votre mari eft à la* » *mer, & dort d'un profond fommeil* ». Un inftant après, il revient vers elle, armé d'un poignard, & lui demande les armes qu'avoit fon mari, & les clefs de fes coffres.

Madame Denoyer les lui donne. Ce fcélérat ayant fouillé par-tout, fans avoir trouvé de l'argent, va les lui rendre. Alors la trifte veuve fondant en larmes, dont la douleur & l'effroi fembloient jufqu'alors avoir tari la fource, lui demanda pourquoi il avoit tué fon mari, puifqu'il n'avoit point d'argent ? L'affaffin lui répond que c'étoit pour avoir fa goëlette & la conduire à la Nouvelle-York. Après ces paroles, ce monftre

Tome III. Z

parut s'adoucir ; il offrit à cette malheureuse Dame des alimens, du thé & du chocolat. Celle-ci lui ayant répondu quelle n'avoit besoin de rien, John lui dit de ne point se chagriner, qu'il n'avoit point envie de lui faire aucun mal ; qu'au contraire, il alloit la débarquer en terre Françoise, avec tout son bagage. Il lui laissa pendant tout le reste du jour la liberté de se livrer toute entière à sa douleur.

On juge bien que la nuit ne procura aucun repos à cette épouse infortunée. L'image de son mari égorgé à sa vue par des traîtres qu'il avoit comblés de bienfaits, la poursuivoit sans cesse ; leur cruauté, leur brutalité, leur noirceur redoubloient ses craintes, & les rendoient encore plus vives quand elle jettoit les yeux sur ses chers enfans. Pendant que son esprit se repaissoit des idées les plus tristes & les plus accablantes, elle entendit les deux bourreaux de son époux former le dessein de lui faire subir un outrage que toute femme vertueuse redoute plus que la mort même : John, l'infâme John, proposoit à son compagnon de prendre la domestique, réservant pour lui la maîtresse ; mais Young ayant refusé le parti, ces scélérats, après avoir amarré le gouvernail & mis à la cape, se couchèrent. La Négresse avoit imaginé de leur crever les yeux avec un clou pendant leur sommeil; mais elle pensa qu'ils faisoient peut-être semblant de dormir, & cette raison l'empêcha de l'entreprendre.

Le lendemain, aux premières lueurs de l'aurore, ils mirent à la voile, & tirèrent au large. Madame Denoyer leur demanda s'ils prétendoient l'emmener à la Nouvelle-Yorck ? Ils répondirent que si elle vouloit aller au Cap-François, l'un d'eux l'y conduiroit, ainsi que ses enfans & sa Négresse, dans la pirogue qu'ils avoient à bord. L'incertitude de sa destinée, la vue de ces brigands, teints du sang de son mari, sa situation, la crainte, la douleur, tout la détermina à accepter cette proposition, quoique la pirogue fût extrêmement petite, & trop foible pour être exposée à la fureur des flots, cette espece de nacelle, à l'usage des sauvages d'Amérique, n'étant faite que d'un seul tronc d'arbre. Sur sa résolution, John lui dit de faire un paquet de son linge, ne pouvant embarquer ses coffres à cause de leur grand volume. Il mit lui-même une mauvaise paillasse au fond de la pirogue, quatre galettes de biscuit, une cruche contenant environ quatre pintes d'eau douce, six œufs & un peu de cochon marron salé, avec une bouilloire. John, après y avoir fait descendre les deux enfans & la Négresse, fouilla dans les poches de madame Denoyer, & y trouva l'agraffe de col & les boucles d'argent des souliers de son mari, qu'il lui enleva de même que le linge qu'elle avoit empaqueté. Descendue enfin dans la pirogue, elle attendoit avec impatience le conducteur qu'on lui avoit promis, lorsqu'elle vit Young couper l'amarre de la pirogue, prendre la barre du gouvernail, John orienter les voiles, & le bâtiment s'éloigner de ses yeux. Bientôt elle ne vit plus que le ciel & l'eau.

Abandonnée au milieu des ondes, hors de la vue d'aucune côte, la veuve éplorée s'épuise à demander du secours aux assassins de son mari; elle les conjure avec toute l'éloquence d'une mère tendre, d'avoir quelque pitié de ses deux enfans. Sa voix ne peut plus se faire entendre, elle y supplée par les gestes les plus expressifs, par les signes les plus touchans; vains efforts ! Ses bourreaux, à qui elle veut avoir la plus grande obligation, ses bourreaux, plus durs que le marbre, sont sourds à ses prières. Les barbares lui font signe de la main de suivre son malheureux sort... Elle ne les voit plus.

Sa consternation, l'excès de son accablement, le danger pressant de ce qui lui reste de plus cher au monde, la plongent dans un profond évanouissement. Son esclave fidelle épuise tous les foibles secours qu'elle peut employer, pour l'en retirer. Elle revient à la vie, mais pour mieux voir l'a-

Histoire des Naufrages. Tom. 3. pag. 387.

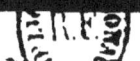

Dessiné par C.P. Marillier. pag. 8. gravé par ...

bîme ouvert sous ses pieds, pour mieux déplorer l'infortune & la situation affreuse de ses chers enfans qui vont devenir la proie des monstres marins. Elle les presse contre son sein, elle les arrose de ses larmes, & à chaque instant qu'elle les contemple elle croit jetter sur eux ses derniers regards. De ses mains défaillantes elle offre celui qui est à la mamelle au Conservateur universel, au suprême Arbitre de nos jours, au juste vengeur du crime & de la scélératesse. Elle se livre entièrement aux soins de la divine Providence, & laisse voguer la pirogue au gré des ondes & sous la conduite de sa Négresse.

Mais les approches horribles d'une nuit obscure augmentent bientôt le péril & redoublent ses alarmes. Pour comble de disgrace, les vents grondent avec plus de fureur, les flots se soulevent, s'agitent, se poussent, & dans leur choc impétueux une lame fond tout-à-coup dans la pirogue, entraîne le biscuit, répand la provision d'eau douce, & ne distrait ces infortunées sur un si grand malheur, que par la crainte continuelle qu'une vague plus forte ne vienne engloutir la barque. Cependant la Négresse, dans sa façon de gouverner, fut assez adroite pour éviter cette catastrophe. Quelle nuit ! qu'elle fut terrible ! qu'elle leur parut longue !

HISTOIRE

Le jour enfin, le jour si desiré, ramena le calme; mais il ne leur apporta pas d'autre consolation. Elles ne voyoient que le Ciel & l'eau, sans savoir de quel côté diriger leur route. Dans cette situation désespérante, madame Denoyer ne cessoit d'implorer le secours de la Providence, seul appui des malheureux.

Elles passèrent sept jours & sept nuits, luttant contre les flots, exposées aux injures de l'air pendant la saison la plus rigoureuse, sans boisson & sans autre nourriture qu'un peu de viande salée. Epuisée de fatigues, la veuve affoiblie perdoit à chaque instant le peu de force qui lui restoit. Elle étoit sur le point de succomber; mais l'image d'une mort prochaine lui étoit bien moins affreuse que l'état déplorable de ses chers enfans. En les quittant, elle veut leur donner la marque la plus précieuse de sa tendresse maternelle. Elle alloit s'ouvrir la veine, pour prolonger la vie de ce petit innocent qui étoit collé sur son sein, lorsque la Négresse vit au loin un bâtiment. A cette nouvelle, madame Denoyer se ranime, l'une & l'autre jettent des cris, elles font des signes. Bientôt elles s'apperçoivent qu'on voit leurs signaux, & qu'on vient à leur secours. Mais un nouveau danger l'arrête. Les lames brisoient contre le bâtiment, & faisoient craindre que la pirogue ne fût submergée en l'abordant. Cependant, par la bonne manœuvre du capitaine, ou plutôt par le secours du ciel, la veuve, ses enfans & la Négresse furent reçus à bord du bâtiment. L'équipage ravi de joie chanta le *Te Deum* en action de graces.

Ce bâtiment arriva à bon port dans la rade de la Nouvelle-Orléans, lieu de sa destination. Madame Denoyer eut le bonheur d'y trouver M. Rougeot, notaire, & son proche parent, qui la reçut avec beaucoup de joie & de tendresse, ainsi que les enfans de cette infortunée veuve, qui sortoit pour ainsi dire du tombeau.

Les habitans de la Louisiane (2), par une générosité bien digne d'eux, firent une quête dans la colonie, où chacun se fit un plaisir de contribuer au soulagement de cette dame; elle produisit une somme de quatre cens livres, qui lui fut remise. Madame Denoyer fit passer par son parent le contrat concernant la liberté de la Négresse, compagne de son infortune; mais cette fille, sensible à la reconnoissance de sa maîtresse, n'a point voulu l'abandonner, disant qu'elle ne la quitteroit qu'à la mort.

Madame Denoyer fit sa déposition au greffe de la Nouvelle-Orléans, où elle donna le signalement des assassins de son époux. On envoya les noms de ces deux scélérats à la Nouvelle-Yorck; mais, soit qu'ils aient péri par un juste châtiment de la Providence, ou qu'ils aient pris de faux noms, on n'en a jamais eu de nouvelles.

Pour établir encore plus authentiquement la vérité de la déposition de madame Denoyer, le capitaine qui l'avoit recueillie sur son bâtiment, y joignit son attestation, qui fut pareillement consignée au greffe de la Nouvelle-Orléans : on va la mettre sous les yeux du lecteur, ainsi que celle de M. le Saffier, conseiller au conseil souverain du Port-au-Prince.

ATTESTATION des Officiers du Bateau le Dogre-la-Fortune.

Nous, officiers, majors & mariniers du bateau, nommé *le Dogre-la-Fortune*, du port de la Nouvelle-Orléans, faisant route du Port-au-Prince dans l'île de Saint-Domingue, d'où nous avons appareillé le premier du présent mois pour ledit lieu de la Nouvelle-Orléans, étant nord & sud de l'île de Cuba, environ dix lieues de terre, gouvernant au nord-ouest, sous la grande voile & son foc, gros vent de la partie de l'est, la mer grosse ; aurions eu connoissance d'une pirogue en dérive, & ayant fait porter dessus, nous nous serions apperçus qu'il y avoit une femme blanche, deux enfans & une Négreffe, que nous avons été affez heureux de recueillir à notre bord, laiffant enfuite aller la pirogue; laquelle dame blanche nous auroit dit qu'en partant de Samana, qui fait partie de l'île de Saint-Domingue, elle, fon mari nommé M. Denoyer, fes deux enfans, dont un à la mamelle, & leur Négreffe nommée Catherine, ladite dame & tous leurs effets dans une goelette à eux appartenant, pour retourner au Cap-François, ils avoient donné paffage à deux Anglois naufragés, lefquels, après avoir à coups de hache coupé le cou à fon mari, s'étoient rendus maîtres de ce bâtiment & de tout ce qui étoit à bord, & les auroient enfuite envoyés en dérive dans une petite pirogue, fans vivres & fans linge; ce que nous affirmons véritable. En foi de quoi nous avons dreffé le préfent, pour fervir & valoir ce que de raifon. A bord dudit Dogre-la-Fortune, le 11 Mars 1766.

Signé: GUION & PIERRE PLACEY.

CERTIFICAT DE M. LE SASSIER.

Je fouffigné, confeiller au confeil fouverain du Port-au-Prince, capitale de la partie Françoife de l'île de Saint-Domingue, certifie que la relation, ci-deffus rapportée par M. Boffu, a été donnée par demoifelle Marie *Le Veuf*, créole du Cap-

François, & veuve de M. *Denoyer*, habitant de la même ville ; que le tout est conforme à la déposition qu'en fit ladite dame en débarquant au port de la Nouvelle-Orléans, capitale de la Louisiane, où j'étois alors membre du conseil supérieur de cette province, avant la cession du pays à la couronne d'Espagne. En foi de quoi j'ai signé le présent certificat. A Paris, ce premier Janvier 1776.

Signé, LE SASSIER.

NOTES.

(1) SAINT-DOMINGUE ou HISPANIOLA, est une des plus grandes îles de l'Amérique septentrionale. Elle a cent-quatre-vingt lieues de long sur soixante de large, dans sa plus grande étendue ; une chaîne de montagnes couvertes de bois la traverse dans toute sa longueur de l'est à l'ouest. Il ne s'y trouve plus des anciens habitans qui l'occupoient lorsqu'elle fut découverte en 1492 par Christophe Colomb. L'île de Saint-Domingue est partagée entre les Espagnols, qui possèdent la partie orientale & la meilleure, & les François, qui habitent la partie occidentale. Cette île renferme plusieurs mines

d'or, d'argent, de fer, de cuivre, de talc, de criſtal de roche, d'antimoine, &c. Elle abonde auſſi en toutes eſpeces de fruits; on y cultive les cannes de ſucre, le cacao, le tabac, l'indigo, le coton, le maïs, &c. Tous les animaux & les plantes qu'on y a tranſportés d'Europe y ont fort multipliés. Les chaleurs ſont exceſſives & l'air eſt malſain à Saint-Domingue. Cette île eſt ſujette, comme toutes les Antilles, aux ouragans.

La ville de Saint-Domingue, qui a donné ſon nom à l'île, eſt la capitale de la partie Eſpagnole. Elle eſt grande, bien fortifiée, & munie d'un port. Elle a le titre d'archevêché, & le gouverneur pour les Eſpagnols, qui l'eſt auſſi de toutes celles des Antilles qui leur appartiennent, y réſide.

La partie de l'île qui appartient aux François eſt diviſée en deux quartiers : celui du nord & celui du ſud. Le CAP ou le CAP-FRANÇOIS en eſt la capitale. C'eſt une ville régulière & bien peuplée, avec un bon port. Il y a un conſeil ſupérieur. Les autres villes ſont *Léogane*, le *Port-Paix* & le *Port-au-Prince*. La partie Françoiſe de l'île a extrêmement ſouffert du tremblement de terre de 1770, qui a renverſé ou beaucoup endommagé la majeure partie des édifices du Port-au-Prince, de Léogane & du petit Goave. Dans cette ſubverſion, la petite rivière blanche, servant à l'arrosement de vingt sucreries, a disparu.

(2) LA LOUISIANE, vaste région de l'Amérique septentrionale, est située entre le Nouveau-Mexique, le Canada & la Floride dont elle faisoit partie. Elle est traversée presque par le milieu, du nord au sud, par le Mississipi, un des plus grands fleuves de l'Amérique. Les François s'y établirent sous le regne de Louis XIV, & lui donnèrent le nom de Louisiane. A la paix de 1763, la partie orientale en-deçà du Mississipi, a été cédée aux Anglois par la France. En 1766 elle a aussi abandonné aux Espagnols la partie occidentale, à droite du même fleuve; ensorte que ces deux nations possèdent toute cette contrée.

La principale ville de la Louisiane est la Nouvelle-Orléans, qui est aux Espagnols, quoiqu'elle soit sur la rive gauche de Mississipi. C'étoit, sous les François, la capitale & le centre de toute la colonie. Les rues en sont toutes tirées au cordeau. Les maisons sont pour la plupart bâties en briques & baignées de beaucoup de canaux. La Louisiane est très-fertile; le riz, le maïs, le coton, le tabac, la cire végétale & l'indigo sont ses productions. On en tire aussi de belles pelleteries & beaucoup de bois de construction. Tous les légumes, qu'on y a portés d'Eu-

DES NAUFRAGES. 365

rope, y réussissent mieux qu'en France. Le seigle, l'orge & l'avoine y produisent beaucoup, mais le froment ne s'y plait point. On y trouve toutes sortes de simples & de plantes inconnues en Europe. Enfin la Louisiane est parsemée de peuplades de sauvages, couverte de grandes & immenses forêts, & abreuvée de beaucoup de rivières.

N.º 13.

NAUFRAGE

Et Aventures tragiques de Madame GODIN DES ODONOIS, sur les bords du Fleuve des Amazones, en 1769.

LETTRE

DE M. DE LA CONDAMINE A M. ***,

Sur le sort des Astronomes, qui ont eu part aux dernières mesures de la terre, depuis 1735 (*).

A Etouilly, près Ham en Picardie, 20 Oct. 1773.

Vous vous êtes intéressé, Monsieur, aux travaux de l'académie des sciences pour la mesure

―――――――――――――――――――――

(*) On n'a pas cru devoir supprimer cette lettre, qui renferme des éclaircissemens nécessaires à ce qui est rap-

DES NAUFRAGES. 367

de la Terre, & vous êtes curieux de savoir le sort de ceux qui ont eu part à cet ouvrage dans des voyages au-delà des mers, depuis 1735. Je pourrois vous répondre par ce vers de Virgile :

Apparent rari nantes in gurgite vasto.

Dans cette vaste mer, échappés au naufrage,
On voit quelques nochers se sauver à la nage.

Nous partîmes de la Rochelle au mois de Mai 1735, munis des passeports de sa majesté catholique le roi Philippe V, pour aller mesurer les degrés voisins de l'équateur (*) dans ses états de l'A-

---

porté dans la suivante de M. GODIN. Ces deux lettres intéressantes ont été imprimées, *in* 8°. *à Paris*, sur la fin de 1773.

(*) Cette opération étoit très-importante pour l'astronomie & la navigation. Jusqu'en 1735, l'académie des sciences avoit été partagée sur la figure de la terre; quelques-uns de ses membres prétendoient qu'elle étoit sphérique; d'autres soutenoient qu'elle étoit allongée ou applatie vers les pôles. La question ne pouvoit être décidée, qu'en mesurant sous l'équateur & vers le cercle polaire, un ou plusieurs degrés, avec la plus grande précision. M. le comte de Maurepas, informé des desirs de l'académie, lui adressa bientôt les ordres du roi.

mérique méridionale. Nous étions trois académiciens, M. *Godin*, M. *Bouguer* & moi. Nous avions pour adjoints M. Joseph *de Jussieu*, docteur-régent de la faculté de Paris, frère des deux académiciens, & qui fut reçu à l'académie pendant son absence ; M. *Seniergues*, chirurgien ; & pour nous aider dans nos opérations, M. *Verguin*, ingénieur de la marine ; M. *de Morainville*, dessinateur pour l'Histoire naturelle ; M. *Couplet*, neveu de l'académicien ; M. *Godin des Odonais*, qui fera le principal sujet de cette lettre, & le sieur *Hugo*, horloger, ingénieur en instrumens de mathématiques ; nous nous joignîmes à Carthagène d'Amérique, à deux lieutenans de vaisseau Espagnols, nommés par la cour de Madrid, pour assister à nos observations.

L'année suivante, M. *de Maupertuis*, chargé

Ceux qu'elle choisit se hâtèrent de les exécuter. MM. *Bouguer*, *Godin* & *de la Condamine* partirent pour le *Pérou* en 1735, & MM. *de Maupertuis*, *Clairaut*, *Camus* & *Le Monnier* pour le Nord l'année suivante. Le résultat de leurs opérations & de celles faites depuis en France, ne permet plus aucun doute sur la figure de la Terre : c'est un sphéroïde applati vers les pôles.

Un auteur moderne, M. DE S. PIERRE, revient sur cette décision dans ses Etudes de la Nature. *Voyez* l'édition de 1788, Tome 1, p. 232 & suiv.

d'aller

d'aller mesurer les degrés du méridien sous le cercle polaire arctique, s'embarqua à Rouen avec MM. *Clairaut*, *Camus* & *le Monnier* le cadet, académiciens, M. l'abbé *Outhier*, M. *Celsius*, astronome Suédois & quelques autres aides.

En 1751, M. l'abbé *de la Caille*, académicien, partit pour le Cap de Bonne-Espérance, où le moindre de ses travaux fut la mesure de deux degrés du méridien.

Des cinq voyageurs qui ont vu le cercle polaire, il ne reste que M. le Monnier. L'abbé de la Caille, qui fit seul le voyage du Cap, & dont la santé paroissoit à toute épreuve, de retour à Paris, a été la victime de son zele astronomique, en 1762; & un académicien (*) plus jeune que lui, qui l'avoit pris pour modele, a eu depuis le même sort en Californie, en 1769.

Parmi mes compagnons de voyage à l'équateur, M. Couplet, le plus robuste, & l'un des plus jeunes, à peine arrivé à Quito, fut emporté en trois jours par une fievre maligne. J'ai rendu compte ailleurs de la fin tragique de notre chirur-

---

(*) M. l'abbé *Chappe d'Auteroche*, mort en Californie quelques jours après son observation du passage de Vénus sur le Soleil, en 1769.

Tome III. Aa

gien (*). M. Bouguer est mort d'un abcès au foie en 1758 ; M. Godin, qui avoit passé au service d'Espagne, où il étoit directeur de l'académie des gardes de la marine à Cadix, plus jeune que M. Bouguer, ne lui a survécu que deux ans ; M. de Morainville, resté dans la province de Quito, s'est tué en tombant d'un échafaud d'une église qu'il bâtissoit à Cicalpa, près de la ville de Riobamba. Il y a plus de quinze ans que je n'ai de nouvelles directes du sieur Hugo, qui s'est marié à Quito. Je ne parle point ici de plusieurs de nos gens, tant blancs que noirs, péris dans le cours du voyage, deux desquels de mort violente.

Le commandeur dom *George Juan*, l'ancien des deux officiers Espagnols, nos adjoints, capitaine de vaisseaux du roi à son retour, puis commandant des gardes de la marine d'Espagne, chef d'escadre & ambassadeur à Maroc, plus jeune que la plupart de nous tous, vient de mourir à Madrid d'une apoplexie (**). Le docteur Joseph de Jussieu,

---

(*) Lettre sur l'émeute populaire de Cuença, *Paris*, 1745.

(**) M. de la Condamine ne lui survécut que très-peu de tems, étant mort à Paris, le 4 Février 1774, environ trois mois & demi après la datte de cette lettre. *Voyez* ci-après l'extrait de la gazette.

long-tems retenu par l'audience royale de Quito, à cause de sa profession, & depuis par le viceroi de Lima, est de retour à Paris depuis deux ans ; il a perdu la mémoire, comme autrefois le célebre dom Mabillon, qui la recouvra depuis. M. de Jussieu n'a pas eu le même bonheur ; & je ne sais si lui & moi pouvons à nous deux, être comptés pour un individu vivant. Une surdité qui a commencé en Amérique, est devenue excessive, & depuis cinq ans j'ai perdu la sensibilité externe dans toutes les parties inférieures, dont je ne sens l'existence que par des douleurs internes dans les changemens de tems. Ainsi, des onze voyageurs de la zône torride, sans parler des domestiques, on ne doit compter pour existans aujourd'hui que M. Verguin, ingénieur de la marine à Toulon, dom *Antonio de Ulloa*, chef d'escadre dans la marine d'Espagne, ancien gouverneur de la Louisiane, (encore ne sont-ils ni l'un ni l'autre exempts d'infirmités), & M. Godin des Odonais, qui vient d'arriver à Paris après trente-huit ans d'absence, & qui va me donner matière à vous entretenir. J'ai reçu de lui, au mois d'Août dernier, la lettre suivante, sur les instances que je lui avois faites, de me donner une relation du voyage de son épouse, que j'ai connue dès son enfance, & des aventures de laquelle il ne m'étoit parvenu que des bruits vagues.

Je crois ne pouvoir mieux faire que de vous envoyer une copie de la lettre de M. des Odonais. Vous verrez ce que peut le courage & la constance. Il n'y a point d'ame qui ne se sente attendrie au récit de l'horrible aventure d'une femme aimable élevée dans l'aisance, qui par une suite d'événemens au-dessus de la prudence humaine, se trouve transportée dans des bois impénétrables, habités par des bêtes féroces & des reptiles dangereux, exposée à toutes les horreurs de la faim, de la soif & de la fatigue, qui erre dans ce désert pendant plusieurs jours, après avoir vu périr sept personnes, & qui échappe seule à tous ces dangers, d'une manière qui tient du prodige. Vous verrez enfin tout ce que doit M. Godin à la munificence de S. M. Portugaise, & aux officiers chargés de ses ordres.

Sur les représentations de M. Godin, le ministre bienfaisant (M. le duc de la Vrilliere) qui a dans son département les académies, vient de lui obtenir de S. M. une pension: il l'a bien méritée par son zele & ses travaux pendant nos opérations, & par un si long exil de sa patrie, vers laquelle il n'a cessé de tourner ses regards.

EXTRAIT

DE LA GAZETTE DE FRANCE,

Du 7 Février 1774.

CHARLES-MAURICE DE LA CONDAMINE, chevalier des ordres royaux, militaires & hospitaliers de Notre-Dame & de Saint-Lazare de Jérusalem, l'un des quarante de l'académie françoise, de l'académie des sciences, de la société royale de Londres, des académies de Berlin, de Pétersbourg, Bologne, Cortone, Nancy, célebre par ses voyages entrepris par ordre du roi, pour déterminer la figure de la terre, par ses connoissances profondes en plusieurs genres, par ses divers écrits en faveur de la méthode de l'inoculation, & même par son talent pour la poésie légère, est mort à Paris le 4 Février, dans la soixante-quatorzième année de son âge. Malgré les infirmités dont il étoit accablé, & sur-tout une surdité extrême, il a conservé, jusqu'à la fin de ses jours, une activité, une vivacité d'esprit & une gaité étonnantes.

LETTRE

DE M. GODIN DES ODONAIS,

à M. DE LA CONDAMINE.

Saint-Amand, Berri, 28 Juillet 1773.

Monsieur, vous me demandez une relation du voyage de mon épouse par le fleuve des Amazones, la même route que j'ai suivie après vous. Les bruits confus qui vous font parvenus des dangers auxquels elle s'est vue exposée, & dont elle seule de huit personnes est échappée, augmentent votre curiosité. J'avois résolu de n'en parler jamais, tant le souvenir m'en est douloureux ; mais le titre de votre ancien compagnon de voyage, titre dont je me fais honneur, la part que vous prenez à ce qui nous regarde, & les marques d'amitié que vous me donnez, ne me permettent pas de refuser de vous satisfaire.

Nous débarquâmes à la Rochelle le 26 Juin dernier, 1773, après soixante-cinq jours de traversée, ayant appareillé de Cayenne le 21 Avril. A notre arrivée, je m'informai de vous, & j'appris avec déplaisir que vous n'étiez plus, depuis quatre à cinq mois. Ma femme & moi vous donnâmes des larmes, que nous avons essuyées avec toute la joie possible en reconnoissant qu'à la Rochelle on lit moins les journaux littéraires & les nouvelles des académies, que les gazettes de commerce. Recevez, Monsieur, notre félicitation, ainsi que Madame de la Condamine, à qui nous vous prions de faire agréer nos respects.

Vous vous souviendrez que la dernière fois que j'eus l'honneur de vous voir, en 1742, lorsque vous partîtes de Quito, je vous dis que je comptois prendre la même route que vous alliez suivre, celle du fleuve des Amazones, tant par le désir que j'avois de connoître cette route, que pour procurer à mon épouse la voie la plus commode pour une femme, en lui épargnant un long voyage par terre dans un pays de montagnes où les mulets sont l'unique voiture. Vous eûtes l'attention, dans le cours de notre navigation, de donner avis dans les missions Espagnoles & Portugaises établies sur ses bords, qu'un de vos camarades devoit vous suivre; & ils n'en avoient pas perdu le souvenir plusieurs années après votre départ. Mon épouse desiroit beaucoup de venir en France; mais ses grossesses fréquentes ne permettoient pas de l'exposer pendant les premières années aux fatigues d'un si long voyage. Sur la fin de 1748, je reçus la nouvelle de la mort de mon père; & voyant qu'il m'étoit indispensable de mettre ordre à des affaires de famille, je résolus de me rendre seul à Cayenne, en descendant le fleuve, & de tout disposer pour faire prendre commodément la même route à ma femme.

Je partis en Mars 1749, de la province de Quito, laissant mon épouse grosse. J'arrivai en Avril 1750 à Cayenne. J'écrivis aussi-tôt à M. Rouillé, alors ministre de la marine, & le priai de m'obtenir des passe-ports & des recommandations de la cour de Portugal, pour remonter l'Amazone, aller chercher ma famille, & l'amener par la même route. Un autre que vous, Monsieur, seroit surpris que j'aie entrepris si lestement un voyage de quinze cens lieues, uniquement pour en préparer un autre; mais vous savez que dans ce pays-là les voyages exigent moins d'appareil qu'en Europe. Ceux que j'avois faits depuis douze ans, en reconnoissant le terrein de la méridienne de Quitto, en posant des signaux sur les plus hautes montagnes, en allant & revenant de Carthagène, m'avoient aguerri. Je profitai de cette occasion pour envoyer plusieurs morceaux d'histoire naturelle au Jardin du cabinet du Roi, entr'autres la graine de Salsepareille, la Butua dans fes cinq efpeces, & une grammaire imprimée à Lima, de la langue des Incas, dont je faifois préfent à M. de Buffon, de qui je n'ai reçu aucune réponfe. Par celle dont M. Rouillé m'honora, j'appris que fa majefté trouvoit bon que MM. les gouverneur & intendant de Cayenne me donnaffent des recommandations pour le gouvernement de Para.

Je vous écrivis alors, Monfieur, & vous eûtes la bonté de folliciter mes paffe-ports. Vous m'envoyâtes auffi une lettre de recommandation de M. le commandeur de la Cerda, miniftre de Portugal en France, pour le gouverneur de Para, & une lettre de M. l'abbé de la Ville, qui vous marquoit que mes paffe-ports étoient expédiés à Lisbonne, & envoyés à Para. J'en demandai des nouvelles au gouverneur de cette place, qui me répondit n'en avoir aucune connoiffance. Je répétai mes Lettres à M. Rouillé, qui ne fe trouva plus dans le miniftère. Depuis ce tems j'ai follicité quatre, cinq ou fix fois chaque année pour avoir les paffeports, & toujours infructueufement. Plufieurs de mes lettres ont été perdues ou interceptées pendant la guerre. Je n'en puis douter, puifque vous avez ceffé de recevoir les miennes, quoique j'aie continué de vous écrire.

Enfin ayant oui dire que M. le comte d'Hérouville avoit la confiance de M. le duc de Choiseul, je m'avisai, en 1765, d'écrire au premier, sans avoir l'honneur d'en être connu. Je lui marquois en peu de mots qui j'étois, & le suppliois d'intercéder pour moi auprès de M. de Choiseul au sujet des passe-ports. Je ne puis attribuer qu'aux bontés de ce seigneur le succès de ma démarche, puisque le dixième mois, à compter de la date de ma lettre à M. le comte d'Hérouville, je vis arriver à Cayenne une galiote pontée, armée à Para par ordre du roi de Portugal, avec un équipage de trente rameurs, & commandée par un capitaine de la garnison de Para, chargé de m'y conduire, & de Para, en remontant le fleuve, jusqu'au premier établissement Espagnol, pour y attendre mon retour & me ramener à Cayenne avec ma famille; le tout aux frais de sa majesté très-fidelle : générosité vraiment royale & peu commune, même parmi les souverains.

Nous partîmes de Cayenne les derniers jours de Novembre 1765, pour aller prendre mes effets à Oyapok, où je résidois : c'est un port situé sur la rivière du même nom, à trente lieues au sud de la ville de Cayenne. Je tombai malade en cet endroit, & même assez dangereusement. M. *de Rebello*, chevalier de l'ordre de christ, & commandant de la galiote, eut la complaisance de m'attendre six semaines. Voyant enfin que je n'étois pas en état de m'embarquer, & craignant d'abuser de la patience de cet officier, je le priai de se mettre en chemin, en me permettant d'embarquer quelqu'un que je chargerois de mes lettres & de tenir ma place pour soigner ma famille au retour; je jettai les yeux sur *Tristan d'Orcasaval*, que je connoissois depuis long-tems, & que je crus propre à remplir mes vues. Le paquet dont je le chargeois contenoit des ordres du père général des jésuites au provincial de Quito & au supérieur des missions de Maïnas, de faire fournir les canots & équipages nécessaires pour le voyage de mon épouse. La commission, dont je chargeois Tristan, étoit uniquement de porter ces lettres au supérieur résident à la Laguna, chef-lieu des missions Espagnoles de Maïnas, que je priois de faire tenir mes lettres à Riobamba, afin que mon épouse fût avertie de l'armement fait par ordre du roi de Portugal, à la recommandation du roi de France pour la conduire à Cayenne. Tristan n'avoit d'autre chose à faire, sinon d'attendre à la Laguna la réponse de Riobamba.

Il partit du poste d'Oyapok sur le bâtiment Portugais, le 24 Janvier 1766. Il arriva à Loreto, premier établissement Espagnol dans le haut du fleuve, au mois de Juillet ou d'Août de la même année. Loreto, est une mission nouvellement fondée au-deſſous de celle de Pévas, & qui ne l'étoit pas encore lorſque vous deſcendîtes la rivière en 1743, ni même lorſque je ſuivis la même route en 1749, non-plus que la miſſion de Tavatinga, que les Portugais ont auſſi depuis fondée au-deſſus de celle de San-Pablo, qui étoit leur dernier établiſſement en remontant. Pour mieux entendre ceci, il ſeroit bon d'avoir ſous les yeux la carte que vous avez levée du cours de l'Amazone ou celle de la province de Quito, inſérée dans votre Journal hiſtorique du voyage à l'équateur.

L'officier Portugais, M. de Rebello, après avoir débarqué Triſtan à Loreto, revint à Tavatinga, ſuivant les ordres qu'il avoit reçus d'y attendre l'arrivée de madame Godin. Triſtan, au lieu de ſe rendre à la Laguna, & d'y remettre mes Lettres au ſupérieur, ayant rencontré à Loreto un miſſionnaire jéſuite Eſpagnol, nommé le père *Yeſquen*, qui retournoit à Quito, lui remit le paquet de lettres, par une bévue impardonnable & qui a toute l'apparence de la mauvaiſe volonté. Le paquet étoit adreſſé à la Laguna, à quelques journées de diſtance du lieu où ſe trouvoit Triſtan, & il l'envoie à près de 500 lieues plus loin, au-dela de la Cordelière, chaîne des hautes montagnes connues ſous le nom de *Cordelière des Andes*, qui traverſe toute l'Amérique méridionale du nord au ſud, & il

reste dans les missions Portugaises à faire le commerce.

Remarquez qu'outre divers effets, dont je l'avois chargé pour m'en procurer le débit, je lui avois remis plus que suffisamment de quoi subvenir aux dépenses du voyage dans les missions d'Espagne.

Malgré sa mauvaise manœuvre, un bruit vague se répandit dans la province de Quito, & parvint jusqu'à madame Godin, qu'il étoit venu non-seulement des lettres pour elle, qui avoient été remises à un père Jésuite, mais qu'il étoit arrivé dans les missions les plus hautes de Portugal une barque armée par ordre de S. M. Portugaise pour la transporter à Cayenne. Son frère, religieux de S. Augustin, conjointement avec le père *Térol*, provincial de l'ordre de S. Dominique, firent de grandes instances au provincial des Jésuites, pour recouvrer ses lettres. Le Jésuite comparut, & dit les avoir remises à un autre; celui-ci se disculpa de la même manière, sur ce qu'il en avoit chargé un troisième; mais quelques diligences qu'on ait pu faire, le paquet n'a jamais paru.

Je vous laisse à penser l'inquiétude où se trouva ma femme, sans savoir le parti qu'elle avoit à prendre. On parloit diversement dans le pays de cet armement; les uns y ajoutoient foi, les autres doutoient de sa réalité. Se déterminer à faire une si longue route, arranger en conséquence ses affaires domestiques, vendre les meubles d'une maison, sans aucune certitude; c'étoit mettre tout au hasard. Enfin, pour savoir à quoi s'en tenir, madame Godin résolut d'envoyer aux missions un Negre nommé *Joachim*, d'une fidélité éprouvée. Le Negre part avec quelques Indiens de compagnie; & après avoir fait une partie du chemin, il est arrêté & obligé de revenir chez sa maîtresse, qui l'expédia une seconde fois avec de nouveaux ordres & de plus grandes précautions. Le Negre retourne, surmonte les obstacles, arrive à Loreto, voit Tristan & lui parle: il revient avec la nouvelle que l'armement du roi de Portugal étoit certain, & que Tristan étoit à Loreto. Madame Godin se détermina pour lors à se mettre en chemin; elle vendit ce qu'elle put de ses meubles, laissa le reste, ainsi que sa maison de Riobamba, le jardin & les terres de Guaslen, un autre bien entre Galté & Maguazo, à son beaufrère.

On peut juger du long tems qui s'écoula depuis le mois de Septembre 1766 que les lettres furent remises au Jésuite, par le tems qu'exigent le voyage de ce père à Quito, les recherches pour retrouver le paquet passé de main en main, l'éclaircissement des bruits répandus dans la province de Quito, & parvenus à madame Godin à Riobamba, ses incertitudes, les deux voyages de son Negre à Loreto, son retour à Riobamba, la vente des effets d'une maison & les préparatifs d'un si long voyage ; aussi ne put-elle partir de Riobamba, quarante lieues au sud de Quito, que le premier Octobre 1769.

Le bruit de l'armement Portugais s'étoit répandu jusqu'à Guyaquil & sur les bords de la mer du sud, puisque le sieur R..., soi-disant médecin François, qui revenoit du haut Pérou, & alloit à Panama ou à Porto-Belo chercher un embarquement pour aller à Saint-Domingue ou à la Martinique, ou du moins à la Havanne, & de-là en Europe, ayant fait échelle dans le golfe de Guyaquil à la pointe Sainte-Hélène, apprit qu'une dame de Riobamba se disposoit à partir pour le fleuve des Amazones, & s'y embarquer sur un bâtiment armé par ordre du roi de Portugal pour la conduire à Cayenne. Il changea aussitôt de route, monta la rivière de Guyaquil, & vint à Riobamba demander à madame Godin qu'elle voulût bien lui accorder passage, lui promettant qu'il veilleroit sur sa santé, & auroit pour elle toutes sortes d'attentions. Elle lui répondit d'abord qu'elle ne pouvoit pas disposer du bâtiment qui étoit venu la chercher. Le fieur R... eut recours aux deux frères de madame Godin, qui firent tant d'inftances à leur fœur, en lui repréfentant qu'un médecin pouvoit lui être utile dans une fi longue route, qu'elle confentit à l'admettre dans fa compagnie.

Ses deux frères, qui partoient auffi pour l'Europe, ne balancèrent pas à fuivre leur fœur pour fe rendre plus promptement, l'un à Rome où les affaires de fon ordre l'appeloient, l'autre en Efpagne pour fes affaires particulières. Celui-ci amenoit un fils de neuf à dix ans, qu'il vouloit faire élever en France. M. *de Grandmaifon*, mon beaupère, avoit déja pris les devans pour tout difpofer fur la route de fa fille, jufqu'au lieu de l'embarquement au-delà de la grande Cordelière. Il trouva d'abord des difficultés de la part du préfident & capitaine-général de la province de Quito. Vous favez, Monfieur, que la voie de l'Amazone eft défendue par le roi d'Efpagne, mais ces difficultés furent bientôt levées.

J'avois apporté à mon retour de Carthagène, où j'avois été envoyé en 1740 pour les affaires de notre Compagnie, un paffe-port du viceroi de Santa-Fé, dom Sébaftien de Eftava, qui nous laiffoit la liberté de prendre la route qui nous paroîtroit la plus convenable ; auffi le gouverneur Efpagnol de la province de Maïnas & d'Omagnas,

prévenu

prévenu de l'arrivée de mon epouse, eut la politesse d'envoyer à sa rencontre un canot avec des rafraichissemens, comme fruits, laitage, &c. qui l'atteignit à peu de distance de la peuplade d'Omagnas. Mais quelles traverses, quelles horreurs devoient précéder cet heureux moment !

Elle partit de Riobamba, lieu de sa résidence, avec son escorte, le premier Octobre 1769 ; ils arrivèrent à Canélos, lieu de l'embarquement, sur la petite rivière de Bobonasa, qui tombe dans celle de Pastasa, & celle-ci dans l'Amazone. M. de Grandmaison, qui les avoit précédés d'environ un mois, avoit trouvé le village de Canélos peuplé de ses habitans, & s'étoit aussitôt embarqué pour continuer sa route, & prévenir des équipages à l'arrivée de sa fille, dans tous les lieux de son passage. Comme il la savoit accompagnée de ses frères, d'un médecin, de son Negre & de trois domestiques Mulâtresses ou Indiennes, il avoit continué sa route jusqu'aux missions Portugaises. Dans cet intervalle, une épidémie de petite-vérole, maladie que les Européens ont portée en Amérique, & plus funeste aux Indiens que la peste, qu'ils ne connoissent pas, ne l'est au Levant, avoit fait déserter tous les habitans du village de Canélos, qui avoient vu mourir ceux que ce mal avoit attaqués les premiers ; les autres s'étoient dispersés au loin dans les bois, où chacun d'eux avoit son abatis, c'est leur maison de campagne.

Ma femme étoit partie avec une escorte de trente-un Indiens pour la porter elle & son bagage. Vous savez que ce chemin, le même qu'avoit pris dom Pedro Maldonado, aussi parti de Riobamba pour se rendre à la Laguna où vous vous étiez donné rendez-vous ; que ce chemin, dis-je, n'est pas praticable, même pour des mulets ; que les hommes en état de marcher le font à pied, & que les autres se font porter. Les Indiens, que madame Godin avoit amenés, & qui étoient payés d'avance, suivant la mauvaise coutume du pays, à laquelle la méfiance, quelquefois bien fondée, de ces malheureux, a donné lieu, à peine arrivés à Canélos, retournent sur leurs pas, soit par la crainte du mauvais air, soit de peur qu'on ne les obligeât de s'embarquer, eux qui n'avoient jamais vu un canot que de loin. Il ne faut pas même chercher de si bonnes raisons pour leur désertion ; vous savez, Monsieur, combien de fois ils nous ont abandonnés sur nos montagnes, sans le moindre prétexte, pendant le cours de nos opérations. Quel parti pouvoit prendre ma femme dans cette circonstance ? Quand il lui eût été possible de rebrousser chemin, le desir d'aller joindre cette barque, disposée pour la recevoir par ordre de deux souverains, celui de voir un époux après vingt ans d'absence, lui firent braver tous les obstacles, dans l'extrémité où elle se voyoit réduite.

Il ne restoit dans le village que deux Indiens échappés à la contagion ; ils étoient sans canot. Ils promirent de lui en faire un, & de la conduire à la mission d'Andoas, environ douze journées plus bas en descendant la rivière de Bobonasa, distance qu'on peut estimer de cent quarante à cent cinquante lieues ; elle les paya d'avance ; le canot achevé, ils partent tous de Canélos, ils navigent deux jours ; on s'arrête pour passer la nuit. Le lendemain matin les deux Indiens avoient disparu ; la troupe infortunée se rembarque sans guide, & la première journée se passe sans accident. Le lendemain, sur le midi, ils rencontrent un canot arrêté dans un petit port voisin d'un carbet (*) ; ils trouvent un Indien convalescent qui consent d'aller avec eux, & de tenir le gouvernail. Le troisième jour, voulant ramasser le cha-

___

(*) C'est le nom qu'on donne dans nos colonies des Isles & en Canada, aux feuillées qui servent d'habitation aux Sauvages & d'abri aux voyageurs ; les Espagnols leur donnent le nom de *Ranche.*

peau du sieur R..., qui étoit tombé dans l'eau ; l'Indien y tombe lui-même ; il n'a pas la force de gagner le bord & se noie. Voilà le canot dénué de gouvernail, & conduit par des gens qui ignoroient la moindre manœuvre ; aussi fut-il bientôt inondé ; ce qui les obligea de mettre à terre & d'y faire un carbet.

Ils n'étoient plus qu'à cinq ou six journées d'Andoas. Le sieur R.... s'offrit à y aller, & partit avec un autre François de sa compagnie, & le fidele Negre de madame Godin, qu'elle leur donna pour les aider ; le sieur R.... eut grand soin d'emporter ses effets. J'ai reproché depuis à mon épouse de n'avoir pas envoyé aussi un de ses frères avec le sieur R.... chercher du secours à Andoas ; elle m'a répondu que ni l'un ni l'autre n'avoient voulu se rembarquer dans le canot, après l'accident qu leur étoit arrivé.

Le sieur R.... avoit promis, en partant, à madame Godin & à ses frères, que sous quinze jours ils recevroient un canot & des Indiens. Au lieu de quinze, ils en attendirent vingt-cinq, & ayant perdu l'espérance à cet égard, ils firent un radeau sur lequel ils se mirent avec quelques vivres & effets. Ce radeau, mal conduit aussi, heurta contre une branche submergée & tourna : effets perdus &, tout le monde à l'eau. Personne ne périt, graces au peu de largeur de la rivière en cet endroit. Madame Godin, après avoir plongé deux fois, fut fauvée par fes frères.

Réduits à une fituation plus trifte encore que la première, ils réfolurent tous de fuivre à pied le bord de la rivière. Quelle entreprife ! Vous favez, Monfieur, que les bords de ces rivières font garnis d'un bois fourré d'herbes, de lianes & d'arbuftes, où l'on ne peut fe faire jour que la ferpe à la main & en perdant beaucoup de tems. Ils retournent à leur carbet, prennent les vivres qu'ils y avoient laiffés, & fe mettent en route à pied. Ils s'apperçoivent, en fuivant le bord de la rivière, que fes finuofités alongent beaucoup leur chemin ; ils entrent dans le bois pour les éviter, & peu de jours après ils s'y perdent. Fatigués de tant de marches dans l'âpreté d'un bois fi incommode pour ceux mêmes qui y font faits, bleffés aux pieds par les ronces & les épines, leurs vivres finis, preffés par la foif, ils n'avoient d'autre reffource que quelques graines, fruits fauvages, & choux-palmiftes. Enfin épuifés par la faim, l'altération, la laffitude, les forces leur manquent, ils fuccombent, ils s'affeyent, & ne peuvent plus fe relever. Là, ils attendent leurs derniers momens ; en trois ou quatre jours ils expirent l'un après l'autre.

Madame Godin, étendue à côté de ses frères & des autres cadavres, resta deux fois vingt-quatre heures étourdie, égarée, anéantie, & cependant tourmentée d'une soif ardente. Enfin, la providence qui vouloit la conserver lui donna le courage & la force de se traîner & d'aller chercher le salut qui l'attendoit. Elle se trouvoit sans chaussure, demi-nue; deux mantilles & une chemise en lambeaux par les ronces la couvroient à peine; elle coupa les souliers de ses frères, & s'en attacha les semelles aux pieds. Ce fut à-peu-près du 25 au 30 Décembre 1769 que sept personnes de cette troupe infortunée périt. J'en juge par des dates postérieures bien constatées, & sur ce que la seule victime échappée à la mort m'a dit, que ce fut huit à neuf jours après avoir quitté le lieu où elle avoit vu ses frères & ses domestiques rendre les derniers soupirs, qu'elle parvint au bord du Bobonasa. Il est fort vraisemblable que ce tems lui parut très-long. Comment, dans cet état d'épuisement & de disette, une femme délicatement élevée, réduite à cette extrémité, put-elle conserver sa vie; ne fût-ce que quatre jours?

Elle m'a assuré qu'elle a été seule dans le bois dix jours, dont deux à côté de ses frères morts, attendant elle-même son dernier moment, & les autres huit à se traîner, errante çà & là. Le souvenir du long & affreux spectacle dont elle avoit été témoin, l'horreur de la solitude & de la nuit dans un défert, la frayeur de la mort toujours préfente à fes yeux, frayeur que chaque inftant devoit redoubler, firent fur elle une telle impreffion, que fes cheveux blanchirent. Le deuxième jour de fa marche, qui ne pouvoit pas être confidérable, elle trouva de l'eau, & les jours fuivans, quelques fruits fauvages & quelques œufs verds qu'elle ne connoiffoit pas, mais que j'ai reconnus, par la defcription qu'elle m'en a faite, pour des œufs de perdrix ; c'eft du moins le nom que donnent les Efpagnols à ce gibier, affez commun dans les pays chauds d'Amérique. A peine elle pouvoit avaler, tant l'œfophage s'étoit rétréci par la privation des alimens. Ceux que le hafard lui faifoit rencontrer fuffirent pour fuftenter fon fquelette. Il étoit tems que le fecours qui lui étoit réfervé parût.

Si vous lifiez dans un Roman, qu'une femme délicate, accoutumée à jouir de toutes les commodités de la vie, précipitée dans une rivière, retirée à-demi noyée, s'enfonce dans un bois elle huitième, fans route pour fe guider, & y marche plufieurs femaines, fe perd, fouffre la faim, la foif, la fatigue jufqu'à l'épuifement ; voit expirer fes deux frères beaucoup plus robuftes qu'elle, un neveu à peine sorti de l'enfance, trois jeunes femmes ses domestiques, un jeune valet du médecin qui avoit pris les devants ; qu'elle survit à cette catastrophe ; que restée seule deux jours & deux nuits entre ces cadavres, dans des cantons où abondent les tigres & beaucoup de serpens très dangereux (*), sans avoir rencontré jamais un seul de ces animaux, elle se releve, se remet en chemin couverte de lambeaux, errante dans un bois, jusqu'au huitième jour qu'elle se retrouva sur le bord du Bobonosa ; vous accuseriez l'auteur du Roman de manquer à la vraisemblance ; mais un historien ne doit à son lecteur que la simple vérité. Elle est attestée par les lettres originales que j'ai entre les mains, de plusieurs missionnaires de l'Amazone, qui ont pris part à ce triste événement, dont je n'ai eu d'ailleurs que trop de preuves, comme vous le verrez par la suite de ce récit. Ces malheurs ne seroient point arrivés, si Tristan n'eût pas été un commissionnaire infidele ; si, au lieu de s'arrêter à Loreto, il avoit porté mes lettres au

---

(*) J'ai vu dans ces quartiers des onces, sorte de tigres noirs la plus féroce ; il y a aussi en serpens des especes les plus venimeuses, telle que le serpent à sonnette, celui que les Espagnols nomment coral, & le fameux balalao, qu'on nomme à Cayenne, serpent grage.

supérieur à la Laguna, mon épouse eût trouvé, comme son père, le village de Canélos, peuplé d'Indiens, & un canot prêt pour continuer sa route.

Ce fut donc le huit ou neuvième jour, suivant le compte de madame Godin, qu'après avoir quitté le lieu de la scène funeste, elle se trouva sur les bords du Bobonosa. A la pointe du jour elle entendit du bruit à environ deux cens pas d'elle. Un premier mouvement de frayeur la fit d'abord se renfoncer dans le bois; mais faisant réflexion que rien ne pouvoit lui arriver de pis que son état actuel, & qu'elle n'avoit par conséquent rien à craindre, elle gagna le bord, & vit deux Indiens qui poussoient un canot à l'eau. Il est d'usage, lorsqu'on met à terre pour faire nuit, d'échouer en tout ou partie les canots, pour éviter les accidens; & en effet, un canot à flot pendant la nuit & dont l'amarre casseroit, s'en iroit à la dérive; & que deviendroient ceux qui dorment tranquillement à terre?

Les Indiens apperçurent de leur côté madame Godin, & vinrent à elle. Elle les conjura de la conduire à Andoas. Ces Indiens, retirés depuis long-tems de Canélos avec leurs femmes pour fuir la contagion de la petite-vérole, venoient d'un abatis qu'ils avoient au loin, & descendoient à Andoas. Ils reçurent mon épouse avec des témoignages d'affection, la soignèrent & la conduisirent à ce village. Elle auroit pu s'y arrêter quelques jours pour se reposer, & l'on peut juger qu'elle en avoit grand besoin; mais indignée du procédé du missionnaire à la merci duquel elle se trouvoit livrée, & avec lequel, pour cette raison même, elle se vit obligée de dissimuler, elle ne voulut pas prolonger son séjour à Andoas, & n'y eût pas même passé la nuit si cela eût dépendu d'elle.

Il venoit d'arriver une grande révolution dans les missions de l'Amérique Espagnole dépendantes de Lima, de Quito, Charcas, & du Paraguay, desservies & fondées par les jésuites depuis un & deux siecles. Un ordre imprévu de la cour de Madrid les avoit expulsés de tous leurs colleges & de leurs missions. Ils avoient tous été arrêtés, embarqués & envoyés dans les états du pape. Cet événement n'avoit pas causé plus de trouble que n'eût fait le changement d'un vicaire de village. Les jésuites avoient été remplacés par des prêtres séculiers.

Tel étoit celui qui remplissoit les fonctions de missionnaire à Andoas, & dont je cherche à oublier le nom. Madame Godin, dénuée de tout, & ne sachant comment témoigner sa reconnoissance aux deux Indiens qui lui avoient sauvé la vie, se souvint qu'elle avoit au col, suivant l'usage du pays, deux chaînes d'or du poids d'environ quatre onces; elle en donna une à chacun de ces Indiens, qui crurent voir les cieux ouverts; mais le missionnaire, en sa présence même, s'empara des deux chaînes, & les remplaça en donnant aux Indiens trois ou quatre aunes de cette grosse toile de coton fort claire, que vous savez qui se fabrique dans le pays, & qu'on nomme tucuyo. Ma femme fut si irritée de cette inhumanité, qu'elle demanda à l'instant même un canot & un équipage, & partit dès le lendemain pour la Laguna. Une Indienne d'Andoas lui fit un jupon de coton, qu'elle envoya payer dès qu'elle fut arrivée à la Laguna, & qu'elle conserve précieusement, ainsi que les semelles des souliers de ses frères, dont elle s'étoit fait des sandales : triste monument qui m'est devenu cher ainsi qu'à elle.

Pendant qu'elle erroit dans les bois, son fidele Negre remontoit la rivière avec des Indiens d'Andoas qu'il amenoit à son secours. Le sieur R.... plus occupé de ses affaires personnelles, que de presser l'expédition du canot qui devoit rendre la vie à ses bienfaiteurs, à peine arrivé à Andoas, en étoit parti avec son camarade & son bagage, & s'étoit rendu à Omagnas. Le Negre, arrivé au carbet où il avoit laissé sa maîtresse & ses frères, suivit leur trace dans les bois avec les Indiens du canot, jufqu'à la rencontre des corps morts, déja infects & méconnoiffables. A cet afpect, perfuadés qu'aucun n'avoit échappé à la mort, le Negre & les Indiens reprirent le chemin du carbet, recueillirent tout ce qu'on y avoit laiffé, & revinrent à Andoas avant que ma femme y fût arrivée. Le Negre, à qui il ne reftoit plus de doute fur la mort de fa maîtreffe, alla trouver le fieur R.... à Omagnas, & lui remit tous les effets dont il s'étoit chargé. Celui-ci n'ignoroit pas que M. de Grandmaifon arrivé à Loreto y attendoit fes enfans avec impatience. Une lettre de Triftan, que j'ai entre les mains, prouve même que mon beau-père, informé de l'arrivée du Negre Joachim, recommandoit à Triftan de l'aller chercher & de le lui amener; mais ni Triftan ni le fieur R.... ne jugèrent pas à propos de fatisfaire mon beau-père; & loin de fe conformer à fon defir, le fieur R...., de fon autorité, renvoya le Negre à Quito, en gardant les effets qu'il avoit rapportés.

Vous favez, Monfieur, que la Laguna n'eft pas fituée fur le bord de l'Amazone, mais à quelques lieues en remontant le Guallaga, l'une des rivières qui groffiffent ce fleuve de leurs eaux. Joachim, congédié par le fieur R.... n'eut garde d'aller chercher à la Laguna fa maîtreffe qu'il croyoit

morte. Il retourna droit à Quito ; ce Negre est perdu pour elle & pour moi. Vous n'imagineriez pas quelle raison m'a depuis alléguée le sieur R.... pour se disculper d'avoir renvoyé un domestique fidele & qui nous étoit si nécessaire. » Je crai-
» gnois, me dit-il, qu'il ne m'assassinât.... Qui
» pouvoit, lui repliquai-je, vous donner un tel
» soupçon d'un homme dont vous connoissiez le
» zele & la fidélité, & qui avoit navigé avec
» vous pendant long-tems ? Si vous craigniez qu'il
» ne vous vît de mauvais œil, & qu'il ne vous
» imputât la mort de sa maîtresse, que ne l'en-
» voyiez-vous à M. de Grandmaison, qui le ré-
» clamoit & qui n'étoit pas loin de vous ? Que
» ne le faisiez-vous du moins mettre aux fers ?
» Vous étiez chez le gouverneur d'Omagnas, qui
» vous auroit prêté main-forte ». J'ai de tout cela un certificat de M. d'Albanel, commandant d'Oyapok, en présence de qui je fis ces reproches au sieur R...., & ce certificat est légalisé par le juge de Cayenne.

Pendant ce tems, madame Godin, avec le canot & les Indiens d'Andoas, étoit arrivée à la Laguna, où elle fut reçue avec toute l'affabilité possible par le docteur Roméro, nouveau supérieur des missions, qui par ses bons traitemens pendant environ six semaines qu'elle y séjourna, n'oublia rien pour rétablir sa santé fort altérée, & pour la distraire du souvenir de ses malheurs. Le premier soin du docteur Roméro fut de dépêcher un exprès au gouverneur d'Omagnas, pour lui donner avis de l'arrivée de madame Godin, & de l'état de langueur où elle se trouvoit. Sur cette nouvelle, le sieur R...., qui lui avoit promis tous ses soins, ne put se dispenser de la venir trouver, & lui rapporta quatre assiettes d'argent, un pot à boire, une jupe de velours, une de persienne, une autre de taffetas, quelques linges & nipes tant à elle qu'à ses frères, en ajoutant que tout le reste étoit pourri. Il oublioit que des bracelets d'or, que des tabatières, des reliquaires d'or, & des pendans-d'oreilles d'émeraudes ne pourriffent point, non-plus que d'autres effets de cette nature, ou qui sont dans le même cas. » Si » vous m'aviez ramené mon Negre, ajouta madame Godin, je saurois de lui tout ce qu'il a » fait des effets qu'il a dû trouver dans le carbet. » A qui voulez-vous que j'en demande compte? » Allez, monsieur, il ne m'est pas possible d'oublier que vous êtes l'auteur de mes malheurs » & de mes pertes ; prenez votre parti, je ne » puis plus vous garder en ma compagnie ». Mon épouse n'étoit que trop bien fondée ; mais les instances de M. Roméro, à qui elle n'avoit rien à refuſer, & qui lui repréſenta que ſi elle abandonnoit le ſieur R.... il ne ſauroit que devenir, triomphèrent de ſa répugnance, & elle conſentit enfin à lui permettre de la ſuivre.

Quand madame Godin fut un peu rétablie, M. Roméro écrivit à M. de Grandmaiſon qu'elle étoit hors de danger, qu'il eût à lui envoyer Triſtan pour la conduire à bord de la barque de Portugal. Il écrivit auſſi au gouverneur, qu'il avoit repréſenté à madame Godin, dont il louoit le courage & la piété, qu'elle ne faiſoit que de commencer un long & pénible voyage, quoiqu'elle eût déja fait quatre cens lieues & plus, qu'il lui en reſtoit quatre ou cinq fois autant juſqu'à Cayenne; qu'à peine échappée à la mort, elle alloit s'expoſer à de nouveaux riſques; qu'il lui avoit offert de la faire conduire en toute ſûreté à Riobamba ſa réſidence; mais qu'elle lui avoit répondu qu'elle étoit étonnée de la propoſition qu'il lui faiſoit ; que Dieu l'avoit préſervée ſeule des périls où tous les ſiens avoient ſuccombé ; qu'elle n'avoit d'autre deſir que de joindre ſon mari ; qu'elle ne s'étoit miſe en route qu'à cette intention, & qu'elle croiroit contrarier les vues de la Providence, en rendant inutile l'aſſiſtance qu'elle avoit reçue de ſes deux chers Indiens & de leurs femmes, ainſi que tous les ſecours que lui-même, M. Roméro, lui avoit prodigués, qu'elle leur devoit la vie à tous, & que Dieu seul pouvoit les récompenser.

Ma femme m'a toujours été chère ; mais de pareils sentimens m'ont fait ajouter le respect à la tendresse. Tristan n'arrivant point, M. Roméro, après l'avoir attendu inutilement, arma un canot, & donna ordre de conduire madame Godin à bord du bâtiment du roi de Portugal, sans s'arrêter à aucun endroit. Ce fut alors que le gouverneur d'Omagnas, sachant qu'elle descendoit le fleuve & ne devoit mettre à terre nulle part, envoya un canot à sa rencontre avec quelques rafraîchissemens.

Le commandant Portugais, M. de Rebello, en ayant eu avis, fit armer une pirogue commandée par deux de ses soldats, & munie de provisions, avec ordre d'aller au-devant de madame Godin. Ils la joignirent au village de Pévas. Cet officier, pour remplir plus exactement encore les ordres du roi son maître, fit remonter avec beaucoup de peine son bâtiment, en doublant les rameurs, jusqu'à la mission Espagnole de Loreto, où il la reçut à son bord. Elle m'a assuré que depuis ce moment jusqu'à Oyapok, pendant le cours d'environ mille lieues, rien ne lui manqua pour les commodités les plus recherchées, ni pour la chère

la

la plus délicate, à quoi elle ne pouvoit s'attendre; ce qui n'a peut-être pas d'exemple dans une pareille navigation, provisions de vins & de liqueurs pour elle, dont elle ne fait aucun usage, abondance de gibier & de poisson, au moyen de deux canots qui prenoient les devans de la galiote. Le gouverneur de Para avoit envoyé des ordres dans la plupart des postes, & de nouveaux rafraîchissemens.

J'oubliois de vous dire que les souffrances de mon épouse n'étoient pas finies ; qu'elle avoit le pouce d'une main en fort mauvais état. Les épines, qui y étoient entrées dans le bois, & qu'on n'avoit encore pu extirper, avoient formé un abcès ; le tendon & l'os même étoient endommagés. On parloit de lui couper le pouce. Cependant à force de soins & de topiques, elle en fut quitte pour les douleurs de l'opération, par laquelle on lui tira quelques esquilles à San-Pablo, & pour la perte du mouvement de l'articulation du pouce. La galiote continua sa route à la forteresse de Curupa que vous connoissez, à soixante lieues environ au-dessus de Para. M. *de Martel*, chevalier de l'ordre de Christ, major de la garnison de Para, y arriva le lendemain par ordre du gouverneur, pour prendre le commandement de la galiote & conduire madame Godin au fort d'Oyapok.

Tome III. Cc

Peu après le débouquement du fleuve, à l'embouchure d'une rivière dont le nom Indien, corrompu à Cayenne, eſt Carapa-pourri, & dans un endroit de la côte où les courans ſont très-violens, il perdit une de ſes ancres; & comme il eût été imprudent de s'expoſer avec une ſeule, il envoya ſa chaloupe à Oyapok chercher du ſecours, qui lui fut auſſitôt envoyé. A cette nouvelle je ſortis du port d'Oyapok ſur une galiote qui m'appartenoit; avec laquelle j'allai croiſer ſur la côte à la rencontre du bâtiment, que j'atteignis le quatrième jour, par le travers de Maxacaré; & ce fut ſur ſon bord qu'après vingt ans d'abſence, d'alarmes, de traverſes & de malheurs réciproques, je rejoignis une épouſe chérie, que je ne me flattois plus de revoir. J'oubliai dans ſes embraſſemens la perte des fruits de notre union, dont je me félicite même, puiſqu'une mort prématurée les a préſervés du ſort funeſte qui les attendoit, ainſi que leurs oncles, dans les bois de Canélos, ſous les yeux de leur mère, qui n'auroit ſûrement pas ſurvécu à ce ſpectacle. Ma dernière fille étoit morte de la petite-vérole, dix-huit mois avant le départ de ſa mère de Riobamba, âgée de dix-huit à dix-neuf ans. Elle étoit née trois mois après mon départ de la province de Quito : & c'eſt par une de vos lettres de Paris que j'en reçus la nouvelle à Cayenne en 1752.

Nous mouillâmes à Oyapok le 22 Juillet 1770. Je trouvai en M. de Martel un officier aussi distingué par ses connoissances que par les avantages extérieurs. Il possede presque toutes les langues de l'Europe, la latine même fort bien ; & pourroit figurer avec éclat sur un plus brillant théâtre que le Para. Il est d'origine Françoise ; de l'illustre famille dont il porte le nom. J'eus le plaisir de le posséder pendant quinze jours à Oyapok, où M. de Fiedmond, gouverneur de Cayenne, à qui le commandant d'Oyapok donna avis de son arrivée par un exprès, dépêcha aussitôt un bateau avec des rafraîchissemens. On donna au bâtiment Portugais un carénage dont il avoit besoin, & une voilure propre à remonter la côte contre les courans. M. le commandant d'Oyapok donna à M. de Martel un pilote-côtier pour l'accompagner jusqu'à la frontière. Je me proposois de le conduire jusques-là dans ma galiote ; mais il ne me permit pas de le suivre plus loin que le cap d'Orange. Je le quittai avec tous les sentimens que m'avoient inspirés, ainsi qu'à mon épouse, les procédés nobles & les attentions fines qu'elle & moi avions éprouvés de cet officier & de sa généreuse nation. J'y avois été préparé dès mon précédent voyage.

J'aurois dû vous dire plutôt, qu'en descendant l'Amazone l'année 1749, sans autre recommandation pour les Portugais, que le souvenir de la nouvelle que vous aviez répandue à votre passage en 1743, qu'un de vos compagnons de voyage prendroit la même route que vous; je fus reçu dans tous les établissemens de Portugal, par les missionnaires & tous les commandans des forts, avec toute l'affabilité possible. J'avois fait en passant à San-Pablo l'acquisition d'un canot, sur lequel j'avois descendu le fleuve jusqu'au fort de Curupa, d'où j'écrivis au gouverneur du Grand-Para, M. François Mendoza Goyao, pour lui faire part de mon arrivée, & lui demander la permission de passer de Curupa à Cayenne, où je comptois me rendre en droiture. Il m'honora d'une réponse si polie, que je n'hésitai pas à quitter ma route, & à prendre un très-long détour pour l'aller remercier, & lui rendre mes devoirs. Il me reçut à bras ouverts, me logea, ne permit pas que j'eusse d'autre table que la sienne, me retint huit jours, & ne voulut pas me laisser partir avant qu'il ne partît lui-même pour Saint-Louis de Maranao, où il alloit faire sa tournée.

Après son départ, je remontai à Curupa avec mon canot, escorté d'un autre plus grand que m'avoit donné le commandant de ce fort pour descendre à Para, qui, comme vous l'avez remarqué, est sur une grande rivière, qu'on a prise mal-à-propos pour le bras droit de l'Amazone, avec laquelle la rivière de Para communique par un canal naturel creusé par les marées, qu'on nomme Tagipuru. Je trouvai à Curupa une grande pirogue qui m'attendoit, armée par ordre du gouverneur de Para, commandée par un sergent de la garnison, & armée de quatorze rames, pour me conduire à Cayenne, où je me rendis par Macapa, en côtoyant la rive gauche de l'Amazone jusqu'à son embouchure, sans faire comme vous le tour de la grande île de Joanes ou de Marajo. Après un pareil traitement, reçu sans recommandation expresse, à quoi ne devois-je pas m'attendre, depuis que sa majesté très-fidelle avoit daigné donner des ordres précis pour expédier un bâtiment jusqu'à la frontière de ses états, & destiné à recevoir ma famille pour la transporter à Cayenne ?..... Je reviens à mon récit.

Après avoir pris congé de M. de Martel sur le cap d'Orange, avec toutes les démonstrations d'usage en pareil cas entre les marins, je revins à Oyapok, d'où je me rendis à Cayenne.

Il ne me manquoit plus que d'avoir un procès, que j'ai gagné bien inutilement. Tristan me demandoit le falaire que je lui avois promis, de foixante livres par mois. J'offris de lui payer dix-huit mois, c'étoit le tems, au plus, qu'auroit duré fon voyage s'il eût exécuté fa commiffion. Un Arrêt du confeil fupérieur de Cayenne, du 7 Janvier dernier, l'a condamné à me rendre compte de fept à huit mille francs d'effets que je lui avois remis, déduction faite de mille quatre-vingt livres que je lui offrois pour dix-huit mois de falaire entre nous convenu. Mais ce malheureux, après avoir abufé de ma confiance, après avoir caufé la mort de huit perfonnes, en comptant l'Indien noyé, & tous les malheurs de mon époufe, après avoir diffipé tout le produit des effets que je lui avois confiés, reftoit infolvable; & je n'ai pas cru devoir augmenter mes pertes en le nourriffant en prifon.

Je crois, Monfieur, avoir fatisfait à ce que vous defiriez. Les détails où je viens d'entrer m'ont beaucoup coûté, en me rappellant de douloureux fouvenirs. Le procès contre Triftan & les maladies de ma femme depuis fon arrivée à Cayenne, qui n'étoient que la fuite de ce qu'elle avoit fouffert, ne m'ont pas permis de l'expofer plutôt que cette année à un voyage de long cours par mer. Elle eft actuellement avec fon père dans le fein de ma famille, où ils ont été reçus avec tendresse. M. de Grandmaison ne songeoit pas à venir en France ; il ne vouloit que remettre sa fille à bord du bâtiment Portugais ; mais se voyant dans un âge avancé, ses enfans péris, pénétré de la plus vive douleur, il abandonna tout & s'embarqua avec elle, chargeant son autre gendre, le sieur *Savala*, résidant aussi à Riobamba, des effets qu'il y avoit laissés. Quelques soins que l'on se donne pour égayer mon épouse, elle est toujours triste, ses malheurs lui sont toujours présens. Que ne m'a-t-il pas coûté pour tirer d'elle les éclaircissemens dont j'avois besoin pour les exposer à mes juges dans le cours de mon procès ! Je conçois même qu'elle m'a tu, par délicatesse, des détails dont elle voudroit perdre le souvenir, & qui ne pouvoient que m'affliger. Elle ne vouloit pas même que je poursuivisse Tristan, laissant encore agir sa compassion, & suivant les mouvemens de sa piété envers un homme si mal-honnête & si injuste.

Nous avons préféré de placer ici quelques observations sur le fleuve des Amazones, pour ne point interrompre le récit touchant des infortunes de madame Godin.

L'Amazone, ou *le Maragnon*, est le plus grand fleuve du Monde. Il traverse tout le continent de l'Amérique Méridionale, d'occident en orient, & côtoie presque toujours la ligne équinoxiale. L'Amazone prend sa source au Pérou, dans un lac près de Guanuco, à trente lieues de Lima. Depuis Jaen, où ce fleuve commence à être navigable, il parcourt mille à onze cens lieues. Du côté du nord & de celui du sud, il reçoit un nombre prodigieux de rivières, dont plusieurs ont cinq à six cens lieues de cours; quelques-unes même ne sont pas inférieures au Danube & au Nil. Ce grand fleuve se jette dans l'Océan. Son embouchure est sous la ligne, entre la Terre-ferme & le Brésil.

Les bords de l'Amazone étoient encore peuplés, il y a près de cent-cinquante ans, d'un grand nombre de nations, qui se sont retirées dans l'intérieur des terres, aussitôt qu'elles ont vu les Européens. On n'y rencontre aujourd'hui que quelques bourgades des naturels du pays, récemment tirés de leurs bois, & tant soit peu civilisés, soit par les missionnaires Espagnols du haut fleuve, vers le Pérou, soit par les missionnaires Portugais établis dans la partie inférieure, vers le Brésil.

Francisco d'Orellana, capitaine Espagnol, est le

premier Européen qui reconnut ce fleuve en 1539. Les PP. d'*Acugna* & d'*Artieda*, missionnaires jésuites, l'ont aussi parcouru en 1638, par ordre de la cour de Madrid. La relation de leur voyage, traduite par *de Gomberville*, se trouve encore dans quelques bibliotheques. Enfin M. *de la Condamine*, après avoir terminé ses travaux académiques pour la mesure des degrés sous l'équateur, descendit en 1743 ce fleuve jusqu'à son embouchure. Il a même levé la carte de tout son cours; cette carte est jointe à la relation abregée, qu'il a donnée de son voyage dans l'intérieur de l'Amérique méridionale (*), c'est la plus exacte que nous ayons.

L'humidité & la chaleur contribuent ensemble à rendre les bords de l'Amazone extraordinairement fertiles. Aucun autre fleuve de l'Univers, sans en excepter le Nil & le Gange, n'est aussi bienfaisant aux contrées qu'il arrose. Il étoit juste que l'Amazone, le plus grand de tous, leur fût encore supérieur à cet égard.

D'un côté & de l'autre de ce fleuve, on n'apperçoit que des plaines à perte de vue, où regne un printems perpétuel, & des forêts immenses remplies d'animaux & de plantes de toute espece. Le

---

(*) Vol. in-8º, *Paris*, 1745, chez la veuve *Pissot*.

plus laborieux naturaliste, accompagné d'un nombre de dessinateurs, dit M. de la condamine, y auroit de l'occupation pendant plusieurs années.

Les rivières qui se jettent dans l'Amazone, & ce fleuve lui-même, sont remplies de poissons; les tortues, sur-tout, y abondent en si grande quantité, qu'elles seules & leurs œufs pourroient suffire à la nourriture des habitans de ses bords. Les tortues de l'Amazone sont très-délicates & fort recherchées, principalement à Cayenne. Elles vivent plusieurs mois hors de l'eau sans alimens sensibles.

Un savant moderne s'exprime en ces termes énergiques sur l'étonnante fécondité des rives de ce fleuve:

» Dans l'espace de quatre à cinq cens lieues,
» depuis Borja, l'Amazone coule à travers des fo-
» rêts impraticables, où l'on a peine à apperce-
» voir la terre cachée sous un amas immense de
» plantes & de débris de végétaux qui la cou-
» vrent. On ne pourroit trouver une pierre dans
» tout cet espace. Depuis la formation de ce con-
» tinent, la nature abandonnée à elle-même, y a
» préparé une couche épaisse de terre végétale.
» C'est un trésor qu'elle destine à l'homme, lors-
» que bien convaincu enfin que l'or de l'Améri-
» que n'a pas rendu l'Europe plus heureuse, il

» n'ira plus y chercher que le repos, le bonheur,
» un beau ciel & une terre fertile ». *Voyez l'Eloge
de M. de la Condamine, par M. le Marquis de
Condorcet, dans les Mémoires de l'Académie des
Sciences, année 1774.*

N.º 14.

NAUFRAGE

Du Vaisseau Anglois-l'Union, sur un banc de sable de l'île de Rhé, Golfe de Gascogne, en 1775 (*).

CETTE Relation, en forme de lettre, est intéressante par les traits de générosité qui caractérise le peuple François; elle mérite encore l'accueil des lecteurs, par les éloges qu'une nation rivale lui a donnés à ce sujet. Nous laisserons parler l'officier, auteur de la lettre.

___

(*) Voyez la lettre de M. WIDEBOURG, lieutenant dans les troupes Hanovriennes, écrite le 9 Décembre 1775, de Saint-Martin de l'Isle de Rhé, inférée dans la gazette allemande de Francfort, & ensuite dans les papiers publics.

» Le 6 Octobre 1775, nous nous embarquâmes à Ritzembutel, au nombre de cent quatre-vingt-sept hommes, à bord du vaisseau l'*Union*, commandé par le capitaine *Néal*, & le premier Novembre, nous mîmes à la voile pour Gibraltar. Notre navigation fut heureuse jusqu'au 13 du même mois; mais le 14, entre sept & huit heures du matin, le capitaine vint d'un air consterné nous annoncer que le vaisseau avoit fait tant d'eau, qu'il ne tarderoit pas à couler à fond. Il fit mettre sur le champ à la mer trois chaloupes, & il exhorta les officiers qui étoient accourus, à s'en servir pour atteindre un bâtiment de transport peu éloigné de nous. Les officiers sautèrent aussitôt dans une des chaloupes, qui, étant encore prise dans les cordages, chavira: ils furent tous engloutis par les vagues. Voici les noms des officiers qui y périrent; le lieutenant-colonel *de Walthausen*, le capitaine-lieutenant *Vonder-Wense*, les lieutenans *Oldenbourg*, *de Bacmeister* & *de Brémer*, l'enseigne *Doriem*, le chirurgien-major *Suffert*, sans compter quatre matelots.

Le capitaine vit ce triste spectacle; mais ne songeant qu'à se sauver lui-même, il s'élança avec plusieurs matelots dans une autre chaloupe; & craignant que nos soldats ne l'y suivissent, il cria au pilote de couper les cordes d'un côté de la chaloupe, tandis qu'il courut à l'autre bout pour la dégager. Les soldats, justement alarmés du danger, vouloient aussi abandonner le vaisseau ; mais je les retins par la promesse que je leur fis de vivre & mourir avec eux. Au lieu de se combiner & d'agir ensemble, le capitaine & le pilote ne coupèrent pas les cordes dans le même instant, la chaloupe entra d'un côté dans l'eau, & fut submergée devant nos yeux ; un seul matelot regagna le vaisseau. Ces tristes événemens se passèrent dans l'espace d'un quart-d'heure.

Nous nous trouvâmes alors dans la circonstance la plus affreuse. Le vaisseau étoit plein d'eau, & il ne nous restoit que six matelots, ignorans & incapables de le gouverner. Dans une situation aussi affligeante, il étoit presque certain que nous allions devenir les victimes de la fausse alarme du malheureux capitaine. J'engageai tous ceux qui étoient restés à bord à pomper sans relâche ; nous donnâmes en même tems des signaux de détresse, pour être secourus d'un autre bâtiment qui se trouvoit à peu de distance de nous ; mais la mer étant extrêmement agitée, il ne nous restoit presque point d'espérance de nous sauver. Le vent éteignit le fanal que nous avions allumé dans la nuit, & il est probable que nos voisins nous croyoient perdus, puisque le lendemain ils avoient disparus.

Nous résolûmes de nous approcher de la première terre, & nous comptions que nous pouvions être à quarante ou cinquante milles du Cap-Finisterre. Tous les bras ne discontinuèrent point de pomper pendant deux jours. Dans l'après-midi du 15, nous découvrîmes terre à notre droite, & nous nous laissâmes aller de ce côté jusqu'à la nuit. A huit heures du soir, nous apperçûmes une lumière. Un matelot me dit qu'il croyoit cet endroit dangereux, & me conseilla de n'en rien dire à nos tristes compagnons, déja assez malheureux; cependant nous passâmes heureusement devant la lumière : mais un instant après, le même matelot découvrit terre si près de nous, que nous nous crûmes perdus sans ressource. Le matelot qui gouvernoit, laissa aller le vaisseau droit sur la terre : heureusement pour nous, une grosse lame nous porta sur un banc de sable où le vaisseau resta, & cet événement ranima nos espérances. Nous n'étions cependant point encore en lieu de sûreté; de fortes vagues passoient sans cesse sur nos têtes, & menaçoient à tout instant de briser notre vaisseau.

Le 16, au point du jour, nous vîmes beaucoup de gens accourir sur le rivage, & entr'autres une partie du régiment Royal-Corse. Nous fûmes bientôt instruits que nous étions à la côte de l'île de

Rhé (1). Le lieutenant-colonel *de Marenghé* se donna toutes les peines imaginables pour nous faire apporter des secours, & les soldats exposèrent plus d'une fois leur vie pour sauver la nôtre ; nous devons en particulier les mêmes éloges à MM. *de Faliere* & *Giraud.* Quoique nous fussions près de la terre, nous ne pouvions plus la gagner sans courir le plus grand danger ; & cependant on compta vers le soir jusqu'à soixante-cinq soldats & matelots qui furent sauvés par le courage & par les efforts étonnans de la garnison. Tous furent logés dans les casernes, & pourvus de tout ce qui pouvoit leur être nécessaire.

Le 17, on ne put transporter à terre que cinquante-cinq hommes à cause de la violence extrême du vent. Le 18, on sauva tous ceux qui y étoient restés, & on se flattoit même de pouvoir retirer une partie de la cargaison. Les drapeaux du régiment ont été remis entre les mains du lieutenant de roi. Il a péri dans ce naufrage six officiers, un chirurgien-major, quatre bas-officiers, sept soldats, plusieurs matelots & une femme. Le comte de Genlis, inspecteur des troupes des colonies, s'est toujours trouvé présent pendant qu'on travailloit à nous transporter à terre, & M. Sacomori, officier du régiment Royal-Corse, qui parle Allemand, s'est donné le plus grand soin pour le

même

même effet. En général, nous devons la plus grande & la plus vive reconnoiffance à une nation qui fait rifquer fa propre vie pour fauver celle des autres.

Ces actes généreux d'humanité ne font point reftés fans récompenfe. On voit par la gazette de France, du 22 Janvier 1776, que le roi d'Angleterre a envoyé le comte de Taube, pour remercier fa majefté très-chrétienne des fecours donnés par la garnifon de l'île de Rhé aux troupes Hanovriennes. Ce feigneur étoit en même tems chargé d'une fomme de mille livres fterlings, qui devoit être diftribuée entre ceux qui y ont contribué, & particulièrement entre les foldats du régiment Royal-Corfe.

La diftribution de cette fomme s'eft faite à l'île de Rhé, dans les premiers jours de Février 1776, & a donné lieu à un nouveau trait de générofité, qu'on ne doit pas laiffer ignorer. Dans la répartition des mille livres fterlings, les grenadiers du régiment Royal devoient avoir quinze louis d'or; lorfqu'on leur a préfenté cette fomme, ils l'ont refufée unanimement, en difant qu'*ils étoient payés par leur Maître, & qu'ils n'étoient pas dans le cas d'accepter de récompenfe, pour avoir exercé les devoirs de l'humanité envers des malheureux.* Cette action noble fait trop d'honneur à la façon de penser des troupes de France, pour n'être pas rendue publique.

NOTE.

(1) L'ISLE DE RHÉ, sur les côtes de France, dans l'océan, est du gouvernement d'Aunis, à la distance de mille quatre cens toises de la terre-ferme ; son circuit est d'environ trente mille toises. Cette île produit abondamment du vin & du sel. Le vin est de qualité médiocre, mais on en fait de l'eau-de-vie & de la fenouillette excellente. Les arbres y viennent très-difficilement. L'île de Rhé est dans une situation avantageuse pour le commerce, & très-peuplée. Elle ne paie point de taille, parce qu'elle est réputée terre étrangère, & qu'elle jouit de privileges. A l'extrémité la plus occidentale de l'île, on entretient sur une haute tour, nommée la Tour des baleines, un feu considérable avec de l'huile, qui dure toute la nuit, & sert de signal de reconnoissance aux vaisseaux qui se trouvent dans ces parages.

Outre la ville de *Saint-Martin*, qui est le chef-lieu, il y a dans l'île sept autres paroisses, une abbaye de Bernardins, sous le titre de Notre-

DES NAUFRAGES. 419

Dame, & plusieurs bonnes forteresses pour sa défense. On compte dans l'île trois mille cinquante feux.

Saint-Martin méritoit à peine autrefois le nom de ville, mais depuis elle a été aggrandie & fortifiée d'une nouvelle enceinte, selon la méthode du maréchal de Vauban. C'est actuellement une des plus fortes places de la France. La citadelle est située de manière qu'elle commande la ville, le port & la campagne.

Dd ij

N.° 15.

NAUFRAGE

Du Vaisseau François le Duras, *dans la Mer des Indes, près les îles* Maldives, *en* 1777 (*).

LE récit d'un voyage désastreux, où l'on voit une femme jeune & délicate, se conduire en héroïne dans les circonstances les plus critiques, doit intéresser tous les lecteurs.

M. *Chevreau*, commissaire ordonnateur, arriva à l'Isle-de-France avec son épouse, au mois d'Août 1776. Il devoit conjointement avec M. de Bellecombe, aller faire l'inspection de l'établissement de Madagascar ; mais la saison ne permettant plus à

(*) Cette Relation se trouve dans le Journal de Paris de l'année 1778, numéros 37 & 38.

la frégate *la Confolante*, qui les portoit, de gagner Pondichéry, autrement que par la grande route, M. Chevreau laiſſa ſon épouſe à l'Isle-de-France, pour venir le joindre dans la ſaiſon où les traverſées ne ſont que d'un mois, & ſe font toujours ſous un ciel ſerein. L'impatience de madame Chevreau, (elle eſt née à l'Orient & n'avoit alors que vingt-trois ans,) ne lui permettant pas d'attendre que la Mouſſon fût paſſée, elle s'embarqua ſur *le Duras*, avec mademoiſelle *Goupil*, jeune perſonne de quatorze ans, qui alloit à Pondichéry dans le ſein de ſa famille. Le vaiſſeau cherchant à prendre connoiſſance de la pointe du nord de Madagaſcar, que l'on crut appercevoir le 14 Mars, fut en butte à ce qui rend les traverſées ennuyeuſes & fatigantes. Le 11 Mars le tonnerre tomba à cinquante toiſes du vaiſſeau, un coup de vent ſe déclara le 21. Sa force & ſa direction, contraires à la route qu'on vouloit tenir, ne permirent pas, juſqu'au 24, de faire uſage du gouvernail, & l'on ne conſerva qu'une voile à chacune des extrémités du bâtiment, pour l'empêcher d'être le jouet des vagues qui venoient ſe briſer contre ſes flancs. Cette bouraſque fut ſuivie de ces corlines perfides qui rendent vains tous les efforts des navigateurs, & laiſſent le vaiſſeau en proie à la rapidité des courants. Après avoir eſſuyé des grains de pluie, des orages, des vents foibles ou contraires, le vaisseau repassa le 7 Avril dans l'hémisphère nord, & on dirigea la route pour passer entre les Maldives & les Pacgardives, archipel qui se prolonge parallelement à la côte de Malabar.

Un vent frais & favorable faisoit déja oublier les traverses qu'on avoit éprouvées ; on cingloit diagonalement pour aller chercher la passe de neuf dégrés de latitude, dont on se croyoit encore à quarante lieues. A cette distance, on se flattoit de naviger avec sécurité ; & quelque sombre que fût la nuit du 11 au 12 Avril aucun indice ne faisoit craindre de rencontrer la terre. Chacune se livroit aux douceurs du repos qu'une nuit plus fraîche rendoit plus paisible, lorsque vers les deux heures du matin, l'officier chargé de veiller à la manœuvre crut appercevoir quelque chose de blanc. Il crie au timonier de changer la route ; mais il n'est plus tems, la profondeur manque, & le vaisseau échoue avec une force proportionnée à sa vîtesse.

Tout le monde s'éveille avec terreur ; la nuit semble devenir plus obscure, & les yeux cherchent en vain à percer les ténebres qui environnent le vaisseau. On ne sait si les écueils sur lesquels il tâtonne, sont isolés au milieu de la mer, ou s'ils tiennent à quelque terre; enfin au bout d'une demi-heure on apperçoit un feu sur une petite île. Cette vue, au milieu des horreurs d'un danger aussi pressant, fait luire un rayon d'espérance, & l'on s'occupe des moyens d'échapper du naufrage.

Le mât d'artimon tombe sous les coups de la hache ; & après avoir mis à la mer la chaloupe & le canot, on travaille à décharger le vaisseau du fardeau dangereux de ses autres mâts, qu'on n'abat qu'avec peine. Les lames qui viennent avec fureur frapper contre le vaisseau, le soulevent pour le laisser retomber sur les rochers, où l'on craint à chaque instant de le voir s'entrouvir. Madame Chevreau semble oublier la foiblesse de son sexe ; elle se vêtit de l'habit qui peut le moins l'embarrasser, monte sur le tillac, rassure par sa confiance la jeune personne qui l'accompagne, anime les Officiers par son intrépidité, encourage les matelots par ses paroles, & ne montre aucun empressement d'être sauvée la première. Une secousse plus violente se fait sentir ; tout l'équipage croit toucher à son dernier moment. Ah, Dieu ! s'écrie madame Chevreau, que je suis heureuse que mon mari ne soit pas ici ! Exclamation touchante & sublime dans une circonstance où le cœur livré à ses propres mouvemens, ne peut ni feindre ni exagérer ses sentimens.

Trois heures se passent à préparer les moyens de se sauver avec des vivres pour subsister, & quelques armes pour se défendre. Le canot s'étant brisé, on redoute le même sort pour la chaloupe, & tout l'équipage s'occupe à former un radeau. Le moment où la nuit semble combattre contre le jour qui la remplace, permet enfin de distinguer quelques objets; & l'on apperçoit plusieurs Noirs sur la crête du récif, à cent vingt toises du vaisseau. On les invite à prêter du secours, mais ils s'y refusent : on tire plusieurs coups de fusil, en signe de détresse, rien ne peut engager ces Noirs à s'approcher du vaisseau. Un matelot, nommé *Mammelon*, se jette à la mer & nage vers eux; le couteau qu'il porte à sa ceinture semble les effrayer, & ils prennent la fuite. Cependant on ne peut espérer de gagner la terre sur le radeau, sans avoir un point de retenue. Jérôme *Amiro*, matelot Vénitien, propose de l'établir; il nage vers les rochers, chargé d'une corde légère, & facilite les moyens de conduire successivement le radeau du vaisseau au récif.

Madame *Chevreau*, vêtue d'un gillet & d'un pantalon, descend avec confiance sur le radeau. Une lame l'emporte; elle se raccroche à une corde & se place sans effroi à côté de mademoiselle Goupil. Le radeau arrive au récif, qu'un quart-de-lieue sépare de terre; madame chevreau marcha pendant une demi-heure sur un fond de corail, ayant de l'eau jusqu'aux aisselles. Après avoir abordé la terre, des Insulaires les reçoivent avec humanité, & les conduisent sous un hangar couvert de feuilles, où ils leur présentent une boisson rafraîchissante, composée d'eau de cocos & de jus exprimé des cannes à sucre, du poisson salé & du tabac à fumer. L'intérêt que la beauté souffrante inspire à l'homme le plus sauvage, se manifeste dans les soins que donnent les habitans de l'île de *Ymitaï* à madame Chevreau & à mademoiselle Goupil. Ils leur font du thé, leur apprêtent un carry pour souper ; & touchés de la délicatesse de leur sexe ou de celle de leurs traits, ils disposent un lit de rotins pour les coucher.

Le chef de l'île vint voir le capitaine lorsqu'il mit pied à terre, & après lui avoir promis du riz pour l'équipage, en le payant chèrement, il écrivit à son roi sur cet événement. Le 21, il en reçut l'ordre de traiter les Naufragés comme des amis malheureux, auxquels il accordoit secours & assistance, & qu'il ne tarderoit pas de faire transporter dans son île. En effet, le 24, un grand bateau, suivi de plusieurs autres, vint ranimer un espoir qui ne fut pas trompé ; le premier ministre, le général des armées & un interprete Portugais, vinrent complimenter les dames de la part du roi, & les assurer de l'intérêt qu'il prenoit à leur malheur. La brise ne permit de partir que le 27 à cinq heures du foir. Madame Chevreau, mademoifelle Goupil, avec deux officiers paffagers & le capitaine montèrent fur un grand bateau, long & pointu par devant, n'ayant qu'un mât fort incliné fur l'arrière & garni d'une voile latine. Au bout de vingt-quatre heures, ils arrivèrent à l'île du roi.

Le roi des Maldives fit dire à madame Chevreau qu'il vouloit prouver, par les honneurs qu'il lui feroit rendre, combien il étoit ami de fa nation, & combien il s'eftimoit heureux que ce naufrage lui en fournît l'occafion. En conféquence, lorfqu'elle defcendit à terre, elle fut reçue par une falve de l'artillerie de l'île, qui eft fortifiée dans tout fon pourtour. Le grand-vifir vint au-devant d'elle fur le rivage, la fit placer fous un dais à côté de mademoifelle Goupil, & elles marchèrent au bruit des inftrumens, entre deux files de foldats, jufqu'à une grande maifon royale, que le roi avoit fait difpofer pour les recevoir.

L'île a deux rois; l'un eft fouverain légitime, mais exclus du trône par un de fes parens. Il vivoit obfcur & indigent, lorfque le fils de l'ufurpateur, après la mort de fon père qu'il a, dit-on, hâtée, crut devoir rappeler le prince exilé, & lui rendre les honneurs du monarque, en s'en réfervant le pouvoir & les droits. Peu de tems après l'arrivée de madame Chevreau, ils vinrent accompagnés de tous les grands, lui faire une visite de cérémonie.

Ces deux princes sont d'une taille avantageuse, leurs traits sont réguliers ; celui qui est muni de l'autorité annonce de l'esprit & de l'urbanité ; ils portoient pour vêtemens de longues robes de brocard d'or.

La reine témoigna quelque desir de voir les deux Françoises : on éleva une salle de verdure entre le palais de la reine & la maison de madame Chevreau. Elles y entrèrent en même tems par deux portes qui correspondoient à leurs appartemens, & s'avancèrent l'une vers l'autre. Madame Chevreau avoit pour habit de cour un petit casaquin, un jupon, un mouchoir autour de la tête. La reine étoit vêtue d'une espece de robe longue, qui ressemble assez aux aubes de nos prêtres ; son col, ses bras, ses jambes étoient chargés d'ornemens & de bijoux d'or. La visite dura une heure ; on s'assit, on mangea du bétel, & la reine fit faire quelques questions à madame Chevreau.

Le roi, avant de quitter ces dames, fit sonder leurs dispositions sur le cas qu'elles pourroient faire d'un trône qu'elles partageroient avec lui ; mais elles donnèrent une réponse négative, & s'embarquèrent le 15 Mai, fur *la Bretagne*, commandé par M. *le Termillier*. Elles arrivèrent à Pondichéry avec MM. *du Sauſſois* & *de Barre*, officiers d'infanterie, paſſagers. C'eſt d'eux qu'on a appris les détails intéreſſans de ce naufrage, où le ſexe le plus foible l'a diſputé au nôtre en courage & en réſolution.

LES MALDIVES ſont une multitude d'îles, d'îlots & de rochers qui ſe trouvent au ſud-oueſt de la preſqu'île des Indes orientales en-deçà du Gange. Elles ſont étendues en longueur au-delà & en-deçà de l'équateur, depuis environ le quatrième degré de latitude méridionale, juſqu'au huitième de latitude ſeptentrionale. Ces îles ſont au nombre de plus de dix mille; mais il y en a beaucoup qui ne ſont que des rochers. La principale s'appelle *Male*; elle n'a qu'une lieue & demie de tour; c'eſt la réſidence du roi. Il eſt vraiſemblable que ces milliers d'îles n'en formèrent autrefois qu'une ſeule, que l'effort des deux mers, ou quelque convulſion dans la nature auront diviſée en une multitude de portions. L'eſpace que les Maldives occupent dans la mer eſt d'environ deux cens lieues de long, ſur trente-cinq environ de large. Toutes ces îles ſont diviſées en treize principales parties, qu'on appelle

Attolons. Chacun de ces attolons eſt environné d'un grand banc de pierre preſque rond & ſéparé entre eux par des canaux : quatre ſeulement ſont aſſez profonds pour le paſſage des grands navires, mais le péril y eſt extrême pour ceux qui n'en connoiſſent pas les écueils. Les Portugais découvrirent ces îles en 1507 ; ils y commercèrent pendant quelques années : inſenſiblement ils les négligèrent, comme peu fertiles & d'ailleurs de difficile accès. En général les plus hardis navigateurs s'efforcent de fuir les environs des Maldives ; mais l'eſpace qu'elles occupent eſt ſi long & leur ſituation eſt telle, qu'il eſt difficile de les éviter, ſurtout dans les calmes & les vents contraires ; les vaiſſeaux alors, ne pouvant bien s'aider de leurs voiles, y ſont entraînés par les courans.

La plupart des Maldives ſont entièrement déſertes, & ne produiſent que des arbres & de l'herbe ; les autres n'ont aucune verdure, & ſont de pur ſable mouvant, dont une partie eſt ſous l'eau dans les grandes marées. Il n'y a d'eau douce que dans les îles couvertes & habitées, non qu'il n'y ait aucune rivière, mais on y creuſe facilement des puits, & l'eau ſe préſente en abondance à trois ou quatre pieds de profondeur. Les canaux particuliers, qui ſéparent les îles de chaque attolon, ſont ſi peu profonds, qu'on y trouve rarement plus de trois pieds d'eau. Cependant les naturels du pays ne les paffent qu'en bateau, par la crainte des Crocodiles & des Paimones, efpeces de grands poiffons qui brifent les jambes aux hommes & les dévorent; d'ailleurs le fond n'eft que de rochers aigus & tranchans. Il s'y rencontre auffi des branches d'une forte de corail rude & poreux.

Le bled ni le riz ne peuvent venir aux Maldives; mais il n'y a point de pays où les cocos viennent en fi grande abondance; les oranges, les citrons, les grenades & les bananes y font excellens. Les commerçans y vont chercher du corail, de l'ambre-gris & des écailles de tortue, qui font les plus belles de toutes les Indes. De petits coquillages fort beaux y tiennent lieu de monnoie. Les manufactures du pays y fourniffent auffi des tapifferies & étoffes, mais la plupart de coton & à l'ufage du peuple.

La fituation des îles Maldives étant fi proche de la ligne, la chaleur y eft exceffive & l'air très-malfain, fur-tout pour les étrangers. Deux faifons fe font feulement fentir dans les Maldives; l'été, qui dure fix mois, & l'hiver autant. Il y pleut rarement en été, & prefque toujours en hiver.

La religion des maldives eft le pur Mahométifme, avec toutes fes fêtes & fes cérémonies. Chaque île a fes temples & fes mofquées.

L'éducation des enfans est un des principaux objets de la législation dans toutes ces îles. Les mères doivent nourrir leurs enfans, sans en excepter les reines. On ne les enveloppe d'aucuns langes. Cependant on n'en voit pas de contrefaits; dès l'âge de neuf mois ils commencent à marcher. Ils reçoivent la circoncision à sept ans, à neuf on les applique aux études & aux exercices du pays.

La langue commune des Maldives est fort particulière à ces îles. L'Arabe s'apprend dès l'enfance, comme le latin en Europe. Plusieurs parlent les langues de Cambaye, de Guzarate, de Malaca, & même le Portugais.

Le naufrage ne donne aucun droit sur la liberté des étrangers qui échouent, comme cela arrive fréquemment, sur les rochers ou les côtes de l'archipel des Maldives; les Insulaires se montrent au contraire très-compatissans dans ces sortes de cas, ils donnent alors avec empressement & sensibilité tous les secours qui dépendent d'eux.

Le gouvernement est royal, despotique & fort ancien. Après le roi sont les princes du sang & d'autres princes descendus de quelques-uns des rois ses prédécesseurs, qui ne sont pas moins respectés, quoique de race différente : c'est ce qui forme le premier ordre de l'état. Le second ordre renferme les grands officiers de la couronne, dont le plus distingué se nomme Quilague, qui est comme le lieutenant-général du roi, le chancelier, le secrétaire d'état, l'intendant des finances, le trésorier général, six moscoulis ou conseillers d'état, &c. Le troisième ordre est celui de la noblesse ; & le quatrième celui du peuple. La garde du roi est composée de six compagnies de cent hommes chacune. Il en entretient encore toujours dix autres, commandées par les plus grands seigneurs du royaume ; mais elles ne suivent le roi qu'à la guerre. Les privileges des soldats sont fort distingués.

Les appartemens intérieurs du palais du roi & des maisons des grands sont ornés des plus belles tapisseries de la Chine, de Bengale & de Masulipatan. L'or & la soie y éclatent de toutes parts, avec une diversité admirable dans l'ouvrage & les couleurs.

Les îles habitées de cet archipel sont très-peuplées. Les Maldivois, sur-tout de l'île de Male & des autres, où les étrangers abordent & commercent, sont polis, spirituels, industrieux, portés à l'exercice des arts, capables même des sciences, dont ils font beaucoup de cas, particuliérement de l'astronomie. Ils sont aussi courageux, adroits aux armes, amis de l'ordre & de la police. Les femmes sont belles, & quoique le plus grand nombre soit de couleur olivâtre, il s'en trouve d'aussi blanches

qu'en

qu'en Europe; celles des princes, des grands officiers & des nobles font vêtues avec décence. Leur habillement est une véritable robe d'une étoffe légère ou de coton: elles s'ornent aussi le cou, les bras & les jambes, de bijoux d'or artistement travaillés.

HISTOIRE

N.° 16.

RELATION

Du Naufrage d'un Vaisseau François, à peu de distance des jettées du port de Dieppe, en 1777 (*). *Traits d'héroïsme du pilote* Boussard, *surnommé le Brave-homme par Sa Majesté* LOUIS XVI.

IL est peu d'exemples, même dans les siecles de l'antiquité, d'un dévouement aussi vif pour sauver les hommes du danger, que celui qu'a fait pa-

---

(*) Cette Relation est extraite du Journal de Paris, numéros 1 & 16, année 1778; 211, année 1779, &c. des Annales du dix-huitième siecle, Par M. LINGUET, année 1777, tome 3 ; & de l'Ouvrage intéressant de M. BÉRENGER, intitulé: *Le Peuple instruit par ses propres vertus*, 1787, tome 2.

toître le pilote *Bouffard*, fur la fin du mois d'Août 1777.

Le Journal de Paris, &, à l'envi les uns des autres, tous les auteurs périodiques, ont célébré l'action courageufe de ce *Brave-homme*. Le lecteur fenfible nous faura gré de lui en retracer toutes les particularités.

Pendant la nuit orageufe du 31 Août 1777, vers les neuf heures du foir, un navire forti du port de la Rochelle, chargé de fel, monté de huit hommes & de deux paffagers, approcha des jettées de Dieppe. Le vent étoit impétueux, & la mer fi agitée, qu'un pilote-côtier effaya en vain quatre fois de fortir pour diriger fon entrée dans le port. Bouffard, l'un des autres pilotes, s'appercevant que celui du navire faifoit une fauffe manœuvre qui le mettoit en danger, tenta de le guider avec le porte-voix & des fignaux; mais l'obfcurité, le fifflement des vents, le fracas des vagues & la grande agitation de la mer empêchèrent le capitaine de voir & d'entendre: bientôt le vaiffeau ne pouvant plus être gouverné, fut jetté fur le galet & échoua à trente toifes de la jettée.

Aux cris des malheureux qui alloient périr, Bouffard, fans s'arrêter aux repréfentations qu'on lui faifoit, & à l'impoffibilité apparente du fuccès, réfolut d'aller à leur fecours. D'abord il fait éloigner sa femme & ses enfans qui vouloient le retenir ; ensuite il se ceint le corps avec une corde dont le bout étoit attaché à la jettée, & se précipite au milieu des flots. Les marins seuls, ou ceux qui ont considéré de dessus une éminence, les vagues irritées & leurs ondulations, sur-tout aux environs d'un objet qui leur résiste, peuvent se former une idée du danger auquel il s'exposoit. Après des efforts incroyables, Boussard atteignoit cependant la carcasse du navire, que la fureur de la mer mettoit en pieces, lorsqu'une vague l'en arrache & le rejette sur le rivage ; il fut ainsi vingt fois repoussé par les flots & roulé violemment sur le galet. Son ardeur ne se rallentit point, il se replonge à la mer ; une vague violente l'entraîne sous le navire : on le croyoit mort, lorsqu'il reparut, tenant dans ses bras un matelot qui avoit été précipité du bâtiment, & qu'il apporta à terre, sans mouvement & presque sans vie. Enfin après plusieurs tentatives inutiles, entouré de débris qui augmentoient encore le danger, & couvert de blessures, il parvient au vaisseau, s'y accroche & y lie sa corde. Boussard ranime & instruit l'équipage. Il fait toucher à chaque matelot cette corde salutaire, qui leur trace un chemin un milieu des ténebres & des flots ennemis. Il les porte même, quand les forces leur manquent ; il nage autour d'eux comme un ange tutélaire, & luttant contre les vagues qui redemandent en rugiffant leurs victimes, il en dépofe fept fur le rivage.

Epuifé par fon triomphe même, Bouffard gagne avec peine la cabane où le pavillon eft dépofé : là, il fuccombe & refte quelques inftans dans un état de défaillance effrayant. On venoit de lui donner des fecours ; il avoit rejetté l'eau de la mer & il reprenoit fes efprits, lorfque de nouveaux cris frappent fes oreilles. La voix de l'humanité, plus efficace que toutes les liqueurs fpiritueufes, lui rend fa première vigueur ; il court à la mer, s'y précipite une feconde fois, & eft affez heureux pour fauver encore un des deux paffagers, qui étoit refté fur le bâtiment & que fa foibleffe avoit empêché de fuivre les autres naufragés. Bouffard le faifit, le ramene & rentre dans fa maifon, fuivi des huit échappés à la mort, qui le proclament à haute voix leur fauveur. Des dix hommes qui montoient le navire, il n'en a péri que deux ; leurs corps ont été trouvés le lendemain fur le galet.

L'intrépidité qu'à montrée Bouffard dans cette occafion périlleufe, devient plus intéreffante, plus admirable encore, lorfqu'on fait qu'elle eft réfléchie de fa part ; que ce n'eft point un inftinct aveugle de courage, ou une fimple impulfion d'humanité, fortifiée par l'habitude de braver les dangers de la mer & d'y échapper : c'eſt chez cet homme vertueux une réſolution formée, toujours ſubſiſtante, & un hommage journalier qu'il rend aux mânes de ſon père, qui fut noyé ſans avoir pu le ſecourir. Pour expier cette eſpece de délit involontaire, Bouſſard a fait le vœu de ſauver, aux dépens de ſa propre vie, tous les naufragés à qui il pourroit être utile, il tient parole ; de ſorte que ſon dévouement eſt une double vertu : en ſervant ſi chaudement l'humanité, c'eſt à la piété filiale qu'il paie un tribut. Ce motif, qu'on n'a appris que depuis ce dernier acte de ſon courage, le rend encore plus grand & plus reſpectable.

Les habitans de Dieppe (1) ont témoigné leur ſatisfaction à ce brave concitoyen, par des applaudiſſemens ſouvent réitérés, & depuis, le gouvernement a acquitté la dette de l'état à ſon égard, en répandant ſur lui des bienfaits. Ce fut M. De Croſne, intendant de Rouen, qui inſtruiſit M. le directeur des finances de tout le détail de la belle action de Bouſſard, par une lettre du 17 Décembre. M. Necker en rendit compte au roi, prit ſes ordres & ſe hâta d'écrire lui-même au pilote de Dieppe la lettre ſuivante :

Brave Homme,

» Je n'ai su qu'avant-hier, par M. l'intendant,
» l'action courageuse que vous avez faite le 31
» Août, & hier j'en ai rendu compte au roi, qui
» m'a ordonné de vous en témoigner sa satisfac-
» tion, & de vous annoncer de sa part une gra-
» tification de mille francs & une pension annuelle
» de trois cens livres. J'écris en conséquence à
» M. l'intendant. Continuez à secourir les autres,
» quand vous le pourrez, & faites des vœux pour
» votre bon roi, qui aime les braves gens & les
» récompense ». *Signé*, NECKER, directeur général des finances.

Paris, le 22 Décembre 1777.

Le contenu de cette lettre, digne du ministre bienfaisant, que le roi vient de remettre à la tête des finances, fut bientôt public à Dieppe. Tous les concitoyens de Boussard vinrent le féliciter, & le pressèrent vivement d'aller à Paris & de se présenter au roi pour lui en témoigner sa reconnoissance. Boussard se rendit à leurs vœux. Le 3 Janvier suivant il arriva chez M. Le Moyne, maire de la ville de Dieppe, qui étoit depuis quelque tems à Paris, & qui se chargea volontiers de le présenter à M. Necker, qui le conduisit lui-même à M. le comte de Maurepas. M. Le Moyne, glorieux d'accompagner partout le brave Boussard, ne tarda point à se transporter avec lui à Versailles. Il fut placé dans le sallon d'Hercule, sur le passage de la famille royale. Un instant après, Sa Majesté traversa le sallon. Le duc d'Ayen le fit appercevoir au roi, qui dit en le regardant avec sensibilité : *Voilà un Brave Homme, & véritablement un Brave Homme.*

Ces marques publiques de bonté attirèrent autour de lui un si grand nombre de personnes de tout état, que la reine, qui passa quelques momens après, ne put que l'entrevoir : elle témoigna cependant par ses regards à ce brave homme, combien elle étoit touchée de l'action qui faisoit alors tout l'entretien & l'admiration de la cour. Boussard reçut ensuite des ministres l'accueil le plus flatteur. M. De Sartine, ministre de la marine, lui fit expédier un brevet de solde entière de vingt-deux livres par mois de ses anciens appointemens, en qualité de quartier-maître, quoiqu'il n'en sollicitât que la demi-paie. M. Bertin, dans le département duquel se trouve la Normandie, chargea M. Le Moyne de chercher dans la ville de Dieppe un terrein libre, sur lequel on pût bâtir une maison pour le brave Bouffard & fa famille. M. le garde des fceaux, qui étoit fur fon départ pour Paris, l'invita à venir le voir. Il n'a pas moins été accueilli dans cette capitale, où M. le duc d'Orléans, M. le duc & madame la duchesse de Chartres & M. le duc de Penthievre lui ont fait éprouver les mêmes marques de bonté & de bienfaifance. Les encouragemens donnés à la vertu, font faits pour en multiplier les actes. Heureufe! mille fois heureufe la nation qui les accorde & les reçoit !

Jufqu'à préfent le lecteur n'a apperçu dans le héros de Dieppe, que l'homme intrépide & le libérateur de fes femblables ; mais c'eft en lifant les deux lettres fuivantes, que l'on verra développée l'ame fimple, naïve, & tout à la fois fublime de cet homme extraordinaire.

Lettre d'un Marin

Aux Auteurs du Journal de Paris, N°. 16, 1778.

Morbleu! patrons; quelles bonnes étrennes vous nous avez données dans votre premier numéro ! Quel homme que *Bouffard* ! Je fus ravi d'admiration au récit de l'intrépidité de ce *Brave Homme*. Ce nom lui reftera, j'ofe vous le prédire : il lui a été donné par M. Necker, & confirmé par le roi lui-même.

Impatient de connoître ce brave pilote, j'allois prendre la poste & partir pour Dieppe, quand j'ai appris qu'il avoit été à la cour, qu'il étoit à Paris; je vole de société en société pour le rencontrer; enfin je l'ai vu: il a la taille d'un Hercule, près de six pieds, petite tête, larges épaules, une jambe estropiée par une blessure honorable gagnée au service du roi. Au milieu des grands de toute espece, rien ne l'intimide ni ne l'embarrasse; il conserve un maintien honnête & noble. J'ai voulu tâter la trempe de son esprit & de son cœur; vous en allez juger par ses réponses.

» Qu'avez-vous fait, lui dis-je, de ces cent
» pistoles reçues tout à la fois ? — J'en ai payé
» mes dettes, parce qu'il faut d'abord que justice
» se fasse ; ensuite j'ai habillé de neuf ma femme
» & mes enfans, c'est la première fois de leur
» vie : pour moi, je ne me suis donné que des
» gillets, j'ai plus besoin de cape que d'habits ; celui
» que je porte est mon habit de noces ; il est en-
» core tout neuf. — Mais ces cent écus de pen-
» sion suffiront-ils pour vous faire vivre à l'aise
» avec votre famille? — J'en aurai encore de reste:
» d'ailleurs, à quoi sert l'opulence ? Quand on en-
» terre un riche, lui met-on seulement un louis

» d'or fur le nombril ?...... » Enchanté de fes réparties, je continuai mes interrogations : » Ceux » qui compofoient l'équipage n'étoient ni vos pa- » rens, ni vos amis ; qui vous a infpiré cette in- » trépidité ? — Parbleu ! (car il jure encore mieux » que moi,) c'eſt l'humanité & la mort de mon » père : il a été noyé, je n'étois pas là pour le » fauver ; auſſi j'ai juré depuis de courir au fe- » cours de tous ceux que je verrois tomber à la » mer »...... Les héros de l'antiquité immoloient des victimes fur le tombeau de leurs ancêtres, celui-ci offre aux mânes de fon père les malheureux qu'il arrache au péril auquel il a fuccombé. Qu'il eſt beau de faire un pareil ferment & de le tenir !

Bouffard, né brave, ne voyant dans fon action que le devoir d'un homme envers les autres, eſt étonné de la récompenfe dont fon prince l'a honoré. » J'ai fait, dit-il, beaucoup d'actions comme » celle-là, je ne fais pourquoi ma dernière (c'eſt » fon terme) fait tant de bruit. Mes camarades » font auſſi braves que moi »...... D'après fon cœur, qu'elle haute idée il a des hommes, & quelle eſtime les hommes doivent avoir de lui !

Ne croyez pourtant pas qu'il ignore ce qu'il vaut. Il avoit envie d'embraffer un jeune enfant que fa haute taille effrayoit : » N'ayez pas peur,

» lui dit Bouffard, cela vous portera bonheur
» d'embraffer un honnête homme »...... Ce n'eſt
point-là de la vanité, c'eſt le témoignage d'une
bonne confcience. Il eſt extrêmement fenfible aux
égards qu'on lui montre ; je lui demandois des
nouvelles de l'accueil qu'il recevoit par-tout ; il
m'en parut pénétré, mais entr'autres il s'écria :
» Ventrebleu ! que c'eſt une brave dame que ma-
» dame Necker ! J'avois pris un fiacre à caufe de
» ma jambe, pour l'aller voir ; arrivé chez elle,
» elle le paie & le renvoie, & m'a fait recon-
» duire dans fon carroffe » !..... Que les Bouffards
fe multiplient fans ceffe, & que le beau-fexe les
honore toujours.

Adieu patrons, je n'ai pas le tems de vous en
dire davantage ; je cours preffer dans mes bras ce
brave homme avant qu'il reparte pour Dieppe.

Autre Lettre

Aux Auteurs du Journal de Paris, N°. 211,
Année 1779.

Au commencement de l'année dernière, je paffai
près de Dieppe ; je voulus voir celui dont l'a-
venture fingulière étoit encore récente & qui occupoit le public, & j'allai dans le port ; je ne vou-

lus pas, par des raifons particulières, le faire venir chez moi, j'y allai feul, & m'adreffant au premier homme que je rencontrai, je lui demandai quelques détails fur l'action de *Bouffard*, & le priai de me conduire à lui. Cet homme étoit Bouffard lui-même; il me mena à la jettée près de laquelle il avoit fauvé ce vaiffeau qui, battu par une violente tempête, & croyant être dans la paffe, avoit porté à terre & s'y étoit brifé. Je fus plus frappé encore de l'extrême fenfibilité & de la grande fimplicité de cet homme, que de la grandeur de fon courage; il ne fe croyoit digne d'aucune récompenfe, il prétendoit n'avoir fait que fon devoir; il s'étonnoit fur-tout, qu'on eût mis cette fois tant de prix au facrifice de fa vie, puifqu'il avoit fait plufieurs fois la même chofe. Il me conta qu'il avoit fait vœu de fe conduire toujours ainfi, depuis que fon père avoit été noyé par la faute & la négligence du pilote alors chargé du fanal de ce port. C'eft ainfi, Meffieurs, qu'il veut fe venger de la mort prématurée de fon père.

Je fentis bien qu'il ne falloit pas louer un homme qui par fon caractère, & fur-tout par le bruit de fes actions, eft au-deffus de la louange; mais je crus pouvoir lui marquer l'intérêt qu'il m'infpiroit; & la fenfibilité de fon caractère, que la rudeffe de la vie des gens de mer n'a pu amortir, m'en laiſſoit la poſſibilité.

Je lui parlois de la petite fortune qu'on venoit de lui faire, de ſes enfans, de tout ce que j'imaginai pouvoir l'intéreſſer.

L'aîné de ſes fils ſe préſenta dans ce moment; il eſt âgé d'environ douze ans, & a fait ſur mer preſqu'autant de voyages qu'il a d'années. Il me dit que ce qui lui plaiſoit le plus dans les bontés qu'on lui avoit témoignées, étoit la promeſſe de lui bâtir une petite maiſon : Auſſi petite que l'on voudra, ajouta-t-il, pourvu qu'elle ſoit ſur la jettée ; & voici la raiſon qu'il m'en donna : « C'eſt » dans le plus mauvais tems que je dois le moins » abandonner la jettée, pour voir ſi quelque vaiſ-» ſeau n'eſt pas en danger. Ce n'eſt pas, ajouta-» t-il, que je n'aie une petite cabane ; mais elle » eſt très-incommode pour moi ».

Nous en étions alors fort près, j'y entrai ; je vis qu'en effet cette cabane, percée par le toît pour laiſſer hiſſé le pavillon pendant le jour, & le fanal pendant la nuit, pouvoit incommoder le gardien. J'appris dans ce moment qu'à ſon retour de Verſailles, trouvant la mer mauvaiſe, il ne voulut pas permettre que celui qui l'avoit remplacé pendant ſon abſence, reſtât un jour de plus, quoique le mouvement de la voiture, dans laquelle il n'avoit jamais été que pour ce voyage, lui eût ôté l'ufage de prefque tous fes membres, & quoiqu'il fût appelé chez lui par la joie de revoir fa femme & fes enfans qu'il aime avec la fenfibilité qui fait le fonds de fon caractère, & qui probablement eft la fource de fon extrême courage. Vous voyez, Meffieurs, que les louanges & les bienfaits n'avoient altéré en rien cette ame fimple & fublime.

Vous jugerez fans doute comme moi, du plus grand chagrin qu'il me dit avoir éprouvé dans fa pauvreté. » Je ne pouvois, dit-il, acheter des cor-
» dages pour aider les vaiffeaux dans les acci-
» dens; j'étois rebuté d'en emprunter; il s'en perd,
» il s'en caffe par la force des coups de mer;
» je n'ofois revoir ceux qui me les avoient prêtés,
» parce que je n'avois pas de quoi leur ren-
» dre »…. Son ambition actuellement fe borne à obtenir la permiffion d'avoir un mât de plus, pour pouvoir donner à fon fanal une élévation plus confidérable.

Le caractère de cet homme me frappoit de plus en plus. Je voulus voir enfin ce qu'il appeloit fa nouvelle fortune, j'entrai chez lui, je vis fa femme & fes enfans; il me montra les matelats qu'il avoit achetés, une armoire & une efpece de cage où il couche fes enfans, & je vis avec admiration à combien peu tient le bonheur d'un citoyen honnête & vertueux.

En me contant l'usage qu'il avoit fait de son argent, il me dit qu'il en gardoit pour vêtir sa petite famille, & dans ce moment il les embrassoit devant moi; mais tous ses mouvemens étoient si pressés, si pleins de chaleur, si naturels, que je ne pouvois me résoudre à abandonner ce lieu.

Je ne dois pas vous taire que je voulus lui donner de l'argent: il me refusa. Il courut chercher la lettre de M. Necker, qu'il garde soigneusement dans une boîte, & à laquelle il ne veut pas que l'on touche, de peur d'altérer ce qu'il lui est, avec raison, si précieux de conserver.

Il m'accompagna au moment de ma sortie. Je continuois toujours à le faire causer sur ses diverses aventures; je fus étonné de le voir s'interrompre tout d'un coup: j'en cherchois la cause, lorsque je fus frappé de la vue d'une jeune fille bien faite & d'un air modeste, dont le visage s'animoit par degrés à mesure qu'elle s'approchoit de lui. Arrivée près de nous, elle pose à terre un sceau de légumes frais, & saute au cou de Bouffard qui l'embrasse tendrement; je m'écartai parce qu'elle lui parla bas un instant. Quand il
m'eut

m'eut rejoint : » C'eſt ma petite couſine, me dit-
» il, j'ai eu le bonheur de l'élever. Je revenois
» de la mer, j'étois fort jeune, ſon père & ſa
» mère venoient de mourir, elle & une autre pe-
» tite ſœur n'avoient que moi pour reſſource ; je
» n'avois rien, cependant je ne les abandonnai
» pas ; j'allai dans un village à deux lieues d'ici
» les chercher, porté ſur un âne, parce que j'é-
» tois bleſſé d'un coup de fuſil que je venois de
» recevoir en mer, & qui m'empêchoit encore
» de marcher ; je rapportai ces deux petits en-
» fans ; je ne ſais comment j'ai pu faire, mais
» je les ai élevés : elles m'ont donné de la ſa-
» tisfaction, elles ſont honnêtes filles & actuelle-
» ment elles vivent fort bien & honnêtement de
» ce qu'elles gagnent »...... Vous voyez, Meſſieurs, qu'en moins de deux heures, cet homme
qui ne me connoiſſoit pas, qui n'attendoit rien de
moi, qui a refuſé même ce que je voulois lui
donner, m'a montré plus de vertus, plus de dé-
ſintéreſſement, plus d'abandon de ſoi-même, plus
de nobleſſe & de ſimplicité, que beaucoup de
gens n'en pourroient montrer pendant tout le
cours de leur vie. Auſſi m'a-t-il laiſſé une im-
preſſion profonde, que je deſirerois, Meſſieurs,
vous pouvoir communiquer, & par ſuite à ceux de

vos lecteurs qui sont en état d'apprécier un pareil homme.

J'ai l'honneur d'être, &c.

Le *Brave Homme*, fidele à son serment & aux devoirs qu'il s'est imposés envers l'humanité en péril, continue la nuit & le jour à surveiller le port & les jettées de Dieppe. A la moindre apparence d'agitation de l'Océan, ou de quelque vaisseau ou barque en détresse, Boussard s'élance dans les flots, muni de cordes, & dirige l'équipage vers le port. Si la mer en fureur s'y oppose, & qu'il ne puisse y conduire le bâtiment, il se saisit des matelots & des passagers, & les remet en détail sur le rivage.

L'estimable Rédacteur de l'Ouvrage intitulé : *Etrennes de la vertu*, année 1767, pages 27 & suivantes, a recueilli quelques traits récens de l'humanité toujours vigilante du *Brave homme* & de son fils aîné. Nous les mettrons sous les yeux du lecteur sensible, ainsi qu'ils viennent d'être publiés, bien assurés de prolonger sa satisfaction.

Dans le courant de l'automne 1786, le brave Boussard s'apperçut vers le milieu de la nuit qu'une barque périssoit à peu de distance des jettées. Attiré par les cris des malheureux qui se débattoient dans les flots, il leur jetta des cordes, dont il a toujours le plus grand soin de se pourvoir, & appela à son secours ceux qui se trouvoient sur le rivage à portée de l'entendre. L'obscurité étoit si grande qu'il ne pouvoit appercevoir ceux qui étoient dans le péril, & qu'eux-mêmes avoient de la peine à distinguer le foible secours qu'on leur présentoit. Le fils de Boussard étoit du nombre des six hommes naufragés ; il fut assez adroit pour s'emparer d'une corde qui l'auroit conduit promptement à la jettée ; mais voyant à ses côtés un malheureux enfant de quatorze ans, dont les forces étoient déja épuisées & qui se laissoit entraîner par les vagues, en digne fils du brave homme, il résolut, au risque de sa vie, de le sauver du danger. Pour y parvenir plus sûrement, il lui passa le bout de la corde sous les bras & se la passa lui-même entre les cuisses. Ce double fardeau la fit rompre ; un cri de celui qui tenoit cette corde avertit Boussard père de l'accident, il en jetta promptement une autre, que son fils saisit. Ce jeune-homme intrépide s'étoit décidé à ne pas abandonner dans une situation aussi critique cet enfant qu'il avoit pris sous sa sauve-garde, qui s'attachoit fortement à lui & qui plongeoit dans la mer chaque fois qu'il quittoit prife. Il le lia de nouveau avec cette feconde corde, & fut affez heureux, à l'aide de fon père, pour le remonter ainfi garotté fur la jettée, à plus de dix-huit pieds d'élévation du niveau de la mer. Trois autres furent également enlevés aux flots par le fecours des cordes de Bouffard.

N'omettons point un des beaux traits de l'ame fenfible du brave homme. Bouffard père, toujours compatiffant & entraîné par fon active humanité, a moins confidéré en cette occafion, le falut de cinq malheureux, dans le nombre defquels étoit fon fils, que la mort du fixième ; & l'on a eu beaucoup de peine à le confoler d'une perte qu'il fe reprochoit en quelque manière.

Cette belle action de Bouffard fils, qui l'affocie à la gloire de fon père, n'étoit point le coup d'effai de fon courage ; en 1784, il avoit déja fauvé la vie à quatre naufragés. M. De Crofne, alors intendant de Rouen, le récompenfa d'une gratification de 400 livres. MM. de la chambre du commerce y ajoutèrent une médaille d'argent, comme ils en avoient donné une d'or précédemment au père.

L'admiration des concitoyens des Bouffards ne fe borna point auffi à des applaudiffemens ftériles. Une perfonne de diftinction & qui n'a point voulu être nommée, frappée des efforts redoublés du fils pour fauver l'enfant de 14 ans, lui a fait don d'un billet du dernier emprunt de 80 millions. Puiffent le *Brave Homme* & fes enfans continuer à bien mériter de la patrie, en enlevant chaque année des victimes à la mer.

NOTE.

(1) *DIEPPE*, ville de France dans la haute-Normandie, avec un port fur l'Océan : c'eft le chef-lieu du pays de Caux. Elle eft fituée à l'embouchure de la rivière d'Arques, à douze lieues de Rouen, & à trente-huit de Paris. Cette ville étoit confidérable autrefois, on y comptoit trente mille habitans ; mais la révocation de l'édit de Nantes, & le bombardement qu'elle a effuyé des Anglois en 1694, l'ont beaucoup fait décheoir. Deux jettées forment l'entrée de fon port, & l'entretiennent calme, en brifant la vague & en arrêtant le fable & le galet qui le combleroient par fucceffion de tems. Henri IV défit le duc de Mayenne, en 1589, prefque fous fes murailles, à la journée d'Arques. Les flottes Angloife & Hollandoife furent auffi battues à la hauteur de Dieppe, en

1690. Son principal commerce confiste en poiffon, en ivoire & en dentelles. Il y a à Dieppe une amirauté, & une manufacture où l'on corde le tabac. La ville eft ornée de fontaines dans tous fes quartiers.

FIN du troifième & dernier Volume.

TABLE

Des Numéros des Relations renfermées dans ce troisième & dernier Volume.

N°. 1. RELATION *du naufrage d'*Occum Chamnan, *Mandarin Siamois, au cap des* Aiguilles, *à l'extrémité méridionale de l'Afrique, en* 1686,
Page 1

N°. 2. NAUFRAGE *d'une patache Portugaise sur un banc de sable*, vis-à-vis *des îles* Calamianes, *mer des Indes, en* 1688. 83

N°. 3. RELATION *des naufrages de deux vaisseaux Anglois, sur des rochers, près de l'île* Mayote, *dans le canal de* Mozambique, *mer d'Afrique, en* 1700. 96

N°. 4. DÉLAISSEMENT *d'un Matelot Ecossois, nommé Alexandre* Selkirck, *dans l'île de* Juan Fernandés, *mer du Sud, en* 1704 : *On y a ajouté celui de* Wil, *Moskite Indien, qui avoit été abandonné dans la même île en* 1681. 105

TABLE.

N°. 5. *Naufrage de madame la comtesse de Bourk, sur les côtes de Gigery, dans le royaume d'Alger; & Aventures de mademoiselle de Bourk, sa fille, en* 1719. 125

N°. 6. *Naufrage du vaisseau Anglois le Pembroke, dans la rade de Saint-David, sur la côte de Coromandel, en* 1749. 153

N°. 7. *Relation du naufrage & incendie du vaisseau François le Prince, de la Compagnie des Indes, allant du port de l'Orient à Pondichéry, en* 1752. 184

N°. 8. *Naufrage du vaisseau Anglois le Dodington, sur un rocher, en pleine mer, entre le cap de Bonne-Espérance & l'île de Madagascar, le 17 Juillet* 1755. 207

N°. 9. *Naufrage du sloop le Betsey, commandé par le capitaine Philippe Aubin, sur la côte de la Guyane Hollandoise, dans l'Amérique méridionale, en* 1756. 256

N°. 10. *Relation du naufrage du vaisseau Anglois le Fattysalam, sur les côtes de Coromandel,*

TABLE.

dans l'Inde, en 1701, *& aventures de* M. de Kearny. 302

N°. 11. FAMINE EXTRAORDINAIRE, *sur le vaisseau Américain* la Peggy, *à son retour des Isles Açores à* New-York, *en* 1765. 338

N°. 12. RELATION *des aventures tragiques de madame* Denoyer, *laissée dans une pirogue à la dérive en pleine mer, par deux Anglois assassins de son mari, entre les îles* Lucayes *&* Cuba, *de l'Amérique septentrionale, en* 1766. 349

N°. 13. NAUFRAGE *& aventures tragiques de madame* Godin des Odonais, *sur les bords du fleuve des* Amazones, *en* 1769. 366

N°. 14. NAUFRAGE *du vaisseau Anglois* l'Union, *sur un banc de sable de l'île* de Rhé, *golfe de Gascogne, en* 1775. 412

N°. 15. NAUFRAGE *du vaisseau François* le Duras, *dans la mer des Indes, près les îles Maldives, en* 1777. 420

N°. 16. RELATION *du naufrage d'un vaisseau*

TABLE.

François, à peu de distance des jettées du port de Dieppe, *en* 1777. *Traits d'héroïsme du pilote* Bouffard, *surnommé* le Brave Homme, *par Sa Majesté* LOUIS XVI.   434

FIN de la Table du troisième & dernier Vol.

APPROBATION.

J'AI lu, par ordre de Monseigneur le Garde des Sceaux, l'*Histoire des Naufrages*, par M. D......, Avocat, & je n'y ai rien trouvé qui puisse en empêcher la publication : à Paris, le 7 Juillet 1788.   PERRIN DE CAYLA.

PRIVILEGE DU ROI.

LOUIS, par la grace de Dieu, Roi de France & de Navarre; A nos amés & féaux Conseillers, les Gens tenans nos Cours de Parlement, Maîtres des Requêtes ordinaires de notre Hôtel, Grand Conseil, Prévôt de Paris, Baillifs, Sénéchaux, leurs Lieutenans Civils, & autres nos Justiciers qu'il appartiendra : SALUT. Notre amé le Sieur NÉE DE LA ROCHELLE, Libraire à Paris, nous a fait exposer qu'il desireroit faire imprimer & donner au Public, l'*Histoire des Naufrages*, par M. D...., *Avocat*, s'il nous plaisoit lui accorder nos Lettres de Privilege pour ce nécessaires. A CES CAUSES, voulant favorablement traiter l'Exposant, nous lui avons permis & permettons par ces présentes, de faire imprimer ledit Ouvrage, autant de fois que bon lui semblera, de le vendre, faire vendre & débiter par tout notre royaume, pendant le tems de dix années consécutives, à compter de la date des présentes. Faisons défenses à tous Imprimeurs, Libraires & autres personnes, de quelque qualité & condition qu'elles soient, d'en introduire d'impression étrangère dans aucun lieu de notre obéissance; comme aussi d'imprimer ou faire imprimer, vendre, faire vendre, débiter ni contrefaire ledit Ouvrage, sous quelque prétexte que ce puisse être, sans la permission expresse ou par écrit dudit Exposant, ses hoirs & ayans cause, à peine de saisie & de confiscation des exemplaires contrefaits, de six mille livres d'amende, qui ne pourra être modérée pour la première fois, de pareille amende & de déchéance d'état en cas de récidive, & de tous dépens, dommages & intérêts, conformément à l'Arrêt du Conseil du trente Août 1777, concernant les contrefaçons. A la charge que ces présentes seront enregistrées tout au long sur le registre de la Communauté des imprimeurs & Libraires de Paris, dans trois mois de la date d'icelles; que l'impression dudit Ouvrage sera faite dans notre Royaume & non ailleurs, en beau papier & beau caractère, conformément aux Réglemens de la Librairie, à peine de déchéance du présent Privilege : qu'avant de l'exposer en vente, le Manuscrit qui aura servi de copie à l'impression dudit Ouvrage, sera remis dans le même état où l'Approbation y aura été donnée, ès-mains de notre très-cher & féal Chevalier Garde des Sceaux de France, le Sieur DE LAMOIGNON, Commandeur de nos Ordres; qu'il en sera ensuite remis deux exemplaires dans notre Bibliotheque publique; un dans celle de notre Château du Louvre, un dans celle de notre très-cher & féal Chevalier Chancelier de France, le Sieur DE MAUpeou, & un dans celle dudit Sieur DE LAMOIGNON ; le tout à peine de nullité des préfentes. Du contenu defquelles vous mandons & enjoignons de faire jouir ledit Expofant & fes ayans caufe, pleinement & paifiblement, fans fouffrir qu'il leur foit fait aucun trouble ou empêchement. VOULONS que la copie des préfentes, qui fera imprimée tout au long au commencement ou à la fin dudit Ouvrage, foit tenue pour duement fignifiée, & qu'aux copies collationnées par l'un de nos amés & féaux Confeillers Secrétaires, foi foit ajoutée comme à l'original. COMMANDONS au premier notre Huiffier ou Sergent fur ce requis, de faire pour l'exécution d'icelles, tous actes requis & néceffaires, fans demander autre permiffion, & nonobftant clameur de Haro, Charte Normande, & Lettres à ce contraires. Car tel eft notre plaifir. DONNÉ à Verfailles, le deuxième jour de Juillet de l'an de grace mil fept cent quatrevingt-huit, & de notre regne le quinzième. Par le Roi en fon Confeil.

LE BEGUE.

Regiftré fur le Regiftre XXIII de la Chambre Royale & Syndicale des Libraires & Imprimeurs de Paris, N°. 1697, fol. 593, conformément aux difpofitions énoncées dans le préfent Privilege, & à la charge de remettre à ladite Chambre les neuf exemplaires prefcrits par l'Arrêt du Confeil, du 16 Avril 1785. A Paris, le 15 Juillet 1788.

KNAPEN, Syndic.

A SENS,

De l'Imprimerie de la veuve TARBÉ, imprimeur du Roi, 1789.

LISTE
DES OUVRAGES

Qui composent la Collection des Voyages imaginaires, des Songes, des Visions, & des Romans cabalistiques.

PREMIÈRE CLASSE.

Voyages Imaginaires.

PREMIÈRE DIVISION.

Voyages Romanesques.

La Vie & les Aventures de Robinson Crusoé, traduits de l'Anglois, par Saint-Hyacinthe.

Mémoires de Gaudence de Lucques.

Le Solitaire Anglois, ou les Aventures de Philippe Quarll, traduites de l'Anglois.

L'Histoire de Sévarambes, attribuée à Alletz.

L'Isle inconnue, ou Mémoires du Chevalier de Gastines, avec une continuation qui n'a pas encore paru.

Voyage d'Alcimédon, ou le Naufrage qui conduit au Port.

Les Isles Fortunées, par M. Moutonnet de Clairfonds, revues & augmentées par l'Auteur.

Histoire des Troglodites; Fragment de Montesquieu.

Aventures d'un Anglois.

Aventure d'un Corsaire Portugais.

Voyages & Aventures du Capitaine Robert Boyle.

Aventures d'un Espagnol.

Relation du naufrage d'un Vaisseau Hollandois.

Relation du Naufrage & Aventures de M. Pierre Viaud, natif de Rochefort.

Relation du Naufrage de Madame Godin, sur la rivière des Amazones.

SECONDE DIVISION.

Voyages Merveilleux.

Histoire véritable de Lucien, traduite & continuée par Perrot d'Ablancourt.

Voyages de Cyrano de Bergerac dans les Empires de la Lune & du Soleil, & l'Histoire des Oiseaux.

Voyages du Capitaine Lemuel Gulliver, par le Docteur Swift, traduits par l'Abbé Desfontaines.

Voyages de Jean Gulliver, fils du Capitaine Lemuel Gulliver, par l'Abbé Desfontaines.

Voyage récréatif de Quévédo de Villegas, traduit de l'Espagnol par l'Abbé Beraud.

Relation du Monde de Mercure.

Voyages de Mylord Céton dans les sept Planètes, par Madame Robert.

Voyages de Nicolas Klimius dans le Monde souterrein, traduits par Mauvillon.

Voyage du Pôle arctique au Pôle antarctique, par le centre du Monde.

Lamékis, ou Voyages extraordinaires d'un Egyptien.

Azor, ou le Prince Enchanté, pour servir de chronique à l'Histoire de la Terre des Perroquets.

Les Hommes Volans, traduits de l'Anglois.

Le Voyageur Aërien.

Micromegas, ou Voyage d'un Habitant de l'Etoile Sirius, par Voltaire.

Julien l'Apostat, ou Voyage en l'autre Monde, par Fielding.

Voyages de Jacques Sadeur dans les Terres australes.

Histoire du Prince Soly, par Pajon.
Voyages & Aventures des trois Princes de Sarendip.

TROISIÈME DIVISION.
Voyages Allégoriques.

Voyages du Prince Fanférédin dans le Pays de Romancie, par le Père Bougeant.
Voyage de l'Isle d'Amour, par l'Abbé Tallemant.
Relation du Royaume de Coquetterie, par l'Abbé d'Aubignac.
Histoire du Royaume de Portraiture.
L'Isle Enchantée.
L'Isle de la Félicité.
L'Isle Taciturne & l'Isle Enjouée, par M. de la Dixmerie.
Voyage de la Raison en Europe, par M. de Caraccioli.

QUATRIÈME DIVISION.
Voyages Amusans, Comiques & Critiques.

Le Voyage Sentimental du Docteur Sterne.
Voyages amusans, contenant le Voyage de Chapelle & de Bachaumont; le Voyage en Limousin, par la Fontaine; le Voyage de Languedoc & de Provence, par le Franc de Pompignan; le Voyage de Bourgogne, par M. le Chevalier Bertin; le Voyage de Beaune, par Piron; le petit Voyage de Didier de l'Ormeuil, par M. Berquin; & un Fragment d'un Voyage d'Espagne, par M. de la Dixmerie.
Le Voyage de Campagne, par Madame de Murat.
Le Voyage de Falaise, par le Noble.
Le Voyage de Mantes, par Bonneval.
Le Voyage Interrompu, par l'Affichard.
La Voiture Embourbée, par Marivaux.

Le Voyage de Saint-Cloud, par mer & par terre, par Néel.
Le Retour de Saint-Cloud.

SECONDE CLASSE.

Songes & Visions.

Le Songe de Bocace ou le Labyrinthe d'Amour.
Rêves d'Aristobule.
Songes d'un Hermite.
Songes Philosophiques de M. Mercier, retouchées par l'Auteur, avec de nouveaux Songes qui n'ont pas encore été imprimés.

TROISIÈME CLASSE.

Romans Cabalistiques & de Magie.

L'Ane d'Or d'Apulée, ou les Métamorphoses, Traduction de Compain de Saint-Martin.
Le Démon de Socrate.
Le Comte de Gabalis ou Entretiens sur les Sciences secrètes.
Le Sylphe amoureux.
Les Ondins, par Madame Robert.
L'Amant Salamandre.
L'Enchanteur Faustus, par Hamilton.
Le Diable amoureux.
Les Lutins du Château de Kernosi, par Madame de Murat.
Histoire de M. Ousle, réduite & retouchée par M. G.
Supplément, contenant un Recueil de Naufrages véritables, pour faire suite aux Naufrages apocriphes qui sont contenus dans les Tomes X, XI & XII de la Collection.